U0928954

广东省人工智能产业技术发展研究报告 2018

主　编：王佳胜
副主编：雷　静　黄继雄　廖　凯

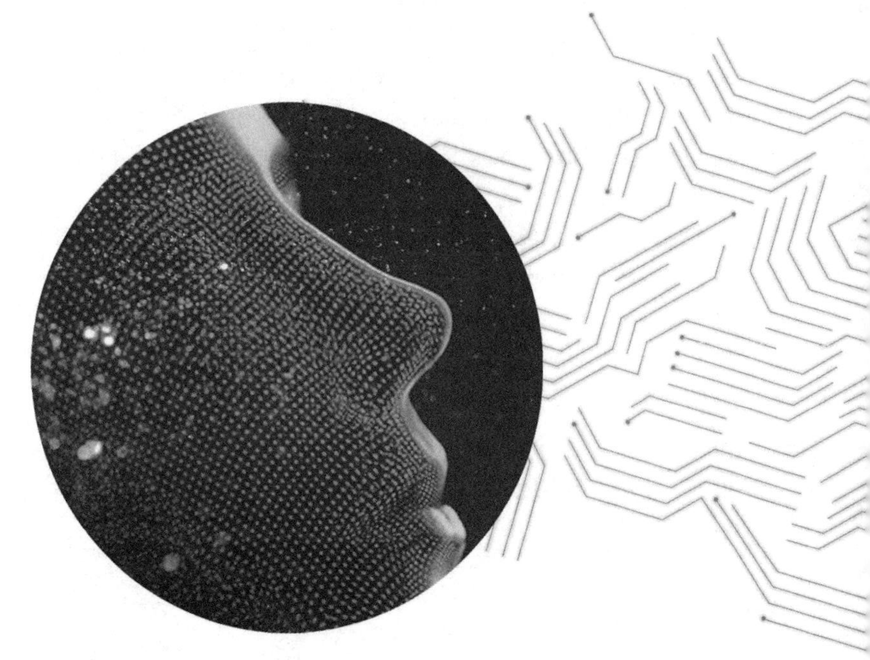

科学技术文献出版社
SCIENTIFIC AND TECHNICAL DOCUMENTATION PRESS
·北京·

图书在版编目（CIP）数据

广东省人工智能产业技术发展研究报告. 2018 / 王佳胜主编. —北京：科学技术文献出版社，2018. 8

ISBN 978-7-5189-4583-2

Ⅰ. ①广…　Ⅱ. ①王…　Ⅲ. ①人工智能－产业发展－研究报告－广东－2018　Ⅳ. ①F492.3

中国版本图书馆 CIP 数据核字（2018）第 134918 号

广东省人工智能产业技术发展研究报告. 2018

策划编辑：田文正　　责任编辑：周明理　　责任校对：赵　瑗　　责任出版：张志平

出 版 者　科学技术文献出版社
地　　址　北京市复兴路15号　邮编 100038
编 务 部　(010) 58882938，58882087（传真）
发 行 部　(010) 58882868，58882874（传真）
邮 购 部　(010) 58882873
官方网址　www.stdp.com.cn
发 行 者　科学技术文献出版社发行　全国各地新华书店经销
印 刷 者　北京盛彩捷印刷有限公司
版　　次　2018 年 8 月第 1 版　2018 年 8 月第 1 次印刷
开　　本　710×1000　1/16
字　　数　218千
印　　张　17
书　　号　ISBN 978-7-5189-4583-2
定　　价　59.00元

编著委员会名单

指导单位

广东省科学技术厅

广东省质量技术监督局

编写单位

广东省标准化研究院

编委会

主　编：王佳胜

副主编：雷　静　黄继雄　廖　凯

编　委：徐　晨　罗　杰　王维霞　文　静　陈国英
谷秀艳　刘　璐　江绍华　陈晓穗　刘　婵
覃耀青　黄丽君　张洁虹

PREFACE

前　言

随着人工智能技术的不断突破，应用领域的日益扩展，人工智能产业越来越受到世界发达国家的高度重视，被公认为最有发展前景和革命性的高新技术产业。我国及地方政府高度重视人工智能产业技术的发展，积极推出了相关产业的扶持政策，2017 年 7 月，国务院出台了我国的人工智能国家战略《新一代人工智能发展规划》，我国正从人工智能领域的跟跑者向领跑者的角色进行转变。在产业政策和市场需求的双重拉动下，我国正逐渐成长为全球人工智能产业发展最快的区域之一，而广东省基于广泛的创新创业环境和深厚的产业基础，正成为全国人工智能产业技术创新最活跃、发展规模最大的地区之一。

以习近平新时代中国特色社会主义思想为指导，牢固树立并践行创新、协调、绿色、开放、共享的发展理念，充分发挥广东省人工智能领域数据资源丰富、应用场景广阔、产业基础扎实的优势，立足国际视野，聚焦重点核心领域，着力推动人工智能创新应用示范和创新生态建设，构筑产业高端引领发展的新优势新动能，进一步促进人工智能与经济、社会、产业融合发展，将广东打造成为国内一流的新一代人工智能创新发展战略高地，为打造国家科技产业创新中心、建设粤港澳大湾区提供强大支撑。

为此，广东省科技厅和广东省质量技术监督局按照广东省发展战略性新兴产业的规划与实际，联合推出广东省人工智能产业技术研究与发展规划的相关工作，组织广东省标准化研究院等技术机构，围绕广东省人工智能产业特征、技术水平现状、技术发展布局及产业链布局现状展开全面调研分析，最终形成了研究成果。

本书依托广东省人工智能产业技术研究与发展规划研究成果进行编写，分为五章展开。第一章，“人工智能发展概述”，介绍了人工智能发展进程，剖析人工智能技术原理和核心要素，并在此基础上建立了突出广东优势的人工智能技术体系。第二章，“国内外人工智能发展现状”，分析了国内外人工智能产业技术发展现状及发展趋势，介绍了国内外促进人工智能产业技术快速发展的先进理念及措施方法。第三章，“广东省人工智能产业技术创新发展评价”，对全省人工智能产业技术全貌、最新进展及发展趋势进行了全面的分析和深入的梳理，建立广东省人工智能产业技术创新发展评价体系，对全省人工智能相关产业技术领域对标全球先进水平进行评价，客观真实地反映广东省人工智能产业技术发展状况和发展水平。第四章，“广东省人工智能标准化建设”，对广东省人工智能产业技术标准化进行前瞻性研究，分析了广东省开展人工智能产业技术标准化工作的优势、劣势、机遇和挑战，提出了当前广东省人工智能产业技术迫切需要解决的标准化重大问题，并结合当前广东省人工智能产业技术发展的理论研究重点范畴、应用技术研发趋势、应用市场需求以及各级标准研究、制定和实施重点，建立广东省人工智能标准体系框架，提出亟须研制的标准建议。第五章，“广东省人工智能产业技术发展建议”，结合广东省人工智能发展现状和趋势，在技术突破、产业布局以及政策导向等层面提出指导性建议，供政府、科研机构、企业等人工智能产业技术全链条相关单位参考借鉴。

本书以自主创新为核心，以广东省人工智能产业技术优势和特色为主导，掌握广东省人工智能短、中、长期的产业技术发展趋势，对于引导政府主管部门、科研机构、企业等相关单位积极参与人工智能产业技术攻关，加速科技创新成果转化及应用，有效推动广东省人工智能产业技术健康、快速发展，同时带动其他战略性新兴产业技术的发展具有重大现实意义。

在本书撰写过程中，为保证内容的全面性和科学性，核心内容经过了大量的实地调研、专家论证和问卷调查，调研范围囊括了全省有影响力的行业龙头企业以及重点科研机构，专家论证来自于省内最具代表的人工智能产业链条行业专家、龙头企业专家及专业技术人员，从而保障了本书的科学性、先进性、前瞻性和引导性。在此，由衷感谢中山大学、华南理工大学、广东省智能制造研究所、深圳赛宝工业技术研究院、中山眼科中心、科大讯飞华南有限公司、广东中星电子有限公司、广东杰创智能科技股份有限公司等近百家科研机构或生产企业的大力支持。同时，本书在撰写过程中也得到了相关单位的悉心指导，在此，对广东省科学技术厅的杨军副厅长、林萍处长、云丹平调研员、张冬蕾副处长、文晓芸、江翌昕以及广东省标准化研究院的张定康院长、刘杰副院长等领导表示衷心的感谢。

由于人工智能产业技术发展过程是一个动态、持续的过程，需要根据行业发展态势不断进行修正、完善和评价，加之编者水平有限，书中部分内容还有待进一步深入研究，瑕疵和纰漏之处在所难免，恳请广大读者予以指出并提出宝贵意见，以便我们继续研究和探讨，不断完善，从而更好地为产业、政府及企业服务。我们相信，随着政府、社会以及更多的企业对人工智能产业及技术的关注和重视，广东省人工智能产业即将迎来一个蓬勃发展的春天。

编 者

2018 年 3 月

CONTENTS

目 录

第一章　人工智能发展概述

1.1　人工智能发展的主要阶段

人工智能是研究、开发用于模拟、延伸和扩展人的智能的理论、方法、技术及应用系统的一门技术学科。从现阶段技术目标看，人工智能主要研究如何用计算机程序、自动化机械去实现以往只有人类才能完成的感知、学习、决策与执行任务，或增强人类完成这些任务的能力。人工智能产业覆盖了数据资源、算法研究等计算科学、信息科学产业的内容，也包括了智能硬件、智能装备等电子电器、机械自动化产业的内容。

在数据、运算能力、算法模型、多元应用的共同驱动下，人工智能的定义正从用计算机模拟人类智能演进到协助引导提升人类智能，通过推动机器、人与网络相互连接融合，更为密切地融入人类生产生活，从辅助性设备和工具进化为协同互动的助手和伙伴。按照人工智能的发展趋势可将其分为弱人工智能、强人工智能和超人工智能三大发展阶段。

（1）弱人工智能

弱人工智能是对人思维过程的简单模拟，擅长于单个方面的人工智能。弱人工智能是利用现有智能化技术来改善经济社会发展所需要的一些技术条件和发展功能，但并不真正拥有人的智能，也没有自主意识。

（2）强人工智能

强人工智能是指在各方面都能和人类比肩的人工智能，人类能干的脑力活它都能干。Linda Gottfredson 教授把智能定义为“一种宽泛的心理能力，能够进行思考、计划、解决问题、抽象思维、理解复杂理念、快速学习和从经验中学习等操作。”强人工智能在进行这些操作时和人类一样得心应手。

（3）超人工智能

牛津哲学家，知名人工智能思想家 Nick Bostrom 把超级智能定义为：“在几乎所有领域都比最聪明的人类大脑都聪明很多，包括科学创新、通识和社交技能。”超人工智能可以是各方面都比人类强一点，也可以是各方面都比人类强万亿倍的，能够准确回答几乎所有困难问题，能够执行任何高级指令和开放式任务，拥有自由意志和自由活动能力的独立意识。

目前，人工智能的发展仍将长期处于弱人工智能阶段，机器学习是现阶段人工智能最主流的技术路径。机器不具备自主的意识，更多的是基于大数据、云计算这套体系对人类生产生活过程形成的数据积累进行机器学习，通过机器学习这种方式，使得这种经验模式或操作模式能够沉淀固化下来，可以在更多领域处理更多类似的事物，极大地提升了人类的脑力劳动和生产效率。

1.2 人工智能五大要素

人工智能是一门研究如何构造智能机器或智能系统，使其能模拟、延伸扩展人类智能的学科。想要很好地实现人工智能，必须要对人脑的认知过程和工作方式进行充分的认识。人的认知过程是一个非常复杂的过程，人认识客观事物的过程即是对信息进行加工处理的过程，是人由表及里，由现象到本质地反映客观事物特征与内在联系的心理活动，它由人的感知、记忆、学习、行动、总结及提升等认知要素组成。类比人脑，现阶段的人工智能就是用人工的方法在机器（计算机）上实现人的逻辑思维并付诸行动，即所谓的使机器具有类似于人的智能。基于人的认知要素，现阶段的实现人工智能的要素可归纳为智能感知（对应人的感知）、数据标签与标注（对应人的记忆）、深度学习（对应人的学习）、决策与执行（对应人的行动）、AI能力评价（对应人的总结及提升）五大要素，见图1-1。

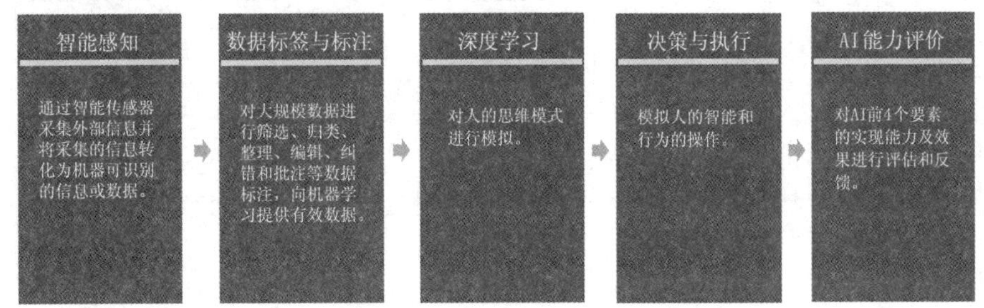

图1–1　人工智能五大要素

（1）智能感知：通过各种智能感知能力采集外部信息并将采集的信息转化为机器可识别的信息或数据，即实现机器的触觉、视觉、听觉等能力。

（2）数据标签与标注：对大规模数据进行筛选、归类、整理、编辑、纠错和批注等数据标注，向机器学习提供有效数据，即对通过感知得来的外部信息及机器内部的各种工作信息进行有目的的处理。

（3）深度学习：对人的思维模式进行模拟，即研究如何使计算机具有类似于人的学习能力，使它能通过学习自动地获取知识。

（4）决策与执行：模拟人的智能和行为的操作，即实现计算机“说”“写”“画”等行为表达能力。

（5）AI能力评价：对上述4大要素的实施过程和实现效果进行评估和反馈，使得人工智能各要素的实现能力得到不断纠正和提升。

1.3　人工智能技术体系

现阶段人工智能涵盖智能感知、数据标签与标注、深度学习、决策与执行、AI能力评价五大关键要素，每个要素均有对应的技术支撑，结合广东省人工智能发展现状和趋势，其人工智能主要技术体系如下图所示。

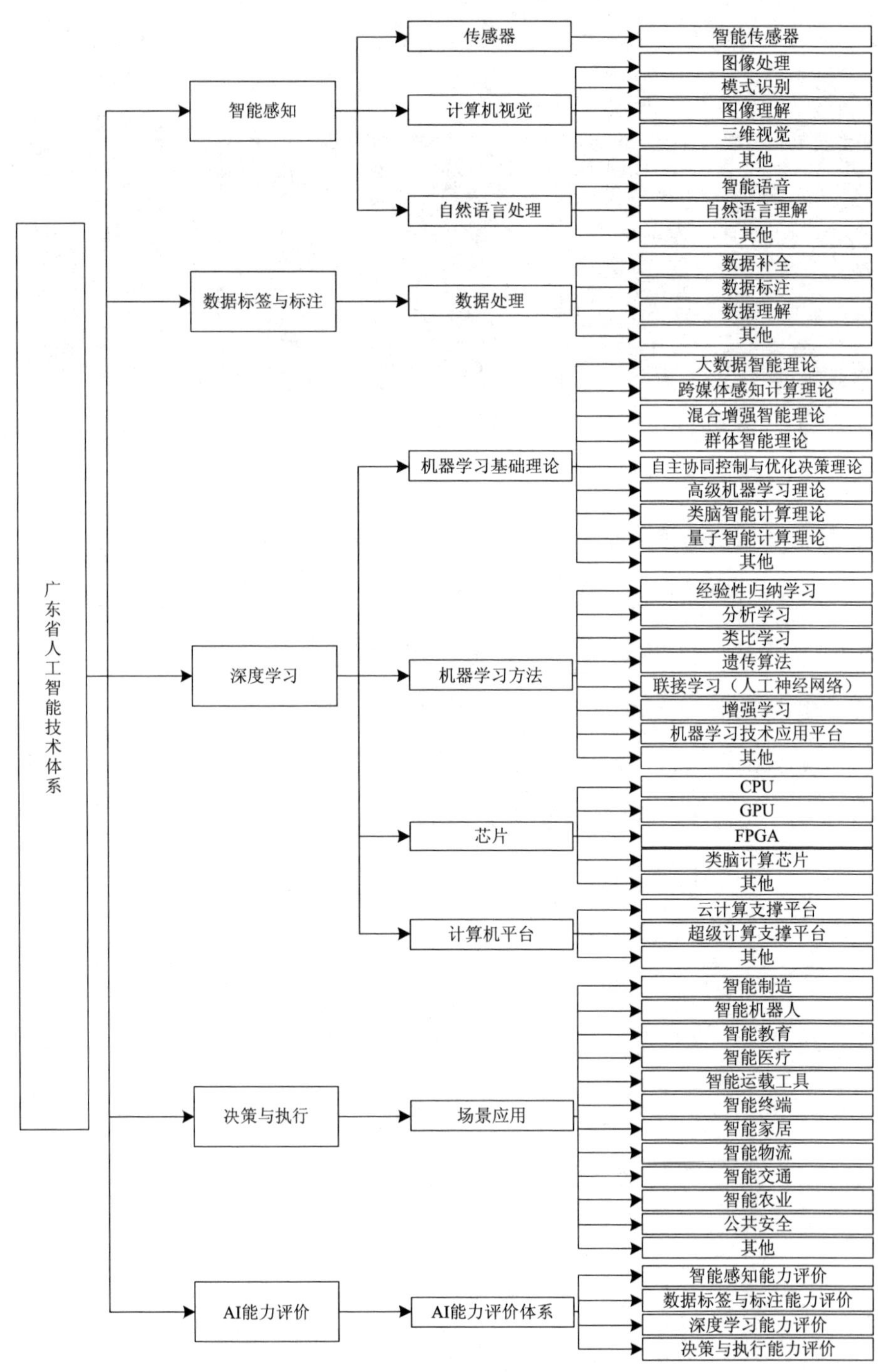

图 1-2　广东省人工智能主要技术体系

（1）智能感知

智能感知是通过各种智能感知能力与外界进行交互，将采集到的外部信息转化为机器可识别的信息或数据。智能感知能力包括机器的视觉、听觉、触觉等感知能力。

智能传感器作为网络化、智能化、系统化的自主感知器件，是实现人工智能智能感知能力的基础。智能传感器属于人工智能的神经末梢，是智能感知最核心元件，各类智能传感器的大规模部署和应用是人工智能技术发展不可或缺的基本条件。智能传感器本身具备的各类自主功能是“智能”的主要表现，包括针对安装使用过程中的自主校零、自主标定、自主校正等功能；使用过程中应对各类环境干扰及变化的自动补偿功能；工作状态下的数据采集及自主分析、数据处理及执行干预等本地逻辑功能；数据采集后的上传及系统指令的决策处理功能等，特别是面向更多无人值守应用环境，以及大数据分析中数据采集的自学习功能等，这些都是传感器智能化的体现。

计算机视觉是一门研究如何使机器“看”的科学，更进一步地说，就是指用机器代替人眼对目标进行识别、跟踪和测量的机器视觉，并做进一步的图形处理，成为更适合人眼观察或机器检测的图像，体现的是机器的视觉感知能力。作为一个科学学科，计算机视觉研究相关的理论和技术，建立能够从图像或者多维数据中获取“信息”的人工智能系统。

自然语言处理研究的是实现人与计算机之间用自然语言进行有效通信的各种理论和方法，是一门融语言学、计算机科学、数学于一体的科学。自然语言处理并不是一般地研究自然语言，而是在于研制能有效地实现自然语言通信的计算机系统，特别是其中的软件系统。

（2）数据标签与标注

数据标签与标注是基于机器学习的数据补全、分类、理解、纠错和批注等数据处理技术研究，针对关键环节建立标准技术与方法体系。研究以数据驱动与数据引导相结合的人工智能新方法、以自然语言理解和图像图形为核心的认知计算架构、综合深度推理方法、数据驱动的通用人工智能学习模型进行数据的计算和可交互。实现以数据驱动为核心、面向行业应用的数据服务技术应用，并开展大规模数据认知、提取和输出服务。

（3）深度学习

深度学习是人工智能领域一个重要的环节，其核心在于建立模拟人脑进行分析学习的神经网络，模仿人脑的机制来解释数据，例如图像，声音和文本。深度学习包括机器学习基础理论、机器学习方法、深度学习芯片以及学习计算平台等主要技术。

人工智能学习基础理论主要涉及知识表示、自动推理和搜索方法、机器学习和知识获取、知识处理系统、自动程序设计等方面。知识表示是人工智能的基本问题之一，推理和搜索都与表示方法密切相关。常用的知识表示方法有：逻辑表示法、产生式表示法、语义网络表示法和框架表示法等。自动推理是知识的使用过程，由于有多种知识表示方法，相应地有多种推理方法。推理过程一般可分为演绎推理和非演绎推理。由于知识处理的需要，近几年来提出了多种非演绎的推理方法，如连接机制推理、类比推理、基于示例的推理、反绎推理和受限推理等。目前，人工智能学习基础理论主要包括大数据智能理论、跨媒体感知计算理论、混合增强智能理论、群体智能理论、自主协同控制与优化决策理论、高级机器学习理论、类脑智能计算理论、量子智能计算理论等。

机器学习方法是研究机器模拟人类的学习活动，获取知识和技能的方法，以改善系统性能的学科。机器学习的一般框架包括学习任务的数据和目标、学到知识的表示、操作的集合、概念空间和启发式搜索五个部分。机器学习的综合分类包括经验性归纳学习、分析学习、类比学习、遗传算法、联接学习（人工神经网络）、增强学习等方法以及机器学习技术应用平台等。

芯片是人工智能产业链的核心和基础，在实现人工智能的过程中，有三大不可或缺的基本要素：算法、数据与硬件，而芯片是硬件的最主要的组成部分，是支持智能算法和数据运行的载体。离开芯片，人工智能将无法实现。芯片行业作为产业链的最上游，也成为业内乃至各国未来发展布局的重要战略性一环。从人工智能芯片所处的发展阶段来看，从结构层面去模仿大脑运算虽然是人工智能追求的终极目标，但距离现实应用仍然较为遥远，功能层面的模仿才是当前主流。因此 CPU、GPU 和 FPGA 等通用芯片是目前人工智能领域的主要芯片，而针对神经网络算法的专用芯片 ASIC 也正在被 Intel、Google、英伟达和众多初创公司陆续推出，并有望在今后数年内取代当前的通用芯片成为人工智能芯片的主力。

计算平台是指以高性能计算机资源为基础向第三方提供计算资源、存储资源等服务的系统或机构，是大数据时代背景下发展人工智能应用的重要硬件基础。计算平台主要包括云计算支撑平台和超级计算支撑平台，前者侧重提供丰富的分布式计算资源，主要应用在大数据收集、储存、计算、物联网、云教育等方面；后者侧重提供强大计算能力资源以满足巨运算量的大型计算任务，比如核试验模拟、气象预报、金融计算、航空设计、深度神经网络模型训练等。

（4）决策与执行

现阶段人工智能决策与执行的基本特征就是模拟人的智能和行为的操作，根据状态信息自动决策（决策依据都是人为事先设定的），做出某种系统的快速反应动作，执行了某种人们所期待的自动化的、顺人意的功能。从机械式到电子式，从电子式到数字式，从数字式到软件式，各种基于科学效应而实现。人工智能决策与执行最终实现的是面向行业的应用，包括智能制造、智能机器人、智能教育、智能医疗、智能运载工具、智能终端、智能家居、智能物流、智能交通、智能农业、公共安全等。

（5）AI 能力评价

人工智能 AI 能力评价是针对智能感知、数据标签与标注、深度学习、决策与执行 4 大要素实施过程和实现效果进行评估和反馈，使得各要素的人工智能实现能力得到不断纠正和提升。现阶段人工智能 AI 能力评价目的在于在智能感知环节增强类人感知能力，在数据标签与标注环节提升数据智能处理效率，在深度学习环节优化高性能计算构架，在决策与执行环节通过不断的场景应用去实现决策与执行的最优性。结合广东省人工智能发展优势和趋势，未来可在医疗、政务、制造等领域率先实现 AI 能力评价体系或评估平台的建立与应用。

1.4 人工智能发展趋势

（1）大数据成为人工智能持续快速发展的基石

随着新一代信息技术的快速发展，数据处理能力和处理速度实现了大幅提升，机器学习算法快速演进，大数据的价值得以展现。与早期基于推理的人工智能不同，新一代人工智能是由大数据驱动的，通过给定的学习框架，不断根据当前设置及环境信息修改、更新参数，具有高度的自主性。例如，在输入 30 万张人类棋谱并经过 3 千万次的自我对弈后，人工智能 AlphaGo 具备了媲美顶尖棋手的棋力。随着智能终端和传感器的快速普及，海量数据快速累积，基于大数据的人工智能也因此获得了持续快速发展的动力来源。

（2）文本、图像、语音等信息实现跨媒体交互

当前，计算机图像识别、语音识别和自然语言处理等技术在准确率及效率方面取得了明显进步，并成功应用在无人驾驶、智能搜索等垂直行业。与此同时，随着互联网、智能终端的不断发展，多媒体数据呈现爆炸性增长，并以网络为载体在用户之间实时、动态传播。文本、图像、语音、视频等信

息突破了各自属性的局限，实现跨媒体交互，智能化搜索、个性化推荐的需求进一步释放。未来人工智能将逐步向人类智能靠近，模仿人类综合利用视觉、语言、听觉等感知信息，实现识别、推理、设计、创作、预测等功能。

（3）基于网络的群体智能技术开始萌芽

随着互联网、云计算等新一代信息技术的快速应用及普及，大数据不断积累，深度学习及强化学习等算法不断优化，人工智能研究的焦点，已从单纯用计算机模拟人类智能打造具有感知智能及认知智能的单个智能体，向打造多智能体协同的群体智能转变。群体智能充分体现了“通盘考虑、统筹优化”思想，具有去中心化、自愈性强和信息共享高效等优点，相关的群体智能技术已经开始萌芽并成为研究热点。

（4）自主智能系统成为新兴发展方向

长期以来，人工智能发展历程中，对仿生学的结合和关注始终是其研究的重要方向。如各国科研机构研制的一系列人形机器人等，但均受技术水平的制约和应用场景的局限，没有在大规模应用推广方面获得显著突破。随着生产制造智能化改造升级的需求日益凸显，通过嵌入智能系统对现有的机械设备进行改造升级成为更加务实的选择，也是中国制造 2025、德国工业 4.0、美国工业互联网等国家战略的核心举措。在此引导下，自主人工智能系统正成为人工智能的重要发展及应用方向。

（5）人机协同正在催生新型混合智能形态

人类智能在感知、推理、归纳和学习等方面具有机器智能无法比拟的优势，机器智能则在搜索、计算、存储、优化等方面领先于人类智能，两种智能具有很强的互补性。人与计算机协同，互相取长补短将形成一种新的“1+1>2”的增强型智能，也就是混合智能，这种智能是一种双向闭环系统。人可以接受机器的信息，机器也可以读取人的信号，两者相互作用，互相促进。在此背景下，人工智能的根本目标已经演进为提高人类智力活动能力，更智能地陪伴人类完成复杂多变的任务。

第二章　国内外人工智能发展现状

2.1　人工智能产业技术分类

遵循新一代人工智能产业发展，通过梳理从研发到应用所涉及的产业链各个环节，进一步将新一代人工智能当前的核心产业分为基础层、技术层和应用层。结合目前常见场景，依据产业链上下游关系，再将其主要划分为既相对独立又相互依存的若干种产品及服务，见图 2-1。

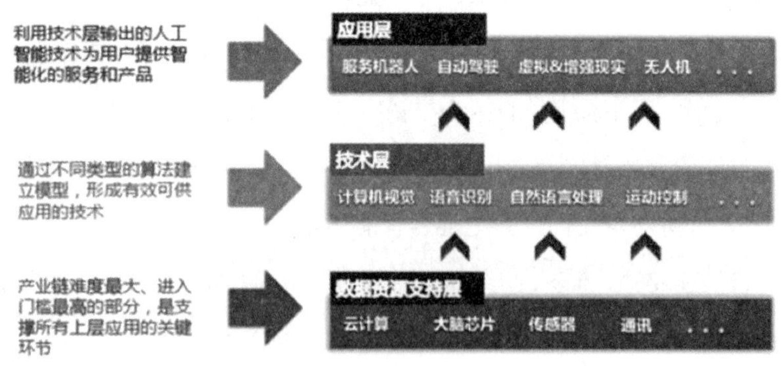

图 2–1　人工智能产业链

人工智能产业链三层结构：基础层，技术层，应用层。基础层以硬件为核心，专业化、加速化的运算速度是关键。技术层专注通用平台，算法、模型为关键，开源化是趋势。应用层与产业场景的深度融合是发展方向，主流场景包括棋盘游戏、私人助理、无人驾驶、语音理解、图片识别、实时翻译等。

（1）基础层

基础层主要包括智能传感器、智能芯片、算法模型等。智能传感器和智能芯片属于基础硬件，算法模型属于核心软件。随着应用场景的快速铺开，既有的人工智能产业在规模和技术水平方面均与持续增长的市场需求存在差距，倒逼相关企业及科研院所进一步加强对智能传感器、智能芯片及算法模型的研发及产业化力度。预计到 2020 年，全球智能传感器、智能芯片、算法模型等基础层核心产业规模将突破 270 亿美元，我国智能传感器、智能芯片、算法模型等基础层核心产业规模将突破 44 亿美元（图 2-2）。

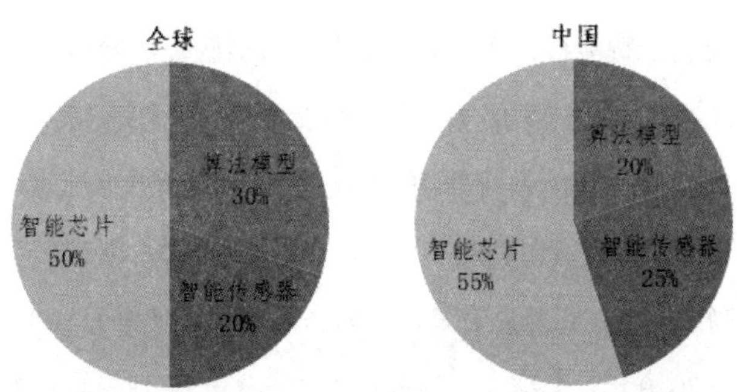

图 2–2　2020 年全球及中国 AI 基础层各产业规模占比

数据来源：《新一代人工智能发展白皮书（2017）》。

（2）技术层

技术层主要包括语音识别、图像视频识别、文本识别等产业。语音识别已经延伸到了语义识别层面，图像视频识别包括了人脸识别、手势识别、指纹识别等领域，文本识别主要是针对印刷、手写及图像拍摄等各种字符进行辨识。随着全球人工智能基础技术的持续发展与应用领域的不断丰富，人工智能技术层各产业未来将保持快速增长态势。预计到 2020 年，全球语音识别、图像视频识别、文本识别等人工智能技术层核心产业规模达到 342 亿美元，我国人工智能技术层核心产业规模将突破 66 亿美元（图 2-3）。

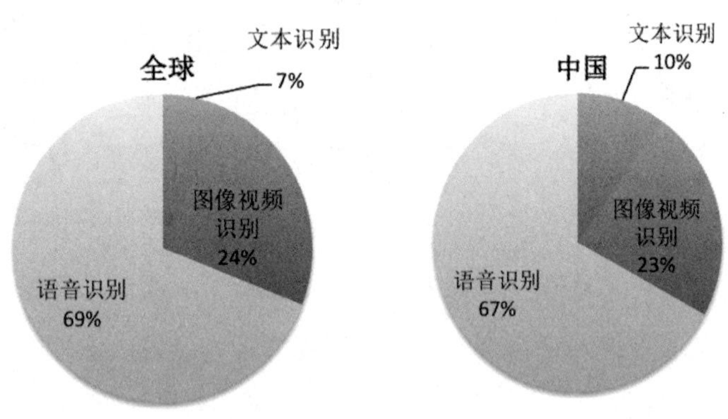

图 2–3　2020 年全球及中国 AI 技术层各产业规模占比

数据来源：《新一代人工智能发展白皮书（2017）》。

（3）应用层

应用层主要包括智能机器人、智能金融、智能医疗、智能安防、智能驾驶、智能搜索、智能教育及智能家居等产业。智能机器人产业规模及增速相对突出。智能金融、智能驾驶、智能教育的用户需求相对明确且市场已步入快速增长阶段。智能安防集中于行业应用和政府采购，市场集中度相对较高。智能搜索、智能家居的产品尚未完善，市场正在逐步培育。智能医疗则涉及审批机制，市场尚未放量。预计到 2020 年，全球人工智能应用层核心产业规模将达到 672 亿美元，其中，智能机器人、智能驾驶、智能教育、智能安防及智能金融的产业规模将超过 68%，我国人工智能应用层核心产业规模将突破 110 亿美元（图 2-4）。

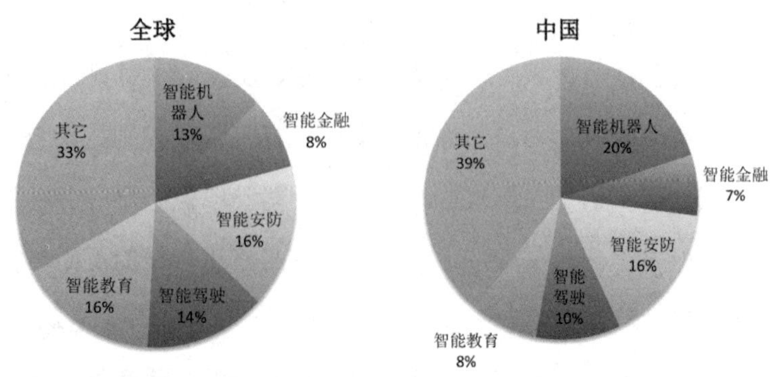

图 2–4　2020 年全球及中国 AI 应用层各产业规模占比

数据来源：《新一代人工智能发展白皮书（2017）》。

2016 年，全球人工智能核心产业规模已超过 200 亿美元，其中，我国人工智能核心产业规模已达到 30 亿美元。得益于技术持续进步和商业模式不断完善，全球人工智能市场需求将进一步快速释放，2020 年全球人工智能核心产业规模将超过 1300 亿美元，年均增速达到 60%；其中，我国人工智能核心产业规模超过 220 亿美元，年均增速接近 65%，见图 2-5、图 2-6。

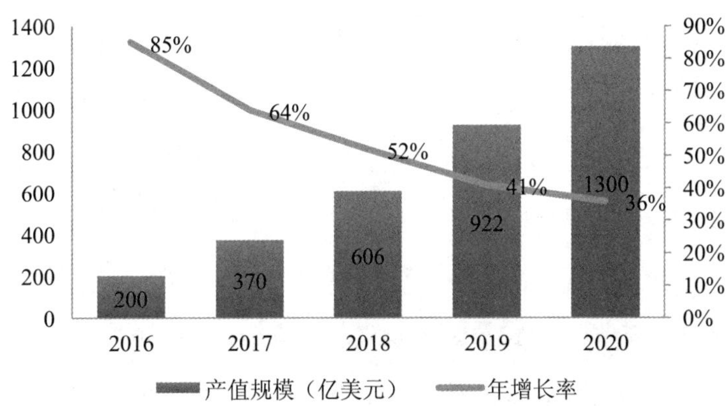

图 2–5　全球人工智能核心产业规模及年增长率

数据来源：《新一代人工智能发展白皮书（2017）》，根据公开数据整理。

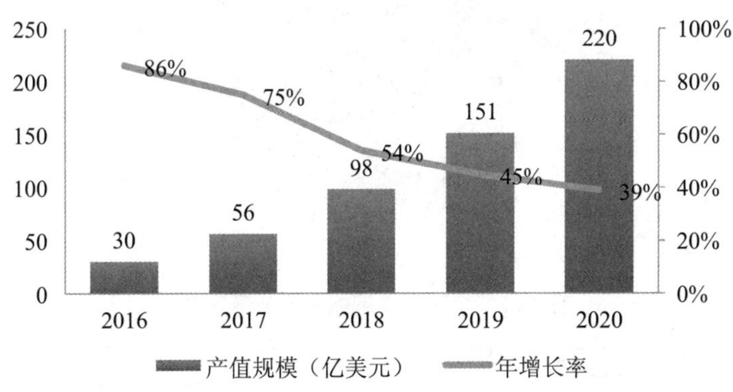

图 2–6　中国人工智能核心产业规模及年增长率

数据来源：《新一代人工智能发展白皮书（2017）》，根据公开数据整理。

2.2 全球产业技术发展

2.2.1 产业链发展概述

人工智能的迅速发展将深刻变革人类社会运行的传统模式。经过 60 多年的演进，特别是在移动互联网、大数据、超级计算机、传感网、脑科学及认知科学等理论技术新进展以及经济社会发展新需求的共同驱动下，近年来全球人工智能产业快速发展，已成为各国科技发展的重要战略方向。

目前，全球人工智能企业数量集中分布在美国、中国、英国等少数国家，三国有关企业数量约占全球总数的 66%。按照企业融资规模来看，美国的发展最为迅猛，其融资总额为英国的 21.9 倍，中国的 6.96 倍，见图 2-7。

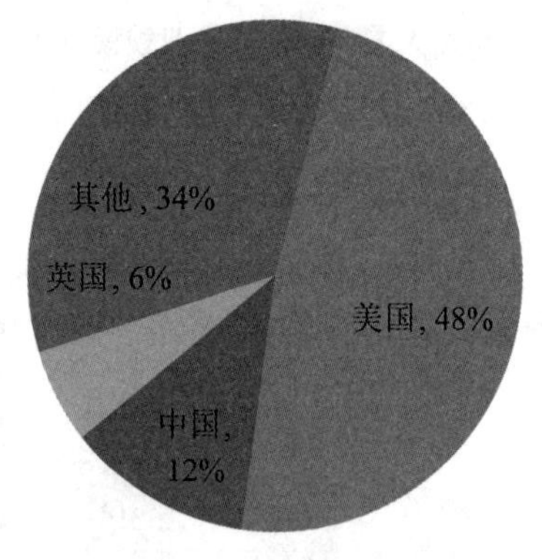

图 2–7 全球人工智能企业数量分布

数据来源：《全球人工智能发展报告（2016）》，乌镇智库，根据公开数据整理。

全球人工智能专利数量方面，美国、中国、日本位列前三，三国约占全球专利总数的 74%，见图 2-8。

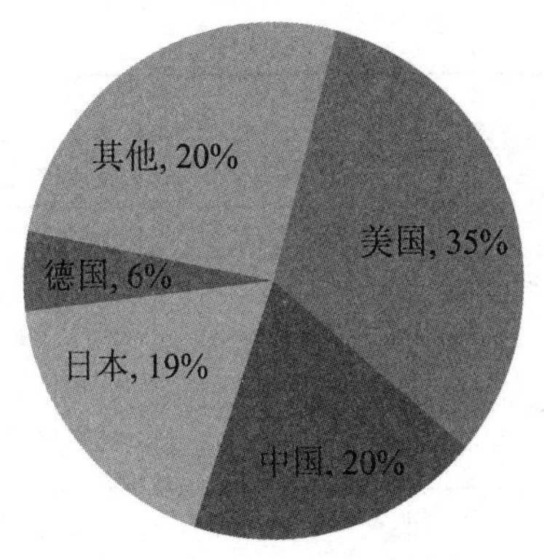

图 2-8　全球人工智能专利数量分布

数据来源：《全球人工智能发展报告（2016）》，乌镇智库，根据公开数据整理。

目前工智能产业核心技术基本掌握在少数科技巨头企业手里，如美国的谷歌、微软、苹果、亚马逊、Facebook，以及我国的百度、腾讯、阿里巴巴和华为等。美国巨头呈现出全产业链布局的特征，包括基础层、技术层、应用层，均有布局；而中国巨头主要集中在应用层，只在技术层局部有所突破，见表 2-1。

表2-1　世界知名大公司及其布局列表

公司	应用层		技术层	基础层
	消费级产品	行业解决方案	技术平台/框架	芯片
Google	谷歌无人车、Google Home	Voice Intelligence API、Google Cloud	TensorFlow系统、Cloud Machine Learning Engine、3D vision systems	定制化TPU、Cloud TPU
Amazon	智能音箱 Echo、Alexa 语音助手、智能超市 Amazon go、PrimeAir无人机	Amazon Lex、Amazon Polly、Amazon Rekognition	AWS分布式机器学习平台	Annapurna ASIC
Facebook	聊天机器人 Bot、人工智能管家Jarvis、智能照片管理应用Moments、语音助手Moneypenny	DeepFace、DeepMask、SharpMask、MultiPathNet	深度学习框架 Torchnet、FBLearner Flow、开发者平台Parse	Big Sur

（续表）

公司	应用层		技术层	基础层
	消费级产品	行业解决方案	技术平台/框架	芯片
Microsoft	Skype即时翻译、语言助手（微软小冰、Cortana小娜、Tay）、智能摄像头A-eye、VR（Hololens全息眼镜）	微软认知服务	Microsoft Azure、DMTK、Bot Framework、Project Malmo	FPGA芯片
Apple	Siri、iOS照片管理	/	/	Apple Neural Engine
IBM	Watson、Bluemix、ROSS	SystemML	/	SyNAPSE类脑芯片
腾讯	WechatAI、Dreamwriter新闻写作机器人、围棋AI产品“绝艺”、天天P图	智能搜索引擎“云搜”和中文语义平台“文智”、优图、觅影	腾讯云平台、Angel、NCNN	/
百度	百度识图、百度无人车、度秘(Duer)	Apollo、DuerOS	百度云平台、Paddle-Paddle	DuerOS芯片
阿里巴巴	智能音箱天猫精灵X1、智能客服“阿里小蜜”	城市大脑	阿里云IaaS 、DTPAI	/

数据来源：《中美两国人工智能产业发展全面解读》，腾讯研究院，根据公开数据整理。

2.2.2　国外推动产业发展的主要规划

目前世界主要大国均把发展人工智能作为提升国家竞争力、维护国家的重大战略，加紧出台规划和政策，在技术上进行全创新链布局，力图在新一轮国际科技竞争中掌握主导权。

1. 美国

美国在人工智能发展方面具有明显的优势，从政府到企业对人工智能带来的变革都极为重视，科研机构对人工智能重视程度也在不断加强，相关创新型产品迭代迅速。主要有以下发展。

一是战略层面高度重视，成立国家专家委员会机构。2015 年以来，美国白宫科技政策办公室连续发布的《为人工智能的未来做好准备》《国家人工智能研究和发展战略计划》和《人工智能、自动化与经济报告》3 份重量级报告。2016 年 5 月，美国白宫推动成立了机器学习与人工智能分委会（MLAI），专门负责协调跨部门人工智能的研究与发展工作，并就人工智能相关问题提出技术和政策建议，同时监督各行业、研究机构以及政府的人工智能技术研发。

二是资本与政策共同发力，挖掘最具潜力的创业企业。美国硅谷是当今人工智能发展的重点区域，聚集了从人工智能芯片到下游应用产品的全产业链企业。在人工智能融资规模上，美国在全球占主导地位，比重在 60% 以上。美国的科技巨头们早已展开一系列收购暗战。例如，近 5 年来，Google 成为人工智能领域最活跃的收购者，相继收购了 DNNresearch、DeepMind 和 Nest。

三是巨头企业形成集团式发展，共建人工智能生态圈。以谷歌、微软、亚马逊、Facebook、IBM 五大巨头为代表，自发形成人工智能伙伴关系，通过合作的方式推进人工智能的研究和推广。这种新型的巨头集团式发展模式，成为人工智能时代的亮点，能保证技术方案的效益最大化。在未来，还会有更多的企业和机构加入其中。用户组织、非营利组织、伦理学家和其他利益相关者也都会围绕生态圈进行更大范围的研究和开发。

四是推动软硬件系统协同演进，全面开发人机协作智能系统。美国更加关注长期投资在具有潜在能力的高风险高回报项目，以此补充社会和企业短期内不愿涉足的领域。在软件方面，提升人工智能系统的数据挖掘能力、感知能力并探索其局限性，同时推动系统革新，包括可扩展、类人的、通用的人工智能系统的研发。在硬件方面，优化针对人工智能算法和软件系统硬件处理能力，并改进硬件体系架构，同时，推动开发更强大和更可靠的智能机器人。

2. 英国

英国政府于2017年发布了《在英国发展人工智能》报告，对当前人工智能的研究、市场和政策支持进行了分析。作为英国数字战略的一部分，该报告也会被纳入英国政府行业战略中。

英国政府认为，当前人工智能技术发展已经到了行业广泛应用的时间点。通过人工智能提高生产力以及创造全新的产品和服务，这是英国经济迫切的需求。现在应用型人工智能已逐步渗透到了各行各业，改变了不同领域的商业实践：包括金融、法律、医疗、会计、审计、建筑、咨询服务、服务业、制造和交通业等。英国政府的愿景是让英国成为世界人工智能商业发展和部署最好的地方，从起步、发展到繁荣，逐步收获技术红利。具体有四个方面的设想。

一是提高数据的获取性。数据是人工智能产业发展的核心，人工智能的发展也为开发者和政府对于数据的获取和治理提出了新的问题。让数据更加开放，提高机器可读性以及平衡数据的隐私和开放，从而增强人工智能领域的信任。

二是提高人工智能时代人员技能。培养人工智能领域人才是人工智能产业发展的核心问题，其中既包含人工智能领域的专业学术、研发人才，也包含未来人工智能行业中大量的低技能劳动力。政府应当为其创造多元的技能培训计划以提高全民的科技素养。

三是加快人工智能研究及商业化。英国已经有顶级的人工智能研究土壤，牛津大学、剑桥大学、帝国理工学院及伦敦大学学院等高校、研究机构都在人工智能和机器学习领域有深厚的积累，为了研究的应用及产业化，政府应当为人工智能研究及其技术转移铺平道路，加速人工智能的商业化和产业化。

四是支持人工智能产业发展。为了释放人工智能带来的经济潜力，政府需要帮助行业降低合作壁垒，打通学术界与企业界，推进人工智能行业的发展与应用。

3. 德国

德国政府尚未有人工智能战略报告，基于德国雄厚的工业基础，2012 年，德国推行了以“智能工厂”为重心的“工业 4.0 计划”。德国政府在工业机器人发展的初级阶段发挥着重要作用，其后，产业需求引领工业机器人向智能化、轻量化、灵活化和高能效化方向发展。工业 4.0 计划的实施助力工业机器人推动生产制造向灵活化和个性化方向转型。主要有如下特点：

一是以服务机器人为重点，加快智能机器人的开发和应用。德国联邦教研部在“信息和通讯技术 2020—为创新而科研”研究计划中设立服务机器人项目。联邦经济部的“工业 4.0 的自动化计划”的 15 个项目中涉及机器人项目的有 6 个。德国科学基金会通过计划和项目资助大学开展机器人基础理论研究，如神经信息学、人机交互通信模式、机器人自主学习和行为决策模式等。

二是推动“自动与互联汽车”国家战略，引领汽车产业革命。2015 年 9 月联邦政府内阁通过了联邦交通部提交的“自动与互联汽车”国家战略。德国顶尖大学和研究机构对传感器、车载智能系统、连通性、数字基础和验证测试进行的广泛研发使德国在技术领域又一次走在前沿。德国以设备制造商和大学的紧密科研合作为特点，通过公共补贴项目支持更高水平的自动驾驶大规模研发。

三是柏林汇聚一半以上的人工智能企业，成为绝对发展中心。柏林作为德国的首都以及科技创业基地，汇集了全国 54% 的人工智能企业，远超慕尼黑，汉堡以及法兰克福等城市。德国“脑科学”战略重点是机器人和数字化。2012 年德国马普脑科学研究所和美国开展计算神经科学合作研究，并与以色列、法国开展多边合作。

4. 法国

法国经济部与教研部于 2017 年 3 月发布《人工智能战略》，旨在把人工智能纳入原有创新战略与举措中，谋划未来发展。主要有以下方面：

一是引导人工智能前沿技术研发，培育后备力量。如发起长期资助计划、人工智能 +X（相关领域）合作计划、建设大型科研基础设施、新建法国人工智能中心、设立领军人才计划、普及人工智能知识等。

二是促进人工智能技术向其他经济领域转化，充分创造经济价值。如设立技术转化项目与奖金、设立人工智能公共服务项目、建设云数据共享平台及数据和软件等资源集成与展示平台、设立投资基金和人工智能基金会、推动人工智能在智能汽车及金融投资等领域应用、扶持人工智能在安全及监测异常行为等冷门研究方向的新创企业、起草人工智能研发路线图等。

三是结合经济、社会与国家安全问题考虑人工智能发展。如开发自主集成软件平台、数据存储与处理平台、自主学习技术平台、网络安全平台等，预见人工智能对社会尤其是就业的影响，评估人工智能对现有工作任务的替代性等。

2.2.3　国外龙头企业产业发展策略

1. 谷歌

谷歌在 2011 年成立人工智能部门，其目前的产品和服务主要依靠人工智能技术驱动，如谷歌使用深度学习技术改善搜索引擎、识别 Android 手机指令、鉴别其 Google+ 社交网络图像等。目前已经有 100 多个团队用上了机器学习技术，包括 Google 搜索、Google Now、Gmail 等，并往其开源 Android 手机系统中注入大量机器学习功能。

谷歌发展人工智能的途径为：①覆盖更多用户使用场景，从互联网、移动互联网等传统业务延伸到智能家居、自动驾驶、机器人等领域，积累更多数据信息；②积累底层人工智能技术，研发更高级的深度学习算法，增强图形识别和语音识别能力，对信息进行深层加工和处理。谷歌试图将人工智能渗透到旗下各类产品，为用户带来更多使用场景以及智能化功能。

当前谷歌主要人工智能产品有：人工智能开源平台“”ensorflow”、DeepMind“AlphaGo”、语音智能助手“Google Assistant”、无人驾驶汽车、量子芯片、云计算平台 & 云机器学习引擎、人工智能算法“RankBrain”。

2. 微软

微软在人工智能领域持续投入，在微软研究院成立初期的部分工作就主要集中在包括语音识别、自然语言和计算机视觉等在内的人工智能研究上。最近微软利用深度学习，在语音识别和图像识别中又有重大突破，并将其应用到诸多微软产品上。

微软人工智能的研发战略是专注于大数据、机器学习以及深度学习、深度神经网络等技术领域的研发，让人工智能走出象牙塔，打造人工智能生态圈。具体有四个方面：①利用人工智能技术从根本上变革环境计算、智能助理等人机交互方式，发展微软小娜、微软小冰、Bot Framework 等与人类“对话即平台”战略相关的产品和服务；②将智能注入每一设备的每一应用中，如 Office 和 Dynamics，与人类社会随时随处保持互动；③向全球开发者开放旗下各种应用程序中的人工智能，包括认知能力，如微软认知服务、微软认知工具包（原 CNTK）；④构建人工智能超级云计算机，让全球均能利用以解决人工智能遇到的各种挑战。

目前微软在人工智能方面的产品有：必应搜索引擎、Skype 即时翻译、小冰聊天机器人、小娜（Cortana）虚拟助理、深度学习工具包 CNTK、人工智能超级云电脑“AI supercomputer in cloud”。

3. 苹果

长期以来，苹果对于人工智能的定位都是“设备智能”，这是一种将人工智能技术纳入到硬件的处理方式，从最早的 Siri 到现在的 iOS 10 里的图片自动识别和分类机制。

苹果不断加速布局人工智能领域，希望人工智能技术方面实现突破，在与谷歌、脸谱、亚马逊等公司的竞争中取得优势。过去 6 年，苹果收购了至少 15 家人工智能公司，涉及的研究领域包括语音识别、自然语言处理、图像识别、人脸识别、动作捕捉、机器学习等，并计划在日本成立专门的研发中心。

当前苹果在人工智能方面的主要产品有：智能助手“Siri”、AI 特制芯片“Apple Neural Engine”、Metal 深度学习框架、机器学习智能系统“Apple Brain”等。

4. 亚马逊

亚马逊利用其本身数据优势，在人工智能方面有着先天优势。亚马逊与人工智能相关的工作集中于 Alexa 语音服务（Amazon Voice Service，AVS）。AVS 将人工智能应用于自然语言处理，实现了基于云计算的语音界面。亚马逊也发布了搭载 AVS 云计算软件的 Echo 智能音箱，推出后大获成功，销量达到 500 万台。

亚马逊的人工智能战略是覆盖所有一切领域，让基于云计算的语音软件去驱动各类设备，利用亚马逊云计算服务平台（Amazon Web Service，AWS）帮助开发者使用所需的人工智能服务，即亚马逊 AI。AWS 主要有以下方面内容：①提供深度学习平台，在架构和算法层面，以可扩展性闻名的 MXNet 是 AWS 的官方深度学习平台，使用者可以通过 MXNet 的 AMI 快速构建 MXNet 环境；②提供完善的交互、语音和视觉服务模型，可以立刻应用的人工智能服务有对话服务 Lex、语音服务 Polly 以及视觉服务 Rekognition，使人工智能应用者节省了模型搭建的时间。

当前亚马逊的主要产品有：Echo 智能音箱、亚马逊云计算服务平台（AWS）、对话服务“Lex”、语音服务“Polly”、视觉服务“Rekognition”。

5. 脸书

脸书（Facebook）通过收购人工智能公司、设立人工智能研究中心来提升自身人工智能实力。基于其庞大的客户群数据库进行深度挖掘，将人工智能应用到实际的场景中。基于深度学习的文字理解引擎 DeepText 能够理解 20 多种语言，每秒理解数千篇的文本，已被用于 Messenger 推荐合适的对话回复。Facebook 在人脸识别方面已达到了 97% 的准确率，甚至在 Instagram 和 Messenger 上搭建了人工智能相机。Facebook 还利用人工智能解决广告作弊的问题，有些作弊广告避开了 Facebook 的检查流程，违反了社区标准以及广告策略。与之类似的，Facebook 还能够阻止平台上极端主义及恐怖主义内容的传播。

Facebook 主要策略是①聚焦人工智能提升其社交通信类产品体验，增加产品的人脸识别、语义理解及内容聚合能力；②聚焦机器学习计算框架 / 能力，提升机器学习的实时性。

当前脸书的主要人工智能产品有：文本理解引擎“Deep Text”、人工智能助理“Facebook M”、人脸识别“DeepFace”、人工智能开源软件“Torchnet”、开源 Big Sur 人工智能平台。

6. IBM

IBM 在人工智能领域没有谷歌 AlphaGo、智能汽车等引人注目的项目，但却有着深厚的技术底蕴，甚至已经开始用人工智能赚钱。目前，IBM Watson 有五十多项 API，支撑了 7000 多个不同应用，渗透于医疗、物联网、客服、广告及无人驾驶等各个领域。

IBM 人工智能战略：确定 Watson 感知云服务为其战略重心，深耕“认知计算体系”，大力发展企业人工智能服务。

当前 IBM 人工智能产品有：Watson 感知云服务、人脑模拟芯片“SyNAPSE”。

7. 小结

总体来看，国外科技巨头高度重视人工智能，在人工智能基础、技术和应用方面都进行了布局，在人工智能三大核心“算法、算力、数据”中，国外巨头算法、算力占据优势，数据优势稍弱，总体具有领先优势。其中，谷歌底层人工智能技术的积累处于世界前列，在深度学习与算法研究方面独树一帜；微软在包括深度学习等多个领域的技术布局处于世界顶端；Facebook的优势在于拥有全球范围内的海量社交数据；IBM有着深厚的技术底蕴，在人工智能技术方面的商业实力突出；亚马逊在人工智能服务方面成效显著；苹果通过收购和消化技术，在人工智能方面正迅速追赶其他巨头。

2.3 国内产业技术发展

2.3.1 国内产业链发展概述

经过多年的持续积累，我国在人工智能领域已经跻身全球第一梯队。国际科技论文发表量和发明专利授权量已居世界第二，部分领域核心关键技术实现重大突破。语音识别、视觉识别技术世界领先，自适应自主学习、直觉感知、综合推理、混合智能和群体智能等技术初步具备跨越发展的能力。中文信息处理、智能监控、生物特征识别、工业机器人、服务机器人、无人驾驶逐步进入实际应用，人工智能创新创业日益活跃，一批龙头骨干企业加速成长，在国际上获得广泛关注和认可。我国人工智能企业主要集中在北京、广东及长三角一带，约占我国人工智能企业总数的85%，见图2-9。

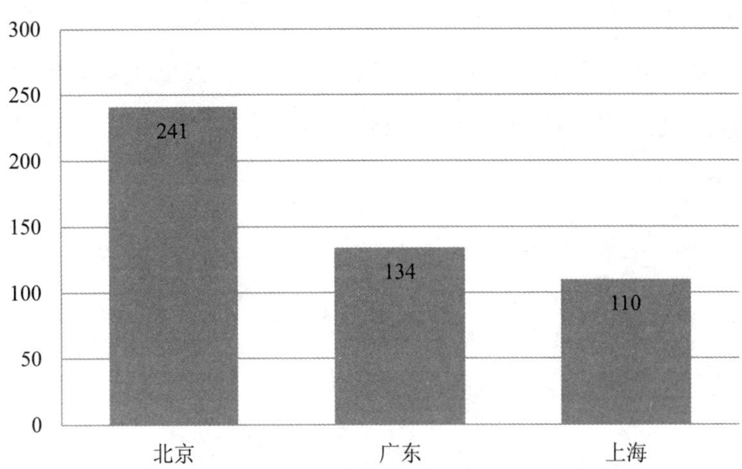

图 2-9　中国人工智能企业数量分布

数据来源：《全球人工智能发展报告（2016）》，乌镇智库，根据公开数据整理。

北京、广东、上海为中国人工智能专利数量分布的三大中心，与中国经济的分布区域特点相吻合，北上广浙苏五省市占总体的59.6%，见图2-10。

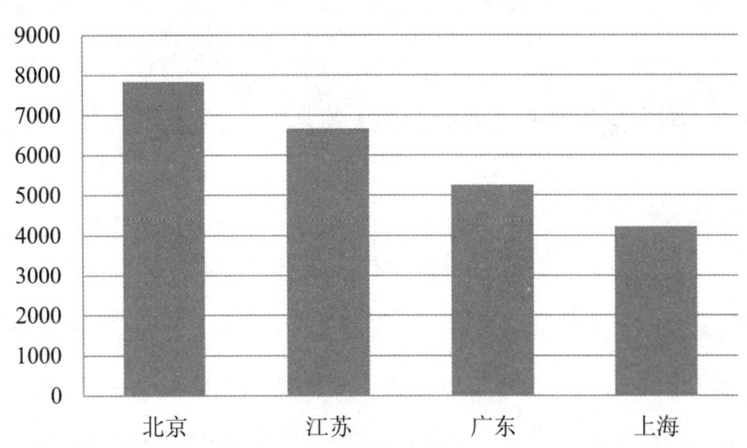

图 2-10　中国人工智能申请专利数量分布

数据来源：《全球人工智能发展报告（2016）》，乌镇智库，根据公开数据整理。

中国人工智能热点领域主要包括计算机视觉与图像、智能机器人、自然语言处理、机器学习应用、智能无人机、语音识别、技术平台、自动驾驶 / 辅助驾驶、处理器 / 芯片。其中，排名前三的领域为计算机视觉与图像 146 家、智能机器人 125 家、自然语言处理 92 家，见图 2-11。

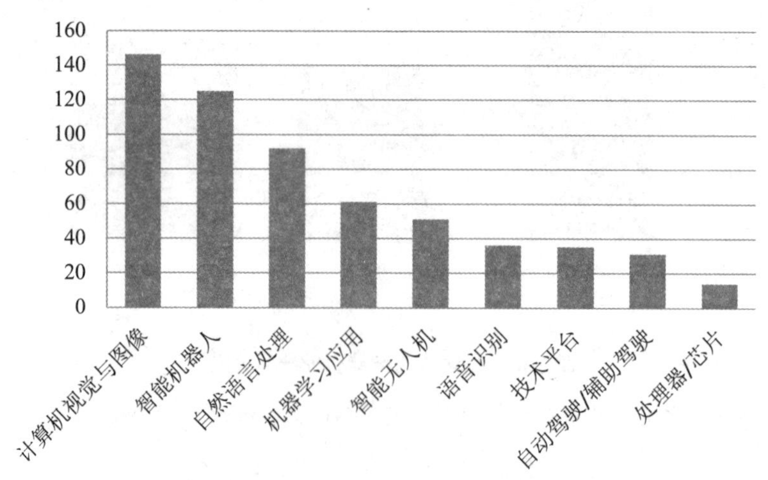

图 2-11　中国人工智能各领域企业数量分布

数据来源：《中美两国人工智能产业发展全面解读》，腾讯研究院，根据公开数据整理。

2.3.2　国内推动产业发展的主要规划

1. 国务院人工智能总体规划

2017 年 7 月，国务院印发《新一代人工智能发展规划》中提出新一代人工智能发展分三步走的战略目标。一是到 2020 年人工智能总体技术和应用与世界先进水平同步。二是到 2025 年人工智能基础理论实现重大突破，部分技术与应用达到世界领先水平。三是到 2030 年人工智能务必要占据全球人工智能制高点，中国人工智能理论、技术与应用总体达到世界领先水平，成为世界主要人工智能创新中心。随着人工智能上升到国家战略，顶层设计框架搭建完成，产业发展有望持续提速并带来投资新机遇。国家人工智能战略有如下重大任务。

一是构建开放协同的人工智能科技创新体系。围绕增加人工智能创新的源头供给，从前沿基础理论、关键共性技术、基础平台、人才队伍等方面强化部署，促进开源共享，系统提升持续创新能力。

二是培育高端高效的智能经济。加快培育具有重大引领带动作用的人工智能产业，促进人工智能与各产业领域深度融合，形成数据驱动、人机协同、跨界融合、共创分享的智能经济形态。

三是建设安全便捷的智能社会。围绕提高人民生活水平和质量的目标，加快人工智能深度应用，形成无时不有、无处不在的智能化环境，促进全社会的智能化水平大幅提升。

四是加强人工智能领域军民融合。深入贯彻落实军民融合发展战略，推动形成全要素、多领域、高效益的人工智能军民融合格局。

五是构建安全高效的智能化基础设施体系。大力推动智能化信息基础设施建设，提升传统基础设施的智能化水平，形成适应智能经济、智能社会和国防建设需要的基础设施体系。

六是前瞻布局新一代人工智能重大科技项目。针对我国人工智能发展的迫切需求和薄弱环节，设立新一代人工智能重大科技项目。

2. 科技部人工智能开放创新平台规划

2017 年 11 月，科技部在北京召开新一代人工智能发展规划暨重大科技项目启动会。会议宣布成立新一代人工智能发展规划推进办公室，由科技部、发展改革委、财政部、教育部、工业和信息化部、交通部、农业部、卫生计生委、中科院、工程院、自然科学基金会、中央军民融合发展委员会办公室、军委装备发展部、军委科技委、中国科协等 15 个部门构成，负责推进新一代人工智能发展规划和重大科技项目的组织实施。宣布成立新一代人工智能战略咨询委员会，为重大科技项目的规划与实施以及国家人工智能发展的相关重大部署提供咨询。会议上宣布首批国家新一代人工智能开放创新平台：依托百度公司建设自动驾驶国家新一代人工智能开放创新平台；依托阿里云公司建设城市大脑国家新一代人工智能开放创新平台；依托腾讯公司建设医疗影像国家新一代人工智能开放创新平台；依托科大讯飞公司建设智能语音国家新一代人工智能开放创新平台。

目前，四大开放创新平台已开始运作，各平台主要情况如下。

（1）自动驾驶国家新一代人工智能开放创新平台——百度 Apollo 平台

Apollo 平台是百度推出的向汽车行业及自动驾驶领域的合作伙伴提供的软件平台，包括服务平台、软件平台、参考硬件平台和参考车辆平台共四层。目标是在 3 至 5 年内打造成为国家级自动驾驶系统开放创新平台。Apollo 平台技术框架见图 2-12。

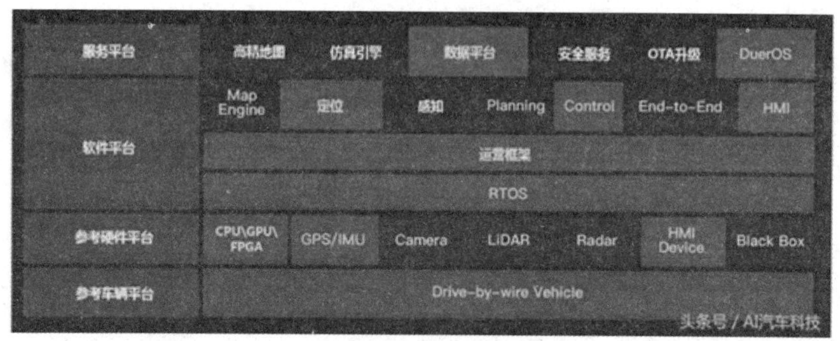

图 2–12　百度 Apollo 平台技术框架

从整体架构上可将 Apollo 平台分为以下四层来理解：

- 车辆平台：与百度达成合作的车厂；
- 硬件层：摄像头、GPS/IMU、雷达、HMI、Black Box 等；
- 开源软件平台：实时系统框架、定位、控制、路线规划模块等；
- 云服务平台：仿真模拟环境、DuerOS、安全模块、OTA、高清地图等。

Apollo 开放路线图见图 2-13。

图 2–13　百度 Apollo 开放路线图

目前，Apollo 1.5 已发布，2.0 发布在即。平台正沿着既定路线发展，保持每周更新、每两个月发布新版本的速度进行。Apollo 开发者的生态全景图包括六大部分：（1）成立 Apollo 专项资金，扶持整个生态开发者；（2）开放工具集和数据集帮助研发；（3）软件平台；（4）硬件；（5）开发者社区；（6）测试，包括云端测试和测试场地测试。当前，全球已有近 70 多家合作伙伴加入了 Apollo 计划。

（2）城市大脑国家新一代人工智能开放创新平台——阿里云 ET 城市大脑

ET 大脑是阿里云研发的超级人工智能，用来解决社会和经济发展中仅靠人脑无法解决的棘手问题。ET 大脑的核心能力在于从单点智能到全局智能的突破，除了具备机器学习、智能语音交互、计算机视觉、生物识别、情感分析等基础能力外，还将 AI、云计算、大数据能力与垂直领域深度结合，通过多维感知、全局洞察、实时决策、持续进化的方式，帮助人类在复杂局面下快速做出最优决定。阿里云 ET 城市大脑是目前全球最大规模的人工智能公共系统，旨在以摄像头为核心进行数据采集与计算，对整个城市进行全局实时分析，自动调配公共资源，修正城市运行中的 Bug，提升城市运行的效率和质量。城市大脑利用实时全量的城市数据资源全局优化城市公共资源，提升政府管理能力，解决城市治理中公共安全、公共交通等突出问题。阿里云城市大脑的总体架构如图 2-14。

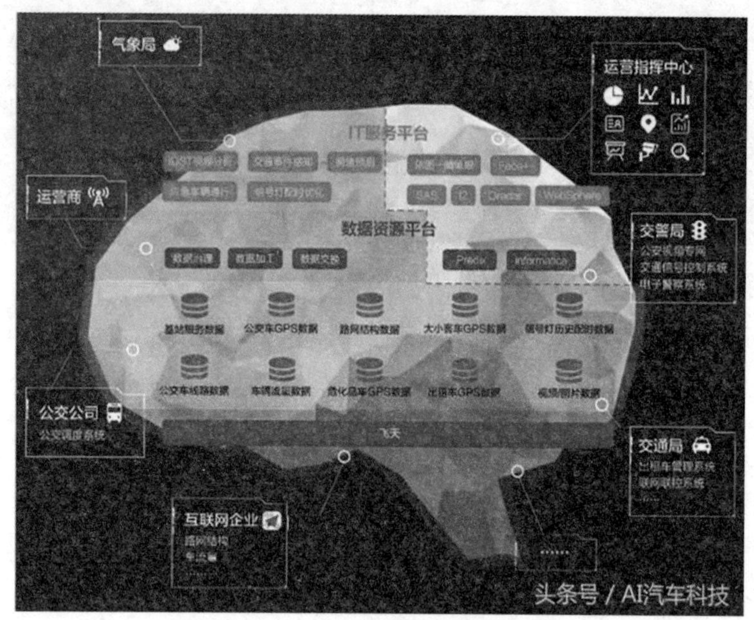

图 2-14　阿里云城市大脑总体架构

城市大脑就是从整个城市的数据，到数据的感知，尤其是视觉信息的感知、认知，再到决策、优化、搜索、挖掘、预测和干预的整个链路。城市大脑与其他的人工智能技术和应用的不同之处在于：（1）用强大的计算力和人工智能技术，去发掘整个城市里不断积累的大量异构数据的价值；（2）城市大脑所做的事情超越了单点人工智能的技术，强调的不仅仅是单点的感知、认知的能力，而是要把数据汇聚起来，利用强大的计算能力，强大的融合能力，把数据的价值展现、挖掘出来；（3）数据成为一种资源，城市大脑将来会成为一个城市的基础设施，就像水、电一样。

ET 城市大脑项目从 2016 年自杭州市萧山区开始启动，并逐步扩大推展至衢州、乌镇和苏州等地，已与澳门特区政府签订战略合作协议，作为阿里城市大脑跨出中国、迈向国际的起点。杭州城市大脑接管了杭州 128 个信号灯路口，试点区域通行时间减少 15.3%，高架道路出行时间节省 4.6 分钟。在主城区，城市大脑日均事件报警 500 次以上，准确率达 92%；在萧山，120 救护车到达现场时间缩短一半。

（3）医疗影像国家新一代人工智能开放创新平台——腾讯觅影

腾讯觅影是腾讯公司首个应用在医学领域的人工智能产品，聚合了腾讯公司内部 AI Lab、优图实验室、架构平台部等多个人工智能团队，将语言处理、机器学习、图像识别、语音识别等技术与医学融合，支持早期食管癌、早期肺癌、糖尿病性视网膜病变、宫颈癌、乳腺癌等病种筛查。腾讯觅影运用计算机视觉和深度学习技术对各类医学影像（内窥镜、病理、钼靶、超声、CT、MRI 等）进行学习训练，特别是在早期食管癌和糖网病的智能筛查，筛查一个内镜检查用时不到 4 秒，识别准确度高达 95% 以上，能够有效地辅助医生诊断和筛查早期重大疾病等任务。

AI 影像和 AI 辅助诊断是腾讯觅影最主要的两大功能。在 AI 影像方面，腾讯觅影现已开展食管癌、肺癌、糖尿病筛查，并已进入临床预试验，每个月处理上百万张医学影像。肺结节早筛系统准确率超过 95%，可检测 3 毫米及以上的微小结节，糖网病变识别准确率更高达 97%。AI 辅助诊断是腾讯在自然语言处理和机器学习技术基础上，整合海量医疗数据并吸收学习权威专家多年临床经验研发的一项新技术。借助该项功能，腾讯觅影一方面可以把医生从烦琐的工作中解放出来，夯实医院信息化和标准化建设，实现医院管理升级，助力科研水平的提升；另一方面可让医生更精准地预测疾病，降低诊断风险，提升诊疗水平。

与国内外同行在静态图像上的技术应用相比，“腾讯觅影”所读取内镜检查数据属于动态素材（内镜数据更多变），这代表着腾讯在 AI+ 医疗方面的基础理论和核心算法更优胜。

腾讯觅影将以开放平台的角色，成为各家医院以及医疗系统服务商的基础支撑，带动人工智能基础理论和核心技术的进步，进而推动行业技术开放创新和医疗资源共享，普惠百姓。目前已经与广东、广西、西安等全国多个省市十多家三甲医院建立了联合实验室，并与上百家医院达成合作意向。食管癌、肺癌、糖尿病性视网膜三个病种的筛查进入临床预试验阶段。对于偏远地区的医院有望获得顶尖医疗机构的医疗能力。

（4）智能语音国家新一代人工智能开放创新平台——讯飞开放平台

讯飞开放平台是全球首个开放的智能交互技术服务平台，致力于为开发者打造一站式智能人机交互解决方案。用户可通过互联网、移动互联网，使用任何设备、在任何时间、任何地点，随时随地享受讯飞开放平台提供的“听、说、读、写……”等全方位的人工智能服务。目前，开放平台以“云＋端”的形式向开发者提供语音合成、语音识别、语音唤醒、语义理解、人脸识别、个性化彩铃、移动应用分析等多项服务，已应用于机器人、汽车、医疗、教育、客服等多个行业。国内外企业、中小创业团队和个人开发者，均可在讯飞开放平台直接体验世界领先的语音技术并简单快速集成到产品中，让产品具备“能听会说会思考会预测”的功能。

科大讯飞目前的英文手写识别率达到了97%，图文混合识别的准确率也达到了92%，而利用其图像识别技术对肺部影像的识别已经达到了三甲医院专家的水平，在阅读理解上的准确率也达到了80%。

就国家新一代人工智能开放创新平台而言，目前部分智能语音产品的语音识别准确度还有待提升，需要与合作伙伴开发出更多的应用场景；个性化和情感化的智能语音产品也在进一步开发当中。同时，在平台的建设中还将对相关语音交互技术的研发、使用进行培训，提升用户体验，加大市场推广，让更多的人知道相关产品，让更多的智能语音应用落地到更多的场景是科大讯飞的重点工作。

截至2017年年底，讯飞开放平台的累计终端数已经达到15亿，日均交互次数达到40亿，开发者团队数已达46万。基于讯飞开放平台，科大讯飞相继推出了讯飞输入法、灵犀语音助手等应用，推动各类语音应用深入到教育、医疗、司法、智慧城市、客服等各个领域。到2020年，科大讯飞力争将智能语音及人工智能开放创新平台建设成为国际一流平台，形成从智能语音、人工智能技术、整体解决方案、开源平台到硬件和产业应用的完整生态体系。

3. 工信部人工智能产业发展三年行动计划

2017年12月，为落实《新一代人工智能发展规划》，深入实施“中国制造2025”，工信部发布了《促进新一代人工智能产业发展三年行动计划（2018-2020）》（以下简称《行动计划》），为各地推出支持人工智能产业发展政策提供了更为具体的方向和建议。

《行动计划》按照“系统布局、重点突破、协同创新、开放有序”的原则，提出了四方面主要任务：一是重点培育和发展智能网联汽车、智能服务机器人、智能无人机、医疗影像辅助诊断系统、视频图像身份识别系统、智能语音交互系统、智能翻译系统、智能家居产品等智能化产品，推动智能产品在经济社会的集成应用。二是重点发展智能传感器、神经网络芯片、开源开放平台等关键环节，夯实人工智能产业发展的软硬件基础。三是深化发展智能制造，鼓励新一代人工智能技术在工业领域各环节的探索应用，提升智能制造关键技术装备创新能力，培育推广智能制造新模式。四是构建行业训练资源库、标准测试及知识产权服务平台、智能化网络基础设施、网络安全保障等产业公共支撑体系，完善人工智能发展环境。

本次文件中明确指出了8个未来人工智能产业要率先取得突破的领域，分别是：智能网联汽车、智能服务机器人、智能无人机、医疗影像辅助诊断系统、视频图像身份识别系统、智能语音交互系统、智能翻译系统、智能家居产品。此外，还提出了3个重点突破的核心基础：智能传感器、神经网络芯片、开源开放平台。对未来3年内我国整个人工智能产业的发展指定了方向，对比先前的《新一代人工智能发展规划》，本次文件明显更加细化和具体，并且在8大重点拓展领域和3大核心基础方面提出了许多量化目标，对于我国人工智能产业的早期突破具有重要意义，有望形成以点带面的效应。

《行动计划》目标突出强调了智能产品的规模化，芯片、传感器核心基础的能力提升以及智能制造的深入发展。人工智能重点产品中智能网联汽车、智能服务机器人、无人机、智能医疗影像诊断、智能图像识别、智能语音、智能翻译和智能家居等产品要进入规模化发展；核心基础能力中，智能传感器技术、神经网络芯片和开源开发平台能力显著增强；人工智能技术在制造业关键技术装备中加快集成应用，重点工业领域智能化水平要有显著提高。

《行动计划》指出要加快构建智能化基础设施体系，含海量训练资源库、测试数据库等，同时，强调针对智能网联汽车、智能家居等重点行业应用，建成具备人工智能安全态势感知、测试评估等基本能力的安全保障平台。

2.3.3 国内人工智能重点省份布局情况

目前，国内人工智能产业基础较强的几个省份均把发展人工智能作为提升核心竞争力进行战略布局，加紧出台规划和政策，在产业技术上进行全创新链布局，力图在新一轮科技竞争中掌握话语权。

1. 北京

北京人工智能产业主要集中在中关村，中关村发展人工智能产业的基础和优势明显，目前已经形成国内最大、最有实力的人工智能创新集群。中关村拥有全国一半以上的人工智能骨干研究单位和一批知名专家、团队；拥有人工智能企业约250家，专利申请数累计7800余项，企业和专利申请数均位列全国第一。全国42.9%的人工智能创业公司也来自中关村，商汤科技、寒武纪、地平线等均已成为我国各个细分领域的创新企业，百度被国际公认为人工智能综合实力最强企业之一。《创业邦》2017 年 8 月评选出的人工智能创新公司 50 强榜单中，北京中关村入选企业 25 家，占据半数，其中海淀企业占 17 个席位，分别是旷视科技、商汤科技、速感科技、Yi+、Atman- 爱特曼、蓦然认知、智齿客服、普强信息、声智科技、云知声、北醒（北京）光子、Momenta、中科慧眼、地平线机器人、寒武纪科技、深鉴科技、汇医慧影。其中，地平线机器人、商汤科技等企业均融资亿元以上，表现亮眼。赛迪顾问 2017 年 10 月发布中国人工智能百强榜单中，北京不仅企业数量（高达 44 家）远超其他城市，而且成立时间在 5 年以上的企业占比达到 74%，区域集聚效应显著。

2017 年 9 月 30 日，中关村科技园区管理委员会印发了《中关村国家自主创新示范区人工智能产业培育行动计划（2017—2020 年）》。《行动计划》作为中关村人工智能领域的产业政策文件，对未来三年中关村发展人工智能产业的思路、目标、重点任务和保障措施等进行了系统的规划和部署。其中，《行动计划》提出了“5566”重点任务布局，即着力突破五类关键核心技术、建设五大开放创新平台、开展六项行业应用示范、实施六类政策，全力构建全球顶尖的产业生态。

（1）五类关键核心技术：①人工智能芯片及传感器技术研发，包括神经网络处理器等专用处理器芯片以及光电传感器、图像传感器、激光雷达、力学传感器等关键技术；②人工智能操作系统和基础软件，包括通用操作系统、开源软硬件系统、中间件、编译库等底层技术以及云端核心架构等；③人工智能核心算法，包括计算机视觉、语音识别、自然语言处理、生物特征识别、新型人机交互、自主决策控制等相关算法技术；④人工智能应用及系统集成技术，主要指人工智能与制造、教育、环境、交通、商业、医疗、公共安全等行业深度融合发展所需的相关技术；⑤人工智能基础理论及前沿技术研究，包括深度学习、强化学习、脑认知与类脑计算等前沿技术和基础理论研究等。

（2）五大开放创新平台：①支持企业、高校及科研院所建设面向深度学习的人工智能公共计算平台，鼓励行业领军企业开放计算资源；②支持企业建设开源和共性技术平台，主要围绕无人驾驶、智能机器人、智能家居等细分领域以及计算机视觉、生物特征识别、语音识别、自然语言理解、自主决策控制等共性关键技术；③支持高校、科研院所联合人工智能企业建立协同研发平台，包括有利于协同创新和成果转化的新型研发机构、概念验证实验室和检验检测平台；④支持建设基础数据和行业数据开放共享平台，加快推动政府数据开放，根据市场需求支持龙头企业搭建行业数据平台、知识图谱开放共享平台和智慧物流大数据平台；⑤支持各类创新主体搭建行业公共服务和对接交流平台，支持行业领军企业、科研院所以及行业用户联合成立中关村人工智能产业技术联盟。

（3）六个行业开展应用示范：选择智能制造、无人驾驶、智能安防、智能家居、智能医疗、公共服务等六个中关村具有产业优势或者资源优势的细分领域实施人工智能创新应用示范工程，形成一批完整的行业解决方案和成功案例，加快人工智能的商业化进程。

（4）六类政策：①深入开展人工智能领域政策先行先试，如探索无人驾驶领域监管政策、测试标准等；②加大对人工智能领域技术创新的支持力度，支持开展技术研发、科技成果转化和产业化、共性技术研发、专利申请和标准创制等；③引进和培育高端人才和团队，吸引一批世界级人工智能领域顶尖人才和高层次团队，并鼓励开展人才培养培训，建成多层次、高质量的人才梯队；④支持构建多渠道投融资服务体系，加大对人工智能领域的金融支持力度，包括鼓励并购重组、多种形式的贷款融资以及改制、上市等；⑤支持人工智能领域的创新创业，推动企业做大做强。鼓励各类人工智能优秀人才投身创新创业，对领军企业实行“一企一策”精准服务，引导企业集聚发展；⑥支持链接全球高端创新网络，推动各类创新主体积极开展国际化布局，举办具有国际影响力的大赛、会议和活动。

2. 上海

上海在人工智能产业发展方面具备良好的基础和优势，其中，在大数据、应用技术和人才这三方面的优势比较突出。一方面，作为中国的经济中心城市，上海在经济、金融、医疗、教育、政府管理等诸多方面产生着规模庞大的数据。与此同时，上海产业门类齐全、科研院所集中、应用领域广泛，背靠全国大市场，有着人工智能发展所需要的科技和应用支撑。另外，上海具有人才的相对优势，能够为人工智能发展提供智力支撑。《创业邦》2017 年 8 月评选出的人工智能创新公司 50 强榜单中，上海入选企业 12 家，入选企业主要分布在机器视觉、自然语言处理等行业。赛迪顾问 2017 年 10 月发布中国人工智能百强榜单中，上海上榜企业有 18 家，在国内仅次于北京，而且成立时间在 5 年以上的企业数量占比在 50% 左右，企业持续经营能力较强。从百强榜单中可以看出，上海在智能驾驶、教育和医疗等方面有较多入选企业，具备较大的优势。

如今已享誉海内外的很多中国人工智能企业都诞生在上海。2014 年起，由中科院上海分院牵头，联合高校、科研院所、医院、企业共同实施的“上海脑 - 智工程”，产生了很多奇妙的“化学作用”：不仅人工智能与脑科学“你中有我，我中有你”，而且科研机构与企业不再“单打独斗”，科学家可以办企业、企业家也可以发表科学论文，更是鼓励各工程团队共同研发、相互使用技术、互相投资。上海“脑 - 智工程”进展喜人：一方面，上海脑 - 智工程中心已在临港科技城聚集起注册资金超过 1 亿元的各类企业，正着手开展更大规模的技术整合；另一方面，预备在张江实验室搭建全球最先进的类脑智能研究平台，延揽更多人才；创新体制的上海脑 - 智产业联盟 2018 年启动，不仅将云集科大讯飞、寒武纪科技、新松机器人、联影医疗影像科技、爱观视觉科技等国际领先企业，未来还将诞生新的人工智能龙头企业。

2017 年 11 月，上海市政府发布《关于本市推动新一代人工智能发展的实施意见》（以下简称《实施意见》）。《实施意见》透露，到2020年上海将实现人工智能重点产业规模超过1000亿元。基本建成人工智能人才高地，培育10家具有相当影响力的人工智能创新标杆企业。上海发展人工智能产业十分关注智能装备，产品与核心部件在系统协同和发展领域发挥的作用，未来上海将重点关注“3+3”共6个方面的产业发展来支撑这一目标的实现。其中，第一个“3”主要是指三个新兴产业的培育，包括智能网联汽车产业、智能机器人和智能硬件产业三个方面。第二个“3”则是指上海将打造三个核心基础产业，加快软件计算平台、智能操作及通用软件系统的研发，以加强产业链之间的协同与合作。其次，上海还将引领发展人工智能的芯片产业，未来将重点发展面向云端服务和行业终端运用的智能核心芯片、各类中央服务器和特色专用服务器产品的研发与产业化。除此之外，上海还在关注的智能传感器领域继续发力，未来将重点发展智能工业传感器和消费电子传感器。《实施意见》中提及上海将实施“人工智能人才高峰建设行动”，制定针对领军人才、高端科研人才、创业团队的个性化政策。

3. 浙江

在民营经济活跃的浙江，人工智能的发展得到了当地政府的高度重视。2017年7月，浙江拥有了自己的人工智能小镇——中国（杭州）人工智能小镇，该小镇位于未来科技城（海创园）核心区块，并有望成为杭州城西科创大走廊又一个“引爆点”以及“新地标”。目前，杭州人工智能小镇已经吸引了浙大—阿里前沿技术研究中心、浙江省智能诊疗设备制造业创新中心、百度（杭州）创新中心等15个平台及90余个创新项目入驻。赛迪顾问2017年10月发布的中国人工智能百强榜单中，浙江上榜企业8家，均在杭州市，包括综合类企业阿里，计算机视觉类企业海康威视、凌感科技，智能芯片类企业西井科技，服务机器人类企业北冥星眸、萝卜科技、Rokid，金融类企业蚂蚁金服。

由于浙江省政府以及浙江企业在人工智能领域做出的努力，A股人工智能板块中“浙江力量”不容小觑。在A股28家人工智能概念股中，以2016年营收情况看，排名前五的为海康威视、浪潮信息、华胜天成、中科曙光、浙大网新，其中有两家（海康威视和浙大网新）为浙江上市公司；而以2016年净利情况看，排名前五的为海康威视、昆仑万维、科大讯飞、机器人以及紫光国芯。除了海康威视外，浙江还有大量上市公司在人工智能领域进行了积极探索，例如恒生电子、同花顺等。

2017年9月，浙江省人工智能发展专家委员会成立大会在杭州举行。首届专家委员会由全球42名人工智能及相关领域具有重要影响力的专家组成。专家委员会主任是计算机科学专家、中国工程院院士潘云鹤。专家委员会成员包括2位图灵奖得主，分别是美国工程院院士、卡耐基梅隆大学教授雷伊·雷蒂（Raj Reddy）和美国科学院与工程院院士、康奈尔大学计算机系教授约翰·霍普克罗夫特（John Hopcroft）。专家委员会成员中还有多位浙大专家，其中浙大校长吴朝晖教授、中国工程院院士陈纯教授以及浙大计算机学院庄越挺教授均是著名计算机科学专家。此外，浙大党委副书记、浙大机器人研究院院长、之江实验室主任朱世强，中国工程院院士、工业自动化专家孙优贤，中国工程院院士、机械专家谭建荣，中国工程院院士李兰娟等浙大专家也均为专家委员会成员。专家委员会成员还包括来自美国斯坦福大学、英国伦敦大学、新加坡国立大学、加拿大西蒙弗雷泽大学、清华大学、北京大学、同济大学等高校和科研机构的专家，以及阿里巴巴集团技术委员会主席王坚、百度副总裁王海峰等著名业界人士。

2017年12月，浙江省人民政府印发《浙江省新一代人工智能发展规划》。根据浙江省的规划，力争到2022年，培育20家国内有影响力的人工智能领军企业，形成人工智能核心产业规模500亿元以上，带动相关产业规模5000亿元以上，为浙江人工智能产业领先全国打下基础。力争到2022年，布局建设5个研发平台并推动成为国家级人工智能创新平台，壮大人工智能高端人才队伍，成为全国重要的人工智能高层次人才创新创业的集聚地。根据规划，浙江提出要大力发展“人工智能+”，将拓展人工智能在医疗、金融、商务、物流、教育、文创、家居等消费服务领域以及安防、汽车等工业领域的应用。根据规划，浙江省政府对人工智能产业布局做了详细规划，总体思路是，以杭州城西科创大走廊、国家和省级高新技术园区、高新技术特色小镇等为创新载体，加快人工智能专业园区的战略性、全局性布局，形成以杭州、宁波为核心，各地特色化发展的格局，推动人工智能集聚发展，构筑全球人工智能创新创业高地。杭州市加快建设杭州未来科技城人工智能小镇、青山湖科技城微纳智造小镇、杭州（滨江）高新区人工智能产业基地、钱江世纪城ABC产业集聚区等产业平台，重点发展新型通信及网络设备、智能软硬件、智能机器人、无人机等智能终端及基础产品，积极推进智能安防、智能交通、智能环保、智慧医疗等智能应用行业，努力打造全国人工智能产业集群引领区。宁波市重点建设宁波高新区智能硬件园区、余姚智能新业港、宁海智能汽车小镇、北仑智能芯片基地、鄞州智能家电基地等产业平台，发展智能机器人、智能可穿戴设备、智能制造装备、智能家电、智能芯片等智能终端及硬件和智能信息基础材料，加快形成以人工智能高端制造为核心的产业体系。

浙江计划用五年时间集聚50位国际顶尖人工智能人才、500位科技创业的人才、1000位高端研发人才、10000名工程技术人员和十万名技术人才。

4. 江苏

江苏省依托区位和科教资源优势，大力外引企业实现借力发展。2016年江苏启动“江苏脑计划”，成立“江苏类脑人工智能产业联盟”。“江苏脑计划”将瞄准国际脑科学研究前沿，围绕儿童发展脑机制和行为学、婴幼儿神经发育疾病的机理、脑疾病治疗的重大需求，以及类脑人工智能技术产业快速发展重要机遇，从“学习脑与类脑智能计算”方面进行布局，在开展大脑基本原理研究的同时，注重类脑人工智能技术产业化应用，以此来推动人工智能的发展。同时，促成在江苏建设一个关于人工智能的基础设施，把相应大规模的服务全集中建立起来并开放给科研机构、民企、国企、创业者等社会各个层面，让大家在这个平台上使用语音识别、视觉识别、自然语言理解、智能机器人等智能技术进而从事智能人机交互、大数据分析预测、自动驾驶、智能医疗诊断、智能无人飞机、军事和民用机器人技术等重要研究领域的研发，为江苏省乃至全国的经济发展和经济结构转型做出重要贡献。

目前，江苏省人工智能产业在语音识别、智能家居机器人、机器学习等领域有较好的发展，出现一批在国内有一定代表性的企业。例如思必驰、科沃斯、地平线机器人、云问网络、江苏南大电子、江苏唯天、无锡汉和、图玛深维医疗科技、南京甄视智能等。

2017 年 4 月，在云栖大会 · 南京峰会上，阿里云联手江苏省经信委启动了江苏首批“1+30+300”工程，旨在推进江苏省内 30 家“信息化、工业化”融合服务机构、300 家制造企业高效利用云计算、人工智能，帮助企业重构信息系统，打通企业经营全渠道链，实现数据驱动企业发展，最终推进企业的智能制造转型。作为全国制造业第一大省，江苏制造业始终将转型“智造”放在首位。阿里云 ET 工业大脑在流程制造的数据化控制、生产线的升级换代、工艺改良、设备故障预测等环节所能发挥的效益吸引了敢为人先的江苏制造企业，ET 工业大脑正在江苏不少企业的车间中产生源源不断的效益。徐工集团、悦达集团、波司登、科沃斯、苏盐集团、兆伏爱索等江苏标杆企业都在积极投入智能制造的转型升级。

在南京经济技术开发区和苏州工业园区，人工智能产业已具有一定的集聚性。2016 年起，南京经济技术开发区将人工智能作为产业转型升级的主要方向，逐步引进 55 家人工智能企业或企业的区域总部、研发中心，拥有 30 余名人工智能领军人才。2017 年 9 月发布“20 条扶持办法”，意在引进和培育行业龙头企业、优势项目。园区还打造公共技术服务平台，为入园的人工智能企业提供辅助设计软件共享、芯片仿真验证等服务。人工智能也是当前苏州工业园区重点布局的领域，园区拥有广义人工智能企业1000余家，2016年产值350亿元，主要集中在大数据、语音识别、机器视觉等领域，集聚了思必驰、华兴致远等一批细分领域的知名企业。

2017年7月，中国电子信息产业发展研究院与南京江北新区管委会签署了中国人工智能产业创新基地共建协议。这是江苏省唯一一个国家级人工智能产业创新基地。计划在江北新区共同创建人工智能产业创新基地，培育人工智能领域内优质企业做大做强。未来将根据人工智能产业细分领域发展路径，结合具体项目情况，共同设计细分产业落地政策，制订基地总体产业规划，推动人工智能技术应用示范和推广。

5. 安徽

安徽省初步形成以语音识别和机器人等人工智能硬件为亮点的产业集群。安徽省拥有中科大、合工大、类脑工程实验室等技术研发机构，技术优势明显，并且智能语音技术更是处于国际领先地位。另外，安徽省机器人产业规模达到243亿元，位列全国中上水平，具备人工智能应用基础。安徽省构建了从技术、基础设施、支撑、产品、到应用的人工智能产业生态体系，集聚了数百家上下游相关企业，初步形成以机器人产业为规模支撑的产业集群，企业竞争实力不断增强。从产业链结构分布来看，安徽省人工智能产业主要分布在语音识别平台环节，并牢牢占据语音识别产业的领导者地位。

合肥是安徽省重要的人工智能核心产业发展中心，人工智能领域全省领先，全国范围内仅次于北上广深，处于人工智能发展的第二梯队，特别是以科大讯飞为代表的智能语音产品，全国市场占有率超过70%。2016年，合肥机器人及人工智能核心产业规模达到137.7亿元。其中核心产业规模为37.7亿元，相关机器人产业规模达到100亿元。安徽省人工智能核心产业聚集在合肥，相关产业主要以“芜马合”三地的机器人产业为主。受到区域产业特点的影响，不同区域的产业发展特各不相同。芜湖在工业机器人的发展处于全国领先地位，是安徽省重要的工业机器人产业集聚中心。当地政府对机器人产业重视程度高，出台多项专项政策，吸引相关企业落户芜湖，成果显著。目前，芜湖已经建立了完整的工业机器人产业链。马鞍山是安徽省特种机器人产业集聚地，其人工智能相关产业以特种机器人为主，2016 年总产值为 32 亿元。合肥市机器人企业更加注重系统集成，例如欣奕华的搬运机器人解决方案、井松的物流机器人解决方案均处于业界领先地位。

2017 年 8 月，安徽省发改委公布了安徽省人工智能产业发展规划（2017—2025 年）征求意见稿。根据规划，安徽将以“技术驱动＋应用引领”为双核驱动，发挥本地科大讯飞、中科大等技术和科研优势，重点突破类脑芯片、情感交互等人工智能核心技术。以“AI+”战略为导向，促进人工智能在传统优势产业和民生建设中的深度应用，成为全国“科技强省”示范。全省人工智能产业将重点打造“一核两区多点”的产业布局，其中“一核”指合肥市（包括高新区、经开区），为人工智能产业发展核心区，集人工智能芯片研发、算法开发、智能传感器研发、开放平台搭建以及人工智能的行业应用为一体，形成产业链完整的高科技产业集群。到 2025 年，力争人工智能核心产业规模达到 350 亿元，带动相关产业规模 2200 亿元，打造成为中国人工智能产业的先行示范和战略高地。在工业机器人、服务机器人、智能无人设备等领域初步确立竞争优势，在 AI+ 汽车、家电、装备制造等领域形成特色应用。规划提出，在合肥等地市由政府率先试点部署人工智能应用，推动人工智能技术走进生活、走进产业。尤其是在教育、医疗、养老、城市运行等民生迫切需求领域，加快人工智能创新应用，提高公共服务精准化水平。

2.3.4 国内龙头企业产业发展策略

1. 百度

百度是 BAT 里最早布局人工智能的公司。2013 年 1 月，百度就成立深度学习研究院，2013 年 4 月，百度就在美国加州建立了人工智能实验室。

在百度的整个战略布局中，人工智能已经不再停留于研发阶段，而是逐渐深入内嵌到百度的各个产品和技术当中，利用百度在数据方面的优势进行深度学习与开发。百度遵循搭建平台，打造开放生态，形成计算能力、场景应用和算法的正循环的发展路径。

百度当前主要产品有百度大脑、百度无人驾驶汽车、度秘、百度 AR。

（1）百度大脑

百度大脑由超大规模的神经网络、计算、数据组成，可以用技术模拟人脑思维，达到大约相当 2~3 岁儿童的智力水平。

百度大脑的三大技术核心是：Paddle 深度学习平台（算法模型）、AI 超级计算机（底层技术）、大数据。

百度大脑主要包含：语音、图像、自然语言处理、用户画像四大能力。

（2）百度无人驾驶汽车

无人驾驶汽车拥有环境感知、行为预测、规划控制、操作系统、智能互联、车载硬件、人机交互、高精定位、高精地图和系统安全等十项核心技术。

2. 阿里巴巴

阿里巴巴利用自己的数据积淀与云计算平台，在进军人工智能的方向不遗余力。2017 年 7 月 5 日亮相的阿里巴巴人工智能实验室，其研究方向明确为消费级 AI 产品的研发。阿里已经在以下领域展开全方位的应用：弹性计息、移动云、存储和 CDN、数据库、网络、域名与网站、应用服务、视频服务、安全、人工智能 ET、大数据基础服务、大数据分析及展现、大数据应用、分析与搜索、互联网中间件、管理与监控、云通信，等等。

阿里巴巴人工智能的主要布局方向是，利用自身海量数据与云计算能力推动电商和商家融合，给厂商技术支持。阿里云计算平台是中国最大的云计算平台之一，数据则主要来自电商平台以及支付宝等产品沉淀的海量用户数据，阿里将计算能力、数据处理以及人工智能技术应用在自身各业务条线的同时，输出到在线推广、线下零售、金融、医疗、物流、城市管理等各个领域。

阿里巴巴当前主要产品有：人工智能 ET、电商大脑、阿里小蜜。

（1）人工智能 ET

ET 的前身，是阿里智能聊天软件小 AI，在智能语音交互应用方面，阿里云 ET 已经基本实现了“能听、会说、懂你”式的智能人机交互体验。除了视频图像识别、语音合成、交互、计算等能力，ET 还已经应用到交通预测、智能客服、法庭速记、气象预测等领域。

（2）电商大脑

电商大脑的最大优势就是“在线、实时”。多年来不断进化的电商大脑，支持秒级别内对海量用户行为和 10 亿商品知识图谱进行实时分析。比如双 11 全天，电商大脑通过机器学习，自动生成了近千亿次个性化展示，智能决策引擎分秒不停地自我迭代，每次点击背后，都有海量计算和万亿级智能匹配。

（3）阿里小蜜

阿里小蜜拥有强大的语音识别、图像识别和深度学习能力，应对淘宝、天猫等交易平台上百万级服务量，平均响应时间不到一秒，智能解决率也已超 90%。也就是说，在完全无须人工介入的情况下，通过语义分析和联想计算，阿里小蜜能向用户提供有效、对口的服务解决方案。

3. 腾讯

腾讯于 2016 年才进行人工智能领域布局。腾讯有 3 个 AI 部门，有 30 多个科学家，在美国西雅图开设有人工智能实验室。腾讯的 AI 布局主要以业务为驱动，有指向性的研究方向较强，但也难以实现较大程度的创新和突破。

腾讯的人工智能主要基于：专注关键技术研发，围绕内容场景展开，同时开放工具。专注机器学习、自然语言处理、语音识别和计算机视觉四个方向的基础研究，紧密围绕内容、社交、游戏三个核心应用场景展开，并将人工智能工具以API形式开放。

腾讯的主要产品有：腾讯云、智能机器人小微、云搜、文智中文语义平台、优图人脸识别。

（1）腾讯云

腾讯云在人工智能云服务领域向全球企业正式提供7项AI服务。分别是：人脸检测、五官定位、人脸比对与验证、人脸检索、图片标签、身份证OCR识别、名片OCR识别。下深度学习平台DI-X，平台集数据开发、训练、预测和部署于一体，适用于图像识别、语音识别、自然语言处理、机器视觉等领域。

（2）智能机器人“小微”

微信也推出了智能机器人“小微”，用户可以用自然语言与之沟通，解决此前语音助手智能机械应答的短板。与普通语音助手相比，“小微”与用户沟通不再是一问一答形式。借助微信平台近6亿的日活跃用户资料，“小微”可以结合用户个人特点和社交好友及日常习惯来给出更贴近用户的结果。

（3）云搜

云搜可对公司内部各大垂直搜索业务进行高度抽象和整合，为用户提供可视化的数据定制服务。同时，它还具有联想词推荐、高级纠错、人工干预、按域检索、个性化分词等附件组建功能。

（4）文智中文语义平台

拥有较强的中文语义分析功能。基于它提供的API，用户可进行搜索、推荐、舆情、挖掘等语义分析应用，也能定制具有产品特色的语义分析解决方案。

（5）优图人脸识别

优图人脸识别已应用至金融、安防与身份识别等领域。其中，在腾讯征信、微众银行、财付通的应用，让它可以结合消费、社交等情况对用户进行信用评估，加固身份验证的安全防线。这一技术甚至得到了官方认可，优图已牵手公安部所属的全国公民身份证号码查询服务中心，开展下一步布局。

4. 科大讯飞

科大讯飞从 2010 年开展 DNN 语音识别研究，2015 年与约克大学联合创建“讯飞神经计算与深度学习实验室”，2016 年将注意力模型神经网络应用于认知智能。

科大讯飞致力于实现包括感知智能和认知智能在内的全面突破。一方面，在感知智能领域，在语音识别、手写识别方面每年保证 30% ～ 50% 的错误率的下降。另一方面，在认知智能上的研究目标，关键是让机器能理解会思考，必须要突破语言理解、知识表示、联想推理，自主学习等多个方面，并将研究成果应用到包括智能客服、自动阅卷、人机交互等领域。

5. 小结

总体来看，国内科技巨头都已高度重视人工智能，但在战略布局与具体应用层面则各有不同。

腾讯相对最为”开放”，更多地采用投资与不同团队的方式，快速完成人工智能的创新与技术累积。而应用层面，在电商、媒体、游戏等领域也相对领先。

阿里凭借着电商、支付和云服务的资源优势，人工智能目前的应用，更集中在电商领域，而阿里云的基础优势，也让其具有深厚潜力。

百度布局最早，技术积累也最强，将人工智能转化为基础能力，植入自身的产品与业务，所以很多进展，在外部反而不易察觉，但对百度自身的产品与服务改善，却效果明显。

科大讯飞规模较小，专注于以语音识别、自然语言处理与视觉识别为牵引，全面提升感知智能与认知智能。

无论各自的倚重如何，在未来的中国人工智能市场领域，利用中国本身的数据优势，在应用中不断演进，不断地用全新的维度塑造这个领域，才能推动整个产业的前进。

2.4 国内外产业技术比较与分析

2.4.1 产业技术发展比较与分析

从国内外产业分析上看，我国与发达国家的主要差别表现在以下三个方面。

1. 基础层产业国外多点布局产品种类丰富，国内技术相对薄弱但初创企业表现活跃。

国外企业凭借领先的技术优势展开全产业链布局。国外科技企业及机构依赖强大的资源整合能力与持续创新功能，不断加快基础层底层技术研发与应用产品实践步伐。围绕智能硬件与软件核心算法的产业链上下游进行有效部署，打造面向市场实际应用需求的产品体系与创新机制，催生了以新型传感器、类脑芯片、大规模卷积神经网络深度学习算法等为代表的前沿技术产品，有效促进基础层产业对技术层和应用层产业的支撑。

国内初创企业有望实现创新突破。目前，基础层产业的核心技术大部分仍掌握在国外企业手中，为我国企业自主开展研发带来了不利的壁垒封锁，限制了产业整体发展。为了缩小与发达国家的差距，国内部分企业及科研机构加强了对传感器、底层芯片及算法等基础层技术的研发力度，持续加大研究投入，以寒武纪、深鉴科技、云知声为代表的一批国内初创企业在智能芯片和算法模型方面已推动展开相关研发工作，取得了一定的技术积累，形成了较为完整的技术和产品体系，有望在未来引领产业创新发展。

2. 技术层产业国外已打通应用端，国内则围绕特定领域实施产品精准投放。

国外企业聚焦语音识别和图像识别领域推出成熟商业应用。在多元化的应用环境驱动影响下，语音识别和图像识别正从科研、国防、医疗等专用领域逐渐走入智能化、娱乐化的工作与生活场景，受到国外企业的广泛关注。谷歌、微软、亚马逊等重点围绕个人语音助手和人脸识别等展开技术研究与产品开发，打造出较为成熟的商业模式，诞生了一批符合实际应用场景需求、具备独特竞争优势的商业化产品，满足了用户在信息安全、多媒体交互和社交娱乐等方面的实际诉求。

国内企业瞄准安防、家居及教育等领域展开特定产品开发。旷视科技、海康威视等企业重点研发人脸检测识别、指纹识别等技术产品，用于综合案件和重要场所监控领域。华为、云知声、国安瑞等企业成功将语音识别、人脸识别等技术应用于智能家居领域，打造舒适便捷的人居环境。科大讯飞、汉王等企业则围绕语音交互、语义理解、文本识别等关键技术打造在线阅卷、在线辅导以及口语评测等产品，广泛服务于远程教育和技能培训。

3. 应用层产业国外较多依赖技术内生发展驱动，国内较为注重商业模式创新。

国外企业注重技术进步对应用领域创新的推动放大作用。人工智能应用层领域众多，各领域交叉性较强，内在联系紧密，呈现相互促进融合发展态势。以深度学习为例，主流的通用开源深度学习框架，可以作为人工智能底层技术平台，在包括智能机器人、智能医疗、智能驾驶、智能教育等应用层各方面得到广泛应用，一旦深度学习技术有所创新，其产生的积极影响将惠及多个应用层领域，而这些应用层领域之间的相互促进作用又会继续放大技术进步成果，带来创新倍增效应。国外企业在持续拓展人工智能应用范围的同时，始终坚持底层研发为主的优先发展战略，聚焦技术的内生增长潜力，不断寻找挖掘新的应用需求。

国内企业立足市场特色加快商业模式创新步伐。国内人工智能应用层企业立足个人消费的生活服务领域，关注垂直行业应用需求，有效细分目标市场，积极整合闲置资源，注重挖掘数据价值，通过商业模式的不断创新对应用层各领域进行持续渗透，着眼于增加产品的实用功能和改善用户体验。同时，大部分从事人工智能的国内企业也是由互联网业务起家，借鉴线上线下（O2O）模式的成功经验，注重社区平台对用户和商家的分类功能及点对点服务特性，关注数据价值，构建人工智能应用精准营销和优质体验的业务生态体系。

2.4.2 产业链各层级技术产品比较与分析

1. 基础层主要产品

（1）智能传感器：智能转型引领行业发展

智能传感器已广泛应用于智能机器人、智能制造系统、智能安防、智能家居、智能医疗等各个领域。在智能机器人领域，智能传感器使机器人具有了视觉、听觉和触觉，可感知周边环境，完成各种动作，并与人发生互动，包括触觉传感器、视觉传感器、超声波传感器等。在智能制造领域，利用智能传感器可直接测量与产品质量有关的温度、压力、流量等指标，利用深度学习等模型进行计算，推断出产品的质量，包括液位、能耗、速度等。在安防、家居、医疗等与人类生活密切相关的领域，智能传感器也广泛搭载于各类智能终端，包括光线传感器、距离传感器、重力传感器、陀螺仪、心律传感器等。

智能传感器市场主要由国外厂商占据，集中度相对较高。由于技术基础深厚，国外厂商通常多点布局，产品种类也较为丰富，较为典型的有霍尼韦尔、美国压电、意法半导体、飞思卡尔。相比之下，我国厂商经营内容较为单一，如高德红外主要生产红外热成像仪，华润半导体主要生产光敏半导体，但其中也出现了华工科技、中航电测等少数企业试水扩大布局范围。

（2）智能芯片：初创企业蓄势待发

数据和运算是深度学习的基础，可以用于通用基础计算且运算速率更快的 GPU 迅速成为人工智能计算的主流芯片。2015 年以来，英伟达公司的 GPU 得到广泛应用，并行计算变得更快、更便宜、更高效，最终导致人工智能大爆发。同时，与人工智能更匹配的智能芯片体系架构的研发成为人工智能领域的新风口，已有一些公司针对人工智能推出了专用的人工智能芯片，如 IBM 的类脑芯片 TureNorth 及神经突触计算机芯片 SyNAPSE、高通的认知计算平台 Zeroth、英特尔收购的 Nervana、浙江大学与杭州电子科技大学合作研制的类脑芯片“达尔文”、中国科学院计算技术研究所的寒武纪芯片等。

作为核心和底层基础，智能芯片已经成为各大公司布局的重点领域。目前传统芯片巨头如英特尔、英伟达，大型互联网公司如谷歌、微软已经在该领域发力，这些公司资金实力雄厚，除了自行研发外，通常也采用收购的方式快速建立竞争优势。例如，谷歌继 2016 年发布第一代 TPU 后，2017 年谷歌 I/O 大会上推出了第二代深度学习芯片 TPU，英特尔则以 167 亿美元收购 FPGA 生产商 Altera 公司。由于智能芯片刚刚兴起，技术、标准都处于探索阶段，我国芯片厂商换道超车的机会窗口闪现，涌现了一批优秀的创业型公司，如寒武纪、深鉴科技等。

（3）算法模型：通过开源构建生态已是大势所趋

随着大数据环境的日渐形成，全球算法模型持续取得应用进展，深度学习算法成为推动人工智能发展的焦点，各大公司纷纷推出自己的深度学习框架，如谷歌的 TensorFlow、IBM 的 System ML、Facebook 的 Torchnet、百度的 PaddlePaddle。更为重要的是，开源已成为这一领域不可逆的趋势，这些科技巨头正着手推动相关算法的开源化，发起算法生态系统的竞争。与此同时，服务化也是算法领域未来发展的重要方向，一些算法提供商正在将算法包装成服务，针对客户的具体需求提供整体解决方案。

目前，在算法模型领域具备优势的企业基本为知名的科技巨头，正在通过构建联盟关系，扩展战略定位等方式布局人工智能产业。自2012年以来，国内外工业界和学术界也先后推出了用于深度学习建模用途的开源工具和框架，包括Caffe、Theano、Torch、MXNet、TensorFlow、Chainer、CNTK等。2016年9月，Facebook、亚马逊、谷歌Alphabet、IBM和微软自发聚集在一起，宣布缔结新的人工智能伙伴关系。谷歌公司更是调整战略方向从移动优先转变为人工智能优先。我国科技企业也纷纷布局人工智能，2017年3月，阿里巴巴正式推出“NASA”计划，腾讯成立人工智能实验室，百度公司将战略定位从互联网公司变更为人工智能公司，发展人工智能已经成为科技界的共识。

2. 技术层主要产品

（1）语音识别：正在步入应用拉动的快速增长阶段

语音识别技术在电子信息、互联网、医疗、教育、办公等各个领域均得到了广泛应用，形成了智能语音输入系统、智能语音助手、智能音箱、车载语音系统、智能语音辅助医疗系统、智能口语评测系统、智能会议系统等产品。实现陪伴聊天、文字录入、事务安排、信息查询、身份识别、设备控制、路径导航、会议记录等功能，优化了复杂的工作流程，提供了全新的用户应用体验。

语音识别领域具有较高的行业技术壁垒，在全球范围内，只有少数的企业具有竞争实力。目前，Nuance、苹果、三星、微软、谷歌、科大讯飞、云知声、百度、阿里、凌声芯、思必驰等知名企业均重点攻克语音识别技术，推出大量相关产品。

（2）计算机视觉：在安防监控市场具有巨大增长潜力

目前，智能图片搜索、人脸识别、指纹识别、扫码支付、视觉工业机器人、辅助驾驶等计算机视觉产品正在深刻改变着传统行业。针对种类繁杂、形态多样的图形数据和应用场景，基于系统集成硬件架构和底层算法软件平台定制综合解决方案，面向需求生成图像视频模型建立与行为识别流程，为用户提供丰富场景分析功能与环境感知交互体验。

近年来，国内外从事计算机视觉的公司显著增加，谷歌、Facebook、微软、旷视科技、图普科技、格灵深瞳等国内外知名企业重点在人脸识别、智能安防和智能驾驶等领域进行技术研发与产品设计。国外公司大多进行底层技术研发，同时偏重整体解决方案的提出，积极建立开源代码生态体系。国内企业直接对接细分领域，商业化发展道路较为明确。

（3）自然语言处理：全面进入云端互联时代

目前，基于自然语言处理技术开发的文件扫描、名片识别、身份证信息提取、文本翻译、在线阅卷、公式识别等产品正在金融、安防、教育、外交等领域得到广泛应用。通过不同的授权级别，为企业级应用部署专业的文档管理、移动办公与信息录入基础设施，同时为个人用户提供个性化的人脉建立、信息咨询和远程教育服务。

谷歌、微软、亚马逊等科技巨头在自身产品服务中内嵌自然语言识别技术，以增强产品使用体验和用户黏度。国内公司在中文识别领域也有多年积累，具备良好的技术优势与产业背景，汉王科技、百度、腾讯等均有较为成熟的产品推出。

3. 应用层典型企业

（1）智能机器人

智能工业机器人领域，日本发那科和安川、德国库卡、瑞士 ABB、意大利柯马侧重具有分拣和装配能力的智能工业机器人，英国 Meta、德国 Scansonic、日本安川聚焦激光视觉焊缝跟踪系统；国内新松、云南昆船和北京机科占据国内 90% 市场份额。美国 iRobot、中国科沃斯、美国 Intutive

Surgica、以色列Rewalk、荷兰Hot-Cheers分别聚焦于清洁、手术、康复及分拣等细分领域。智能特种机器人领域，波士顿动力围绕着拥有液压驱动核心技术的“大狗”机器人，不断构筑技术壁垒；大疆在国内消费级无人机领域占有率达75%，成为估值超过百亿美元的“独角兽”企业；美国Howe and Howe Technologies则专注生产消防机器人，应用于应急救援场景。

（2）智能金融

智齿科技、网易七鱼及美国DigitalGenius均着重通过用户体验提升客量。旷世科技、商汤科技及依图围绕人脸识别的核心技术进入金融领域，融360、好贷网、资信客聚焦垂直领域打造金融服务的入口。征信及风控领域企业以大数据为壁垒，逐步出现行业龙头。启信宝和美国ZestFinance不断扩容数据基础，形成“平台黑洞”优势，启信宝通过提取100多家官方网站数据产品侧重呈现客观数据整合，ZestFinance则使用谷歌的大数据模型建立信用评分体系。智能投资多为金融机构专业人才或者投资顾问公司转型而来，美国Wealthfront、弥财、财鲸等主要通过投资ETF组合以达到资产配置；理财魔方、钱景私人理财则专注基金产品的覆盖；雪球和金贝塔等以对量化策略、投资名人的股票组合的跟投为内容展开资讯传递和信息交流。

（3）智能医疗

智能健康管理多面向消费端客户，创新企业大量涌现，大部分集中在美国。NextIT、Sense.ly和AiCure均从日常健康管理切入移动医疗，Welltok则通过可穿戴设备进行健康干预。智能诊疗领域取得明显进展，IBM Watson以肿瘤为重心，在慢病管理、精准医疗、体外检测等九大医疗领域中实现突破；美国MedWhat、英国Babylon Health和中国拍医拍、康夫子则聚焦智能诊疗的单个应用。智能影像领域以创新企业为主，围绕影像数据源竞争激烈，美国Butterfly Network和中国推想科技着重打造影像设备，美国Enlitic则重点关注癌症监测，中国DeepCare围绕SaaS模式为行业提供“算法＋有效数据”服务。

4. 智能安防

从提供的产品类型来看，智能安防领域的企业主要分为人工智能芯片、硬件和系统、软件算法三大类别。在芯片领域，跨国巨头企业占较高市场份额，如美国英伟达和英特尔。在硬件和系统领域，各国均以采购本国产品为主，国内主要采购对象为海康威视、大华集团，海康具有深厚的技术积累和成规模的研发团队，大华持续构建广泛的营销网络；美国则有 ADT、DSC、OPTEX 等高端品牌，占据了安防市场大部分份额。在软件算法领域，美国谷歌、Facebook、微软开源代码并提供整体解决方案，中国旷视科技、商汤科技、云从科技等企业也在专注于技术创新研发。

5. 智能驾驶

智能驾驶分为三层金字塔供应链格局，顶层包括整车及整体解决方案，中层是指高级辅助驾驶系统，底层是指零部件供应商。在整车及整体解决方案层级，科技型公司凭借在人工智能、人机交互方面的优势抢占市场份额。特斯拉通过成熟硬件和机器学习打造智能驾驶商业化车型，谷歌则重点完善智能驾驶方案并向整车制造能力延伸。在高级辅助驾驶系统层级，供应商基本由跨国巨头垄断。德国博世在传感器、自动驾驶、软件等领域拥有共计约 450 项专利，美国德尔福则通过资本手段布局全产业链，以色列 Monileye 在摄像头视觉系统领域占据国际领先地位。在底层零部件供应商层级，中国厂商比重日益增强，围绕某些零部件实现技术突破，打造细分市场龙头，如四维图新的车载芯片、拓普集团的智能刹车系统 IBS、索菱股份的车载智能系统 CID、宁波高发的 CAN 总线控制系统、兴民智通的智能用车系统驾宝盒子、盛路通信的夜间驾驶辅助系统、车道偏移提醒系统、盲区检测系统及万安科技的电子制动产品等。

6. 智能搜索

在提供智能搜索方式的企业中，阿里巴巴、百度从文本搜索延伸至图像搜索，英国 Shazam、中国酷狗、网易、猎曲奇兵不断提升语音搜索的准确率，百度、高德均推出基于定位的高清地图，墨迹风云科技公司专注天气搜索成为移动端用户量第一。在提供智能搜索算法的企业中，以传统搜索引擎巨头为主，创新企业多聚焦垂直领域。科技巨头如美国谷歌、Wolfram Alpha、中国百度、雅虎、搜狐等专注技术驱动，创新企业如齐聚科技则侧重服务驱动。

7. 智能教育

从事自动化辅导和个性化学习的企业主要聚焦单一产品功能领域，目前主要通过融资方式持续补贴用户以提升获客能力。美国 Volley 和中国的猿题库、作业帮、学霸君和阿凡题聚焦 K12 教育的题库辅导和答疑，均推出拍照搜题完成题库答疑或老师答疑。中国郎播网、英语流利说和多邻国等侧重语言辅导，美国 Newsela、LightSail 等建立阅读数据库，为个性化提供阅读材料。智能测评企业主要集中在英语科目，如中国科大讯飞以智能语音技术为核心推出的智能阅卷系统，批改网和美国 LightSide 通过数据库匹配完成文本测评。

8. 智能家居

具备智能家居解决方案提供能力的龙头企业众多，可大致分为传统家电厂商、智能硬件厂商、互联网电商及创新企业，各家布局方式互不相同。海尔、美的聚焦智能家居终端；小米侧重于面向众多开发者提供硬件开放式接口；华为致力于提供软硬一体化楼宇级解决方案；京东通过轻资产、互联网化的运营模式号召合作伙伴加入其线上平台和供应链；国安瑞通过数据挖掘提供覆盖操作重点硬件、系统智能云平台、建筑智能设备的闭环解决方案来提升室内家居感受。

第三章 广东省人工智能产业技术创新发展评价

3.1 广东省人工智能产业技术发展概述

3.1.1 概况

广东省是国内高端新型电子信息和智能制造产业的主要优势区域，具备较强的产业和技术基础，给予人工智能技术的发展提供了良好的技术和市场基础。据统计，在全国人工智能创业公司分布中，42.9% 位于北京，16.7% 位于上海，深圳以 15.5% 的比例位列第三，广州占比也达到 7.7%，排在第四。这意味着中国人工智能发展第一梯队的战略格局中珠三角城市已占据两席。在全省人工智能企业分布中，深圳、广州两市已成为我省人工智能的主要聚集地，其中，深圳占 69%，广州占 24%，见图 3-1。

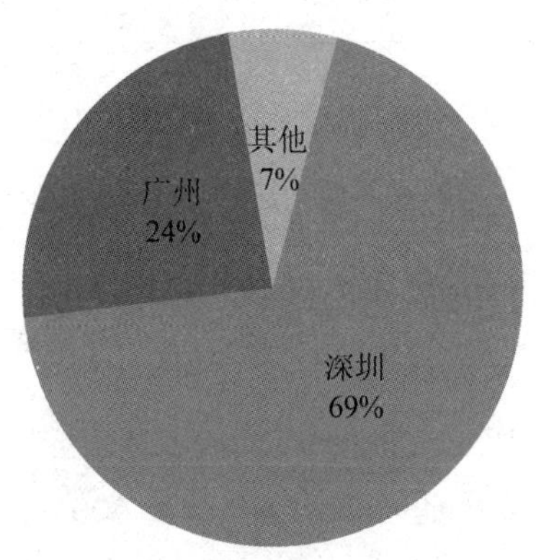

图 3–1 广东人工智能企业数量分布

数据来源：广东省组织机构代码服务平台，广东省标准化研究院，根据相关数据整理。

围绕以创新驱动作为“第一动力”的粤港澳大湾区各地市正争相在人工智能领域“跑马圈地”，其不断释放出的产业技术红利正成为广东转型发展的新引擎。目前，我省已初步形成了以广深科技走廊为中心辐射周边的人工智能产业布局，在基础技术支撑、人工智能技术、人工智能平台、人工智能应用四个层次产业链凸显广东优势。

自 2015 到 2017 年间，我省共新增人工智能全产业链相关企业 4205 家，新增企业数量逐年递增。其中 2015 年新增 1102 家；2016 年新增 1516 家，增长速率为 37.6%；2017 年新增 1587 家，增长速率为 4.7%，增长速度较往年放缓，见图 3-2。

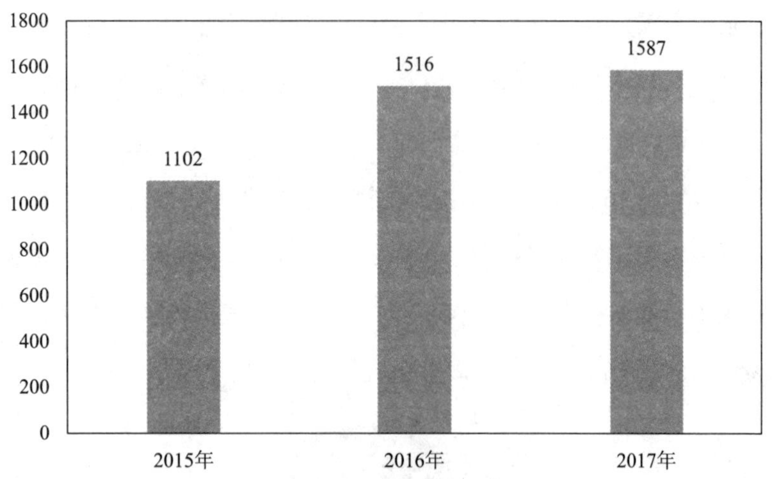

图 3–2　广东省人工智能 2015 ~ 2017 年注册企业数量

数据来源：广东省组织机构代码服务平台，广东省标准化研究院，根据相关数据整理。

从注册资金来看，在 4205 家注册企业中，注册资金在 50 万元及以下的企业占比 23%；50 万～ 100 万元（含 100 万）的企业占比 26%；100 万～ 300 万元（含 300 万）的企业占比 11%；300 万～ 500 万元（含 500 万）的企业占比 16%；500 万～ 100 万元（含 1000 万）的企业占比 15%；1000 万以上的企业占比 9%。整体来看，大多数企业规模较小，将近半数新增企业注册资金在100万元及以下，见图3-3。

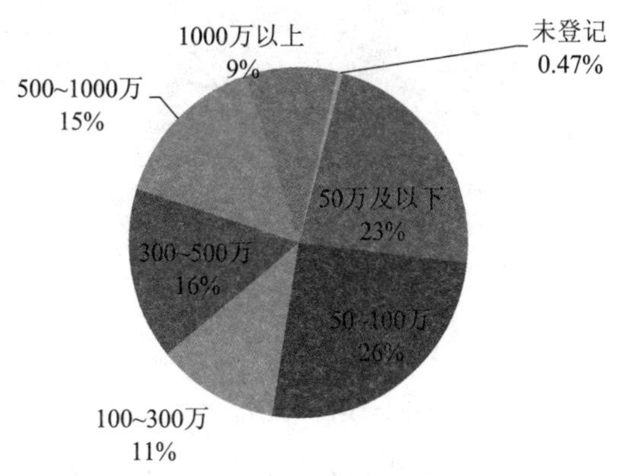

图3–3　广东省2015～2017年人工智能新增企业注册资金情况

数据来源：广东省组织机构代码服务平台，广东省标准化研究院，根据相关数据整理。

从广东省新增人工智能企业地域分布来看，深圳近3年共增加相关企业2418家，占全省新增企业的57%，为全省之最；其余依次是：东莞占比11%、惠州占比7%、佛山和珠海均占比4%，其余地市共占比17%。此外，广州的新增人工智能企业仅有7家，见图3-4、图3-5。

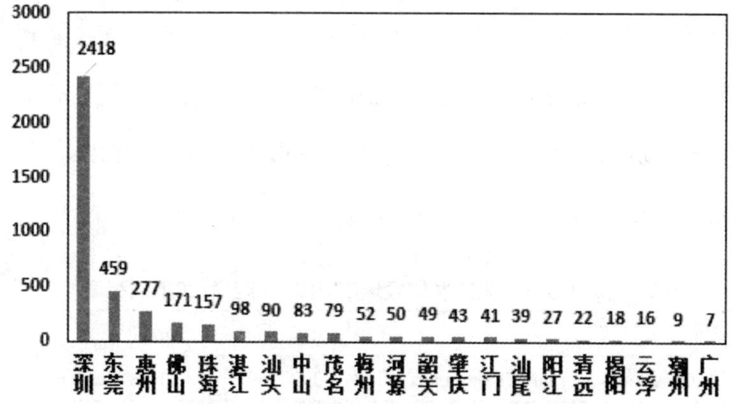

图3–4　广东省各地市人工智能2015～2017年注册企业数量

数据来源：广东省组织机构代码服务平台，广东省标准化研究院，根据相关数据整理。

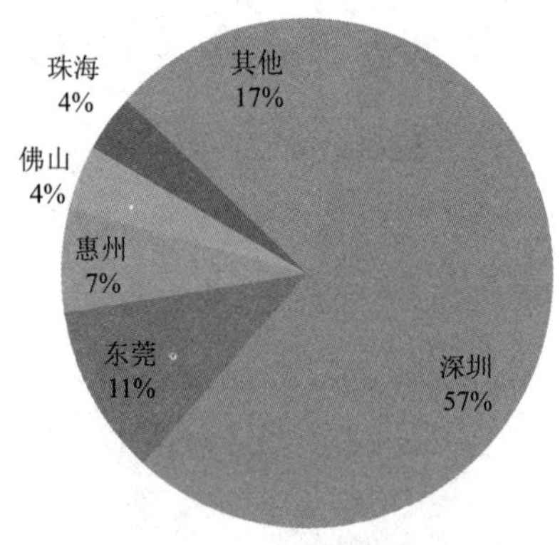

图 3-5　广东省人工智能 2015 ~ 2017 年注册企业地域分布情况

数据来源：广东省组织机构代码服务平台，广东省标准化研究院，根据相关数据整理。

3.1.2　技术基础

基于广泛的创新创业环境和深厚的产业基础，广东在人工智能创新及应用能力方面一直走在全国的前列。广东拥有数量可观的人工智研发高校和机构，人工智能前沿技术研究团队集中在广东省科学院、中山大学、华南理工大学、暨南大学、广东工业大学、华南农业大学、深圳大学等机构，研发人才梯队已初具规模，并在前沿方向发表了一定数量学术论文，专利申请数在全国位列第三位，布局了一定数量知识产权。

本报告分析了近五年（2013 年至今）在人工智能领域 SJR 因子排名前 20 期刊（见表 3-1）上发表的论文情况。

表3-1　人工智能领域SJR因子排名前20期刊列表

排名	刊名	ISSN号	出版商
1	International Journal of Computer Vision	09205691	Kluwer Academic Publishers
2	IEEE Transactions on Pattern Analysis and Machine Intelligence	01628828	Institute of Electrical and Electronics Engineers
3	Journal of Memory and Language	10960821	Elsevier Inc.

（续表）

排名	刊名	ISSN号	出版商
4	IEEE Transactions on Fuzzy Systems	10636706	Institute of Electrical and Electronics Engineers
5	Cognitive Psychology	10955623	Elsevier Inc.
6	International Journal of Robotics Research	02783649	SAGE Publications
7	Physics of Life Reviews	15710645	Elsevier BV
8	IEEE Transactions on Neural Networks and Learning Systems	2162237X	IEEE Computational Intelligence Society
9	Foundations and Trends in Machine Learning	19358237	Now Publishers Inc.
10	Autonomous Robots	15737527	Kluwer Academic Publishers
11	Artificial Intelligence	00043702	Elsevier BV
12	Information Sciences	00200255	Elsevier BV
13	Knowledge-Based Systems	09507051	Elsevier BV
14	Journal of the ACM	00045411	Association for Computing Machinery (ACM)
15	Cognitive Science	03640213	Wiley-Blackwell
16	Pattern Recognition	00313203	Elsevier Ltd.
17	Networks and Spatial Economics	1566113X	Kluwer Academic Publishers
18	Fuzzy Sets and Systems	01650114	Elsevier BV
19	Journal of Artificial Intelligence Research	10769757	Morgan Kaufmann Publishers, Inc.
20	Fuzzy Optimization and Decision Making	15732908	Kluwer Academic Publishers

数据来源：Scimago Journal & Country Rank 网站人工智能领域论文检索及整理。

我省与全球人工智能论文发表比例基本保持在 2% ～ 3%，说明我省在学术研究上具备了较好的全球影响力，为我省的技术、产业发展打下了良好根基，见图 3-6。

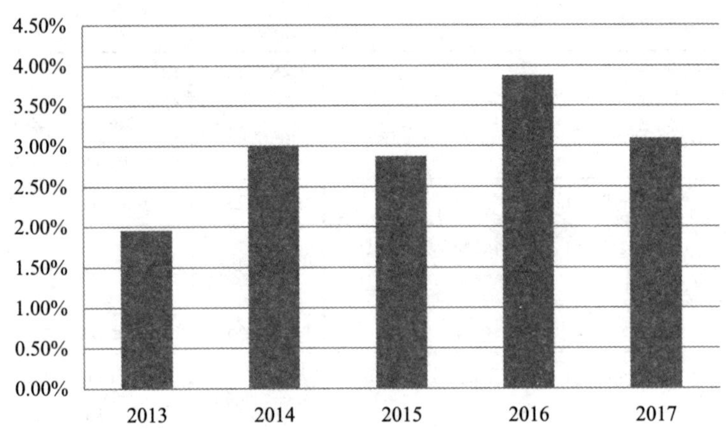

图 3–6　广东省在人工智能主要期刊发表论文全球占比

数据来源：Scimago Journal & Country Rank 网站人工智能领域论文检索及整理。

我省在“基础理论及算法”科研论文方面占比较大，其次是“计算机视觉”，这些偏属于软件方面。而在偏硬件方面的“计算平台”“芯片”“传感器”等方面则发表数量较少，说明在基础学术研究方面，我省的基本面布局有所缺失，有一定的隐患。我省人工智能核心论文不同领域分布情况见图 3-7。

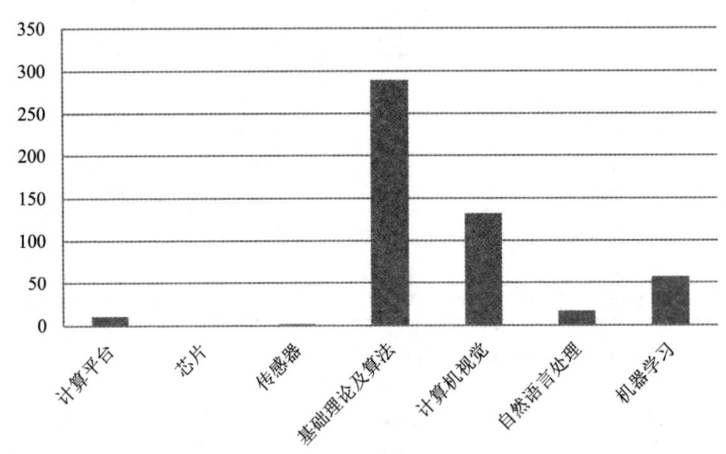

图 3–7　广东省发表的 AI 核心论文按技术领域的分布比例

数据来源：Scimago Journal & Country Rank 网站人工智能领域论文检索及整理。

我省人工智能核心论文前 10 的单位中有 9 家为高校，只有深圳先进技术研究院一家研究机构，见图 3-8。可见我省的基础研究能力基本把持在高校手中，研究机构、企业的基础研究能力有待加强培育；同时，需要进一步推动高校的成果转化，才能把基础科研能力用于推动我省人工智能产业发展。

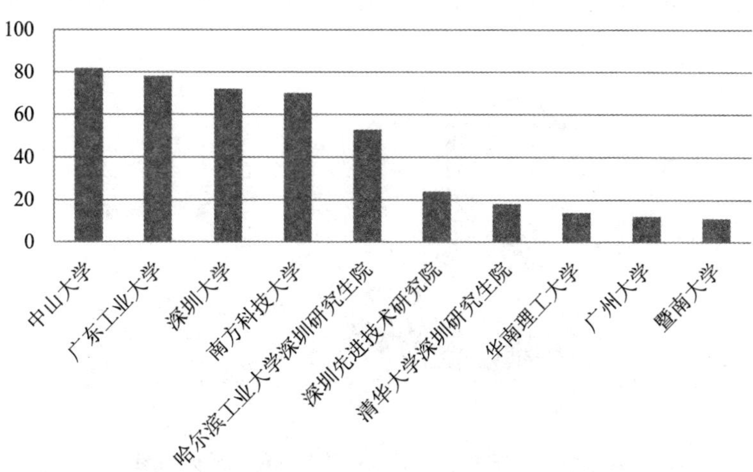

图 3–8　广东省人工智能核心论文发表单位分布比例

数据来源：Scimago Journal & Country Rank 网站人工智能领域论文检索及整理。

我省人工智能核心论文地市分布中，广州和深圳非常突出，这与我省在教育资源、科学研究的高度地域集中特点相吻合，见图 3-9。

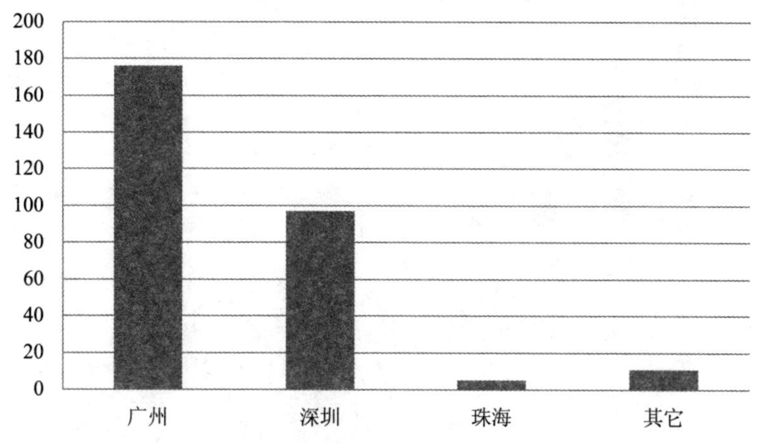

图 3–9　广东省人工智能核心论文发表地市分布

数据来源：Scimago Journal & Country Rank 网站人工智能领域论文检索及整理。

我省人工智能企业数、融资数两项在全国名列第二位，仅次于北京。人工智能相关单位约有 70% 专注于应用层，19% 专注于技术层，以应用牵引产业发展实现突破，是我省乃至中国人工智能产业的鲜明特点，见图 3-10。

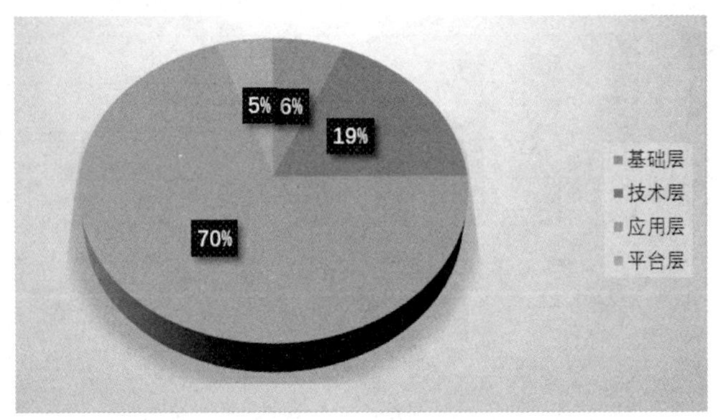

图 3-10　广东省人工智能相关单位创新链分布图

从技术领域看，广东省长期以来在高新技术领域具有深厚积累，在智能机器人、云计算与大数据、计算机视觉图像、高端电子芯片、智能无人机等方向研发热情高涨，为人工智能发展营造了良好氛围，见图 3-11。

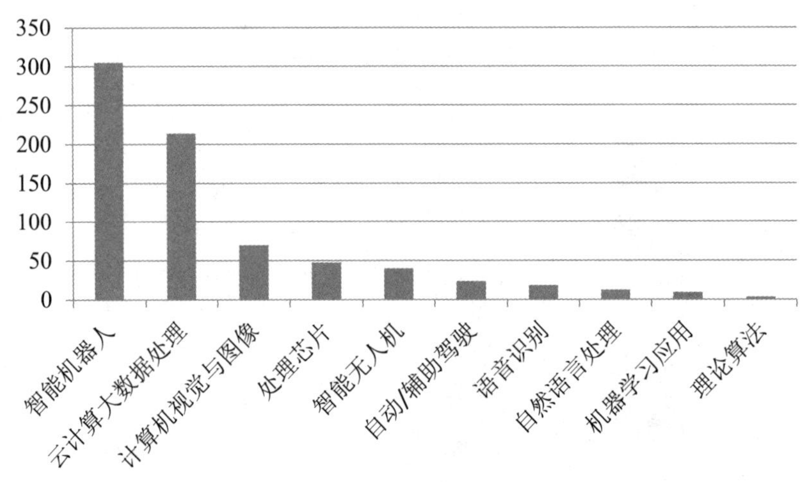

图 3-11　广东省人工智能热点技术领域分布

从应用领域看，我省人工智能技术研发与产业应用紧密结合，在智能制造、智能医疗、公共安全、公共交通、智能家居、智能金融与智能商务等热点领域有较好应用研究基础。其中，智能家电和智能家居应用技术基础较强，人工智能自动图像分析方面有较好研究基础，人脸识别技术已经走在世界前列。此外，我省拥有自主知识产权的文字识别、语音识别、中文信息处理、智能监控、生物特征识别、服务机器人等智能科技成果已进入广泛的实际应用阶段，见图 3-12。

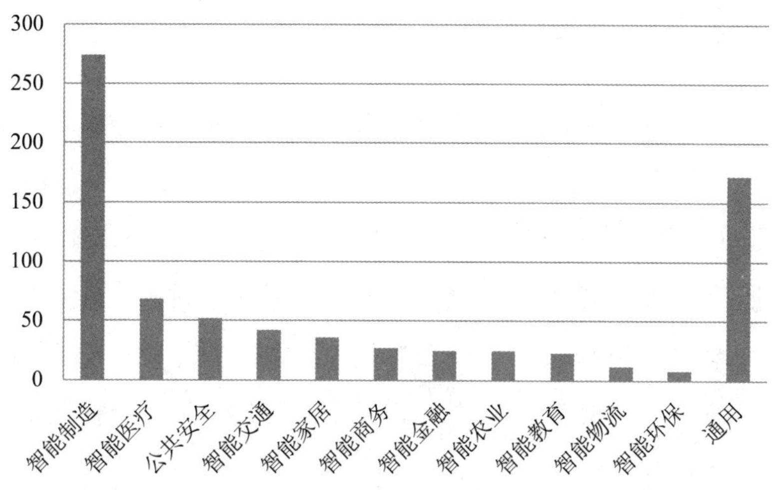

图 3–12　广东省人工智能应用领域分布

3.1.3　产业优势

我省是国内高端新型电子信息产业、移动互联产业、智能机器人产业、无人智能技术产业的主要优势区域，具备较强的产业和技术基础，具备良好的创业环境，在人工智能三大核心“数据、算力、算法”方面具有相应优势，能给予人工智能技术的发展提供良好的技术和市场基础。

一是数据开放程度高质量好，为产业发展提供沃土。全国政府数据开放排名中，广东省有佛山、东莞、南海和广州四个数据开放平台入选前十。广东从省一级到地市级，再到一些重点区，均在尝试做数据开放，已形成中国最密集的数据开放区域。在数据更新频率与数据覆盖面上，广东的数据质量处于全国前列。

二是科技部署前瞻性强，产业前沿技术积累雄厚。自2014年起部署实施的省科技重大专项及应用型研发专项有效助力人工智能算法、算力、数据前沿技术积累。其中，高端电子信息、计算与通信芯片专项支持了基础算力技术发展；移动互联网、云计算与大数据专项支持了基础算法与数据技术发展；无人智能技术、智能机器人、高端装备制造专项支持了人工智能应用层算法与数据技术发展。经过科技专项支持，我省在全国人工智能领域已占据重要地位。

三是市场需求旺盛，产业应用场景丰富。广东具备众多数字化程度高的发达产业，如医疗保健、金融、物流、制造、零售和教育等诸多领域。上述领域具有大量优质数据积累，相关领域人工智能化升级在改进预测和渠道、优化和自动化运营、挖掘有针对性的市场营销和强化用户体验有巨大潜力，应用场景极为丰富。

从广东省产业技术特点可以看出，广东省在人工智能产业发展基础、前沿技术积累、市场应用场景等方面具有独特优势，具备人工智能产业培育的优良条件。现阶段人工智能以数字化为基础，需要使用独特且海量数据进行经常性训练，没有捷径可走。基于此，广东省人工智能产业技术突破点建议为：以数据技术为主线牵引算法、算力核心技术发展，打造世界顶级数据生态系统；以应用层技术为着眼点带动全创新链发展，实现重点行业人工智能转型。广东省依托自身人工智能前沿技术积累优势、数据优势与应用场景优势，在关键行业逐步推动解决数字化和分析转型，率先在全国建立标准化的顶级数据生态系统；构建重点行业基于人工智能工具与流程的转型发展新模式，抢占人工智能技术高地，切实推动我国人工智能产业技术发展。

3.1.4　投融资情况

2000 至 2016 年，亚洲人工智能融资规模占全球人工智能融资规模总额的 15.9%，投资频次占全球总数的 17.7%。其中，中国人工智能融资规模累积占亚洲累积总额的 60.2%，位居亚洲第一；以色列为 20.4%，日本为 9.5%，印度为 4.9%。亚洲其他各国的融资规模之和比北京、广东两地的融资规模还少 3 亿多美元。广东以 7.92 亿美元的融资规模位居亚洲第三，仅次于北京和以色列，高于日本和印度，见表 3-2。

表3-2　亚洲人工智能主要地区融资规模对比

序号	省市/国家	融资规模（亿美元）
1	北京	13.87
2	以色列	9.37
3	广东	7.92
4	日本	4.37
5	印度	2.27
6	上海	1.54

自 2014 年开始，广东进入人工智能发展快速期，在融资规模、融资频率方面均位居全国第二，平均单笔融资超过千万美元。从人工智能企业融资阶段分布上看，广东 B 轮之前融资阶段的企业占有确切融资信息企业的 80% 以上，处于早期融资阶段，融资阶段分布情况与北京、上海相似。

3.2 广东省人工智能产业技术创新发展评价体系

3.2.1 建立评价指标体系的意义

1. 指标体系具有评价功能

通过建立指标体系，形成一个较为客观、能为大多数人认可和接受的评价系统，并以此来较为全面的评价广东省人工智能产业技术发展状况，在对比中使我们客观真实地了解自身的发展状况和发展水平，以判断发展目标的设置是否合理，措施是否得当。

2. 指标体系具有预测功能

科学、合理的指标体系能够直接为广东省人工智能产业技术的阶段性发展目标的确立提供科学依据。从综合评价结果和各项指标的变化趋势中可以预测出某项产业技术或应用的基本态势和走向，这既是制定科技发展规划的基本依据，也是发现问题、解决问题，提高科技部门施政能力和施政效果的切入点。

3. 指标体系具有引导功能

指标体系通过细化分析和评价，直观反映出广东省人工智能产业各个技术领域和应用领域的基础和水平，通过找差距为从事产业链技术和应用研发的研究机构和企业明确努力方向，补足短板，进而引导全省人工智能产业相关单位共同努力，加快产业技术研发和应用，构筑人工智能产业发展的广东新优势，促进我省经济转型升级和社会事业发展。

3.2.2 评价指标体系框架

评价指标体系框架按人工智能 5 大要素分为智能感知、数据标签与标注、深度学习、决策与执行和AI能力评价5个一级指标，每个一级指标选取主要的技术领域作为二级指标，二级指标下面细化出三级指标，以具体体现广东省在细分技术领域的发展水平，见表3-3。

表3–3 指标体系框架

一级	二级	三级
智能感知	传感器	智能传感器
	计算机视觉	图像处理
		图像理解
		三维视觉
		技术应用平台
	自然语言处理	自然语言理解
		智能语音技术
数据标签与标注	数据输入	数据补全
	数据处理	数据标注
	数据输出	数据理解
深度学习	基础理论	大数据智能理论
		跨媒体感知计算理论
		混合增强智能理论
		群体智能理论
		自主协同控制与优化决策理论
		高级机器学习理论
		类脑智能计算理论
		量子智能计算理论
	机器学习方法	经验性归纳学习、分析学习、类比学习
		遗传算法
		联接学习（人工神经网络）
		增强学习
		技术应用平台

（续表一）

一级	二级	三级
深度学习	芯片	中央处理器（CPU）
		图像处理器（GPU）
		可编程逻辑门阵列（FPGA）
		类脑计算芯片
	计算平台	云计算支撑平台
		超级计算支撑平台
决策与执行	智能制造	智能制造装备
		智能生产
		智能化管理
	智能机器人	工业机器人
		服务机器人
		特种机器人
	智能教育	个性化教学
		人工智能助教
		听说训练
	智能医疗	辅助诊断与治疗
		医学影像分析
		医疗助手
		智能化药物研发
		精准医疗
	智能运载工具	无人机
		无人船
		无人驾驶汽车
		智能轨道交通系统
	智能终端	智能手机
		智能车载终端
		智能可穿戴设备
	智能家居	智能家电
		智能照明
		智能安防

（续表二）

一级	二级	三级
决策与执行	智能物流	智能物流装备
		智能仓储
		智能配送
	智能交通	智能化联网停车
		智慧公路
		车联网
		智能交通信号
	智能农业	智能化农业装备
		农业生产管理
		农产品加工
	公共安全	智能安防
AI能力评价	AI能力	智能感知能力评价
		数据标签与标注能力评价
		深度学习能力评价
		决策与执行能力评价

注：每个指标的评价星级用 1~3 星来表示，★代表一个星，☆代表半个星

智能感知主要以硬件和机器视听技术为核心，是支撑人工智能数据标签与标注的前提，包括传感器、计算机视觉、自然语言处理 3 个二级指标，二级指标下分别有数量不等的三级指标。

数据标签与标注主要以数据处理技术为核心，为机器深度学习提供可识别的专业数据，是支撑深度学习的数据基础，主要包括数据补全、数据标注、数据理解等三级指标。

深度学习是人工智能发展的核心，对机器的智能化程度起到决定性作用，主要依托基础层的运算平台和数据资源进行海量识别训练和机器学习建模，以及开发面向不同领域的深度学习方法，包括基础理论、机器学习方法、芯片和计算平台 4 个二级指标，二级指标下分别有数量不等的三级指标。

决策与执行主要是基于智能感知、数据标签与标注以及深度学习实现与传统产业的融合，实现不同场景的应用。由于人工智能的应用日益广泛，新的应用场景不断出现，因此，在设计技术指标时，选取了目前广东省已经应用或者具有较好应用前景的智能制造、智能机器人、智能教育、智能医疗、智能运载工具、消费级智能终端、智能家居、智能物流、智能交通、智能农业、公共安全作为二级指标，三级指标也是选取了各种应用中较有代表性的场景作为三级指标。

AI 能力评价是对 AI 全过程的智能感知、数据标签与标注、深度学习、决策与执行 4 个关键要素实现能力的评价，将其作为 AI 能力评价对应的三级指标。

评价时，考虑到广东省在国内人工智能产业的领先地位，智能感知、数据标签与标注、深度学习直接对标国际领先水平，分为跟跑、并跑和领跑三个等级。综合考虑广东省在相应技术领域研究的高度、厚度等维度，依据机构数、专利数、论文数等数据，同时在三个等级给出相应的星级评价，精确到半个星，如果在某个技术领域的某个等级为空白，则无星。决策与执行的评价以及 AI 能力评价则采用评价具体应用场景的技术解决方案智能化水平的方式，分为初级、专业级和专家级三个等级，根据提供解决方案的机构数及应用的智能化水平等，同时在三个等级给出相应的星级评价。其中，在智能化水平方面，初级对应人工智能的简单应用，主要是替代重复性、要求长期精确性等不需要多少思考和决策的工作；专业级表示已经达到需要一定专业训练的技术人员的技能水平，能进行较复杂的决策，具有一定的困难问题解决能力；专家级表示已经超过大多数专业人员的水平，可以与该领域的专家相比，甚至在某些方面已经超过人类的能力。

3.2.3　智能感知创新发展评价

1. 传感器

智能传感技术是涉及微机械电子技术、计算机技术、信号处理技术、传感技术与人工智能技术等多种学科的综合密集型技术，能实现传统传感器所不能完成的功能。智能传感器是“将一个或多个敏感元件和信号处理器集成在同一块硅或砷化锌芯片上的装置”，“一种带微处理机并具有检测、判断、信息处理、信息记忆、逻辑思维等功能的传感器”。智能传感器具有精度高、高可靠性、高稳定性、高信噪比、高分辨率、自适应性强、微型化等特点。智能传感器采用廉价的集成电路工艺和芯片以及强大的软件来实现，具有较高的性价比。

广东省自 2011 年初现智能传感器专利授权，专利授权量逐年增加，从 2015 年开始呈爆发式增长，其增长态势与广东省人工智能增长态势保持一致，见图 3-13。

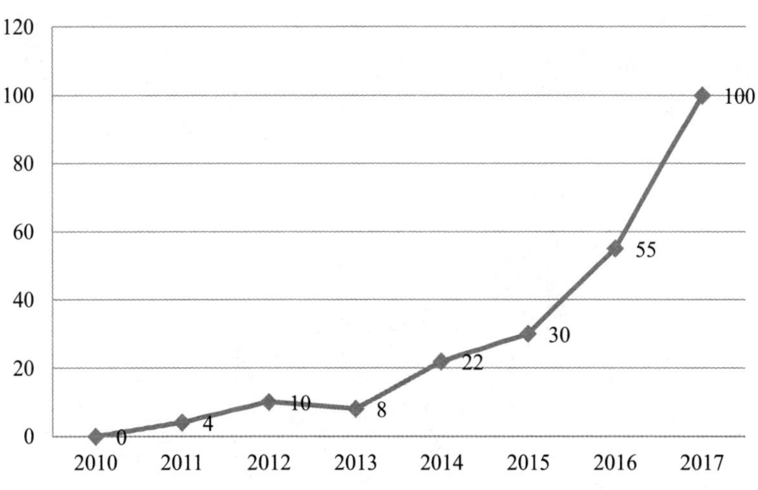

图 3–13　广东省智能传感器专利授权年度统计

数据来源：广东省知识产权公共信息综合服务平台公开数据检索及整理（检索关键词：智能传感器、图像识别传感器、位置检测传感器、物体探伤传感器、语音识别传感器等）。

从全省智能传感器专利授权数量来看，深圳、广州两地占全省智能传感器专利授权数量的近 3/4，其中深圳占 41%，广州占 33%，东莞、佛山、珠海等地专利授权总量占全省 1/4，见图 3-14。

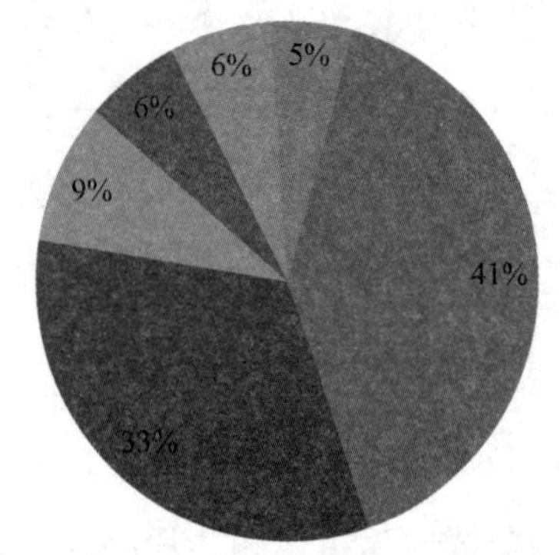

图 3–14　广东省各地市智能传感器专利授权统计

数据来源：广东省知识产权公共信息综合服务平台公开数据检索及整理（检索关键词：智能传感器、图像识别传感器、位置检测传感器、物体探伤传感器、语音识别传感器等）。

全省智能传感器专利授权单位前十中以广州、深圳两地单位居多，其中，广州主要以华南理工大学等相关科研院所为主，深圳主要以相关研发生产企业为主，见图 3-15。

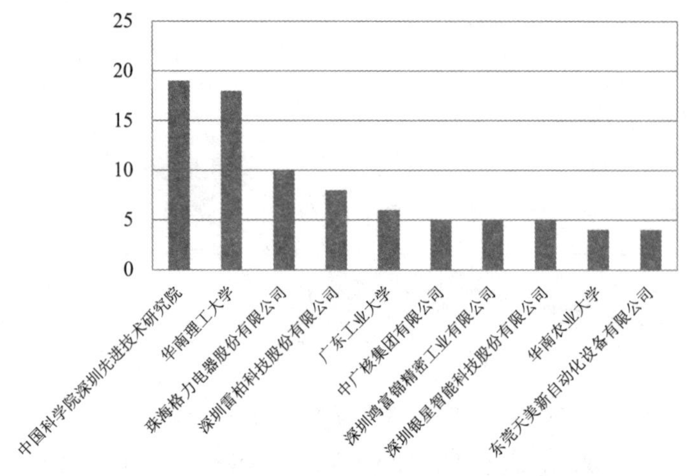

图 3–15　广东省各地市智能传感器专利授权单位前十

数据来源：广东省知识产权公共信息综合服务平台公开数据检索及整理（检索关键词：智能传感器、图像识别传感器、位置检测传感器、物体探伤传感器、语音识别传感器等）。

概述：根据应用场合的不同，智能传感器应具有以下全部功能或部分功能：①自动采集数据、逻辑判断和数据处理功能；②自校准、自标定和自动补偿功能；③自诊断、自适应功能；④信息存储和记忆功能；⑤双向通信功能；⑥复合敏感功能；⑦数字和模拟输出功能；⑧人机对话功能。智能传感器是物联网人工智能发展的最重要的技术之一，在为传统行业注入新鲜血液的同时也引领了传感器产业的潮流，在医学、工业、海洋、航天、军事、农业等领域均发挥着核心作用。

针对不同工业领域需求，IEEE 建立多个工作组来开发不同智能传感器接口标准，形成一套针对不同应用场合的 IEEE 1451 标准族。IEEE 1451 标准的提出解决了在不同的网络中不同总线差异带来的兼容性问题，实现传感器的互操作性、即插即用和智能识别功能。国内外的一些科研所、大学、大公司纷纷对其进行研究开发，网络化智能传感技术开始迅猛发展，这期间形成了一系列开发成果。目前的研究主要集中在单一接入模式，需要从系统角度考虑混合接入模式下完善系统通用性建模、改进即插即用策略、提高负载均衡性能等共性问题。

技术发展现状：华南理工大学围绕网络化智能传感器面向对象信息流层次化动态建模、混合接入模式下的智能传感系统即插即用策略与实现、智能传感系统集群服务器负载均衡评价与实现等理论与方法等展开系统研究。中山大学研究了一种人体实时监控系统，该系统利用多个微型智能传感器通过基于蓝牙技术的无线网络实现人体健康数据获取、处理及通信等任务，主服务器对数据进行分析计算后反馈给各个节点，实时监控被监测对象以避免突发性疾病。汕头大学针对大型复杂结构，基于最先进的智能传感器，构建一个采用分布式策略的健康监测系统。广州市特种机电设备检测研究院研发中心对智能传感器进行了一系列研究，设计一种具有传感器即插即用、IPv6 数据通信功能的智能监控系统结构，并利用 UML 建模实现从工业底层传感器、智能监控节点到远程监控应用的网络数据流的动态描述，完成 XML 通用数据交换接口的设计。

国内外不少学者致力于面向对象的智能传感器建模与仿真方法、智能传感系统即插即用技术、智能传感器的自诊断与自修复 SDSH 技术等方面的研究。不同智能传感系统建模方法的整体特征、应用范围差别较大。国外集中对单一子标准建模，其通用性不够，未考虑混合接入模式下通用建模方法。E.Y, Song 等用面向对象的传感建模方法开发一种基于 IEEE 1451.0 的智能传感器 Web 服务 (STWS)，采用 WSDL(Web service description language) 描述，并建立相应原型系统。美国 Maine 大学 Shareef 等基于 Petri 网研究一个用于无线传感节点能量消耗评估的概率模型，为无线传感器网络节能策略研究提供了灵活模拟平台。华南理工大学将 Petri 网与 UML 结合，用于对网络化智能传感器进行混合建模，建立网络化智能传感器通用模型，缩短了开发时间。

目前传感接口即插即用的研究多针对单一接入模式，对智能传感系统有线、无线混合接入应用的即插即用通用方法、配置策略、资源分配、性能优化等方面的研究较少。美国 Houston 大学采用 SNMP 协议对模拟、数字信号的有线传感接口 TEDS 信息进行管理，使传感器更具网络化、互操作性，方案需要为传感节点增加 SNMP 管理器和信息库，硬件成本、软件复杂性会有所增加，目前仅适用于 IEEE 1451.4 标准。美国 Mobitrum 公司开发基于 IEEE 1451 标准综合系统健康管理平台，包括智能传感器、智能处理器和数据采集系统三部分，智能处理器可进行 TEDS 解析和配置，但目前仅支持 Zig Bee 智能传感器即插即用。中科院沈阳计算技术研究所提出一种应用层协议实现 Device Net 现场总线的即插即用，其实现是基于控制局域网物理层与数据链路层，网络扩展能力有限，不具备网络化的普遍意义。哈尔滨工程大学水声技术国防科技重点实验室合 TEDS 读写及软件设计，实现传感器自配置，使普通传感器具有即插即用和智能化特点，提高了系统可靠性，但未考虑不同接入模式的 TEDS 配置。北京航空航天大学提出多总线接口无线传感器网络节点设计方案，以高速 USB 作为总线接口，在传感器节点母板模块挂载蓝牙通信模块，配置相应软件协议栈，实现软硬件即插即用，增强了传感节点扩展性，但未考虑无线接口标准化、即插即用性能问题。以上技术只针对了单一标准应用，未能同时采用自标识和虚拟自标识，构建混合模式的智能传感系统。华南理工大学采用基于 TEDS 的自标识和虚拟自标识技术，可快速构建有线、无线混合模式的即插即用智能传感器系统。

与国际水平比较及评价：在智能传感器的自诊断与自修复 SDSH 技术的研究上，国外技术仅从传感器本体考虑自诊断、自恢复，未综合考虑多层次的 SDSH 功能需要，没有根据信号关联程度提出 SDSH 策略，SDSH 功能仍属比较被动。华南理工大学提出 IEEE 1451 智能传感器的单传感量、多传感量无关联和多传感量关联三种传感自免疫新架构，增强网络化智能传感器的运行可靠性。

总体而言，广东省智能传感器技术与国外技术处于并跑水平。

2. 计算机视觉

计算机视觉是关于研究机器视觉能力的学科，或者说是使机器能对环境和其中的刺激进行可视化的学科。机器视觉通常涉及对图像或视频的评估，英国机器视觉协会（BMVA）将机器视觉定义为对单张图像或一系列图像的有用信息进行自动提取、分析和理解。计算机视觉借助于几何、物理和学习技术来构筑模型，从而用统计的方法来处理数据，主要在于从图像或图像序列中获取对世界的描述。

计算机视觉最初开始于 20 世纪 70 年代早期时，被视为模拟人类智能并赋予机器人智能行为的一项智能感知重要组成部分。当时人工智能和机器人学的一些早期先驱者认为，在解决诸如更高层次推理和规划的更困难问题的过程中解决“视觉输入”问题应该是一个简单的步骤。到了20世纪80年代，大量研究关注于定量的图像和更复杂场景分析的数学方法。图像金字塔开始广泛用于完成诸如图像混合这样的任务和由粗到精的对应搜索。研究人员发现，很多立体视觉以及边缘检测算法如果作为变分优化问题来处理，可以用相同的数学框架来统一或描述，且可以使用正则化方法使其更鲁棒。稍后出现了使用卡尔曼滤波来对不确定性进行建模和更新的MRF算法的在线变形。三维距离数据处理（获取、归并、建模和识别）继续成为这十年最活跃的研究领域。到20世纪90年代，在识别中使用投影不变量的研究呈现爆发性增长，演变为解决从运动到结构问题的共同努力。使用颜色和亮度的精细测量，并与精确的辐射传输和形成彩色图像的物理模型相结合，构成了一个称作“基于物理的视觉”的子领域。同时，光流方法得到不断的改进。可以产生完整的3D表面的多视觉立体视觉算法也是一个重要的研究主题，至今仍然非常活跃。在这个时期，跟踪算法也得到了很多改进，包括使用“活动轮廓”方法的轮廓跟踪和基于亮度的方法。这十年以来，计算机视觉领域最显著的一个发展是与计算机图形学之间的交互增多，特别是在基于图像的建模和绘制这个交叉学科领域。到21世纪，一个显著的趋势是复杂的机器学习方法在计算机视觉问题中的应用，主导着很多视觉识别研究。在2012年，Hinton研究组采用深度学习的方法（AlexNet网络）赢得ImageNet竞赛，此后，深度学习开始广泛应用于计算机视觉领域。

我省在计算机视觉领域发表的论文基本上以广深两地的重点高校为主，见下图。同时，按地区比例来说，深圳已经超越广州，说明计算机视觉作为一项技术层指标而言，与应用有较强的对接，因此，深圳在这方面具有强于广州的优势。

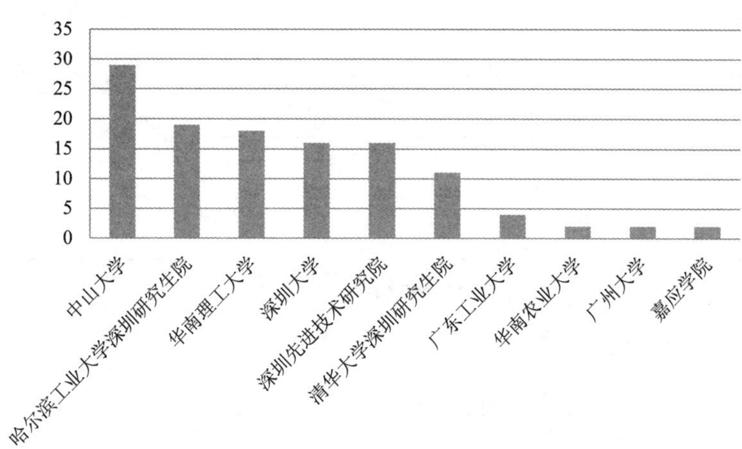

（a）计算机视觉领域论文发表单位前十

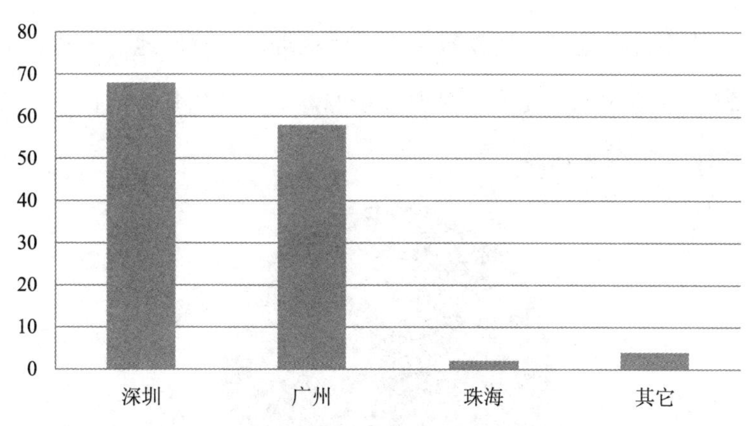

（b）计算机视觉领域论文发表地区

图 3–16　广东省计算机视觉领域发表论文分布情况

数据来源：Scimago Journal & Country Rank 网站人工智能领域论文检索及整理。

广东省计算机视觉领域发展较早，自 2010 年开始专利授权逐年迅速攀升，2014 年开始呈爆发式增长，经过近几年的迅速发展，2017 年专利授权量为 2014 年的近 3 倍，见图 3-17。

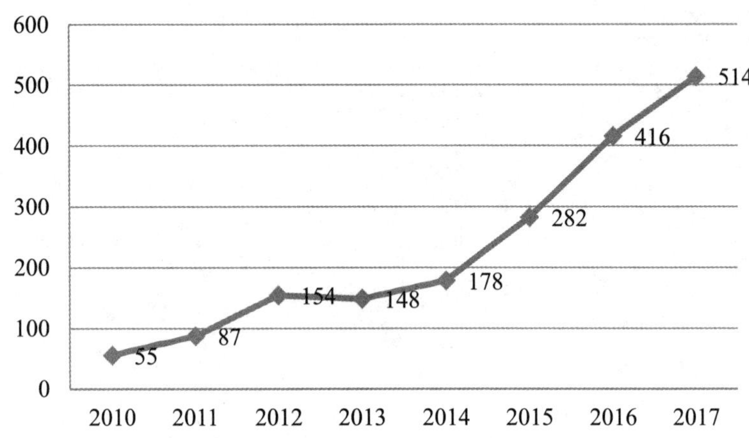

图 3–17　广东省计算机视觉专利授权年度统计

数据来源：广东省知识产权公共信息综合服务平台公开数据检索及整理（检索关键词：计算机视觉、三维视觉、图像处理、图像理解等）。

从全省计算机视觉专利授权数量来看，深圳、广州两地占全省计算机视觉专利授权总量的91%，其中，深圳占68%，遥遥领先其他地市，广州紧随其后，占23%，见图3-18。

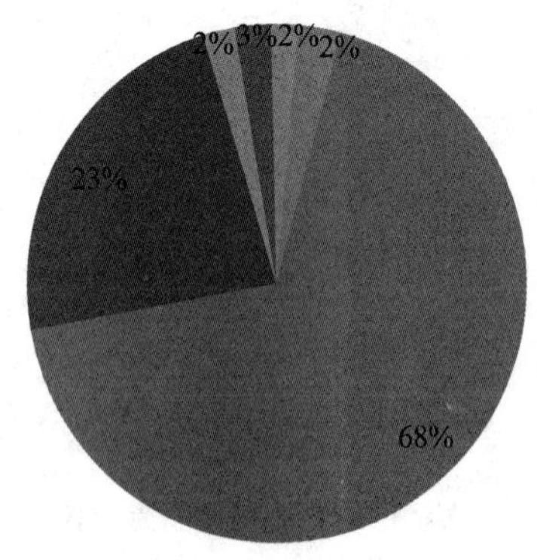

图 3–18　广东省各地市计算机视觉专利授权统计

数据来源：广东省知识产权公共信息综合服务平台公开数据检索及整理（检索关键词：计算机视觉、三维视觉、图像处理、图像理解等）。

全省计算机视觉专利授权数量前十单位均分布在深圳、广州两地，其中，深圳主要以相关研发生产企业为主，在计算机视觉研发应用领域优势明显，广州则主要以中山大学等科研院所为主，见图 3-19。

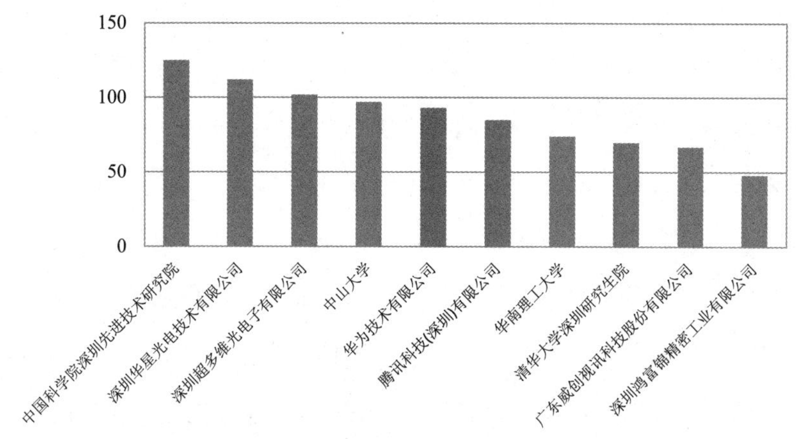

图 3–19　广东省各地市计算机视觉专利授权单位前十

数据来源：广东省知识产权公共信息综合服务平台公开数据检索及整理（检索关键词：计算机视觉、三维视觉、图像处理、图像理解等）。

经过多年的发展，计算机视觉作为人工智能领域的一个重要分支正处于高速发展期，全球计算机视觉初创企业快速发展。国内公司在技术实力、应用落地能力方面可与国外巨头相匹敌，在安防、无人驾驶等领域的应用也有望推动计算机视觉产业加速爆发。此外，由于人类活动与视觉的结合度较高，因此机器视觉以图像识别或视频流解析的方式可以应用到众多领域，如自动驾驶、医疗诊断、安防监控、工业检测等领域，产业应用将进入快速发展期。

（1）图像处理

概述：在大多数计算机视觉应用中，第一步往往是使用图像处理方法对图像进行预处理，将其转化为便于进一步分析的形式。此类操作的一些例子有曝光校正、彩色平衡、图像噪声减少、图像锐化、通过旋转矫正图像。计算机视觉研究范围是否应该包括图像预处理存在争议，但多数计算机视觉应用（例如计算机摄影学，甚至识别）为了获得满意的结果，需要考虑图像预处理的设计。常用方法有：图像滤波（包括线性滤波和非线性滤波）、图像金字塔，等等。

技术发展现状：广东省多个高校在图像处理方向具有较好的研究成果。华南理工大学的图像与视频处理科研实验室，已经拥有该方向12项发明专利。广东工业大学计算机学院在图像处理领域也有相应的成果。除此以外，广东省其他企业和研究机构在图像处理这方面也有研究成果。北京大学深圳研究生院曾经完成“视频压缩与图像增强技术”项目，研发图像与视频超分辨率技术，视频帧率提升，移动视频去抖动技术，低光照图像增强与去噪，图像去运动模糊，四基色亚像素绘制等一系列图像增强关键技术，并参与研发了中国国家视音频编码标准AVS1，AVS+和AVS2，一些成果达到国际领先水平，部分成果已经被业界采用。广东方纬科技有限公司开发的“FWTF701视频交通流检测系统”利用视频采集技术和数字图像处理技术对输入的视频图像进行处理，可实时提供车流量、平均车速、车型、占有率等交通流信息，为交通信号控制、信息发布、交通诱导、交通指挥等提供依据和参考。该系统专门用于交通流信息采集的视频检测产品，适用于高速公路、城市快速路、桥梁、普通公路的道路交通流信息采集。目前，该系统已在广深高速公路智能化管理样板路工程项目中进行应用。新浪微博应用商汤科技的深度学习算法，其全新的“面孔专辑”功能可检测出图片中的面孔，并分类归纳。深圳商汤科技的图像处理技术，针对图片中的暗光以及雾气等进行处理，还原出清晰的图片，已广泛应用于微博相机。

与国际水平比较及评价：广东省已经具有图像处理基础支撑技术，拥有一定数量的人工智能研发团队和设施齐全的研发机构，研发出来的数量和质量也有很大的提升。不仅如此，在技术创新方面，广东省也取得了较好的佳绩。其中，广东省的腾讯优图与香港中文大学、多伦多大学和Adobe等机构展开合作，取得一定研究成果。但是，图像处理方面广东省还没有大规模产业化，而且国际品牌公司数量较少，科研成果转化率较低。

（2）图像理解

概述：图像理解就是对图像的语义理解，是以图像为对象，知识为核心，研究图像中有什么目标，目标之间的相互关系、图像是什么场景以及如何应用场景的一门学科。图像理解需要多个图像处理步骤间的交互作用。近年来，在图像理解方面取得了很多重要的结果。尽管如此，图像理解过程仍然是计算机视觉的一个开放领域，有待进一步研究。近期的一些新技术有：隐马尔科夫模型、贝叶斯网络、期望最大化方法和深度学习，等等。

技术发展现状：目前，广东省许多高校在图像理解方向都有专门的研究。哈尔滨工业大学深圳研究生院目前有面向智能机器人的图像理解技术研究项目；华南理工大学的科研方向包括了基于图像的人工智能技术，计算机视觉，发表了论文数 79 篇，21 项发明专利，同时拥有深度学习和视觉计算团队，一共发表了 203 篇论文，拥有 52 项发明专利。中山大学数据科学与计算机学院主要科研方向有医学成像和医学图像分析。同时，省内许多企业在图像理解方向也具有研究成果，包括：腾讯优图、广东非思智能科技股份有限公司、广州智能装备研究院有限公司、广东方纬科技有限公司、广东卫城锦峰数码科技有限公司、广东世纪晟科技有限公司、广州图谱科技有限公司等等。广东非思智能科技股份有限公司的人脸分析技术成果如下：获取到清晰的人脸（完整人脸）图像，从人脸 70 个以上的关键点、性别、年龄、表情、肤色等人脸质量特征信息后给予后台智能算法可做出一系列的分析，并给出人脸变化预判。在实体商业应用中，例如超市、商场、售楼处、汽车 4S 店、高端连锁店等，利用非思智能提供的智能人脸识别技术做精准营销，分析客流量、用户群消费行为、用户性别、用户年龄等。深圳商汤科技公司在人脸技术、图像识别和文字识别等技术方面都有专门的研究，并且同时将这些技术应用到实际中。商汤科技独家承接了中国移动的在线实名制补登记业务后台技术引擎提供，对其中涉及的人脸、图像识别、文字 OCR 等技术进行全方位的支撑。以此为依托，又和中国移动达成战略合作协议，共同研发推广包括在线身份验证、人脸门禁考勤、视频监控在内的多项相关领域的技术产品及服务系统。广东世纪晟科技有限公司重点关注人工智能人脸识别领域，为人工智能深度学习方面提供芯片级的高性能解决方案，拥有众多科研专利，世纪晟产品包括 3D 人像识别平台、静态识别平台、核验平台；硬件产品包括移动核验车和单兵核验套装。其中，3D 人像识别平台突破十亿级静态比对，领先于国内百万级的平均水平。动态人像系统整合人脸跟踪捕捉和识别、实时布控、过往路人轨迹查询等技术已用于公安部 15 亿人像库的识别检索系统建设。系统广泛应用于居民区、商业区、火车站、地铁站、快速公交站、机场、海关、商场出入口等人流密集区域。广州图普科技有限公司提供的技术包括图像内容审查、物体 & 场景识别、人脸识别。该公司与映客直播、美拍、来疯、musical.lu、糗事百科、悦跑圈公司都有相应的合作应用案例。其中，美拍公司主要使用了图谱科技的鉴黄、颜值、人物场景这些识别，尤其是美拍在使用了图谱人脸识别接口之后，整个直播流的点击量得到显著提升。

与国际水平比较及评价：广东省在图像理解方面具有扎实的技术基础，产业基础和发展前景十分乐观。同时，广东省也具有广州图普科技、神州云海、商汤科技这样国际品牌的公司。在研究机构方面，中山大学、华南理工大学、广东工业大学等高校在国内有较强研究基础和技术积累，特别是在图像识别，机器学习等方面有很多的研究成果。而且，在人脸识别，图像识别等领域，广东省已经大规模产业化，有大量的公司专门针对这些领域进行研究，也取得了较好的佳绩。例如，佳都科技在人脸识别的智能分析技术和产品已达到国际先进水平。但是，在技术创新方面，广东省水平仍然不及国外诸如谷歌、Facebook 这些著名企业。国外公司大多进行底层技术研发，同时偏重整体解决方案的提出，积极建立开源代码生态体系。广东省的企业则直接对接细分领域，商业化发展道路较为明确。

（3）三维视觉

概述：三维视觉是计算机视觉领域的一个重要课题，它的目的在于重构场景的三维几何信息，融合两只眼睛获得的图像并察觉它们之间的差别（或称视差），使我们可以获得明显的深度感。三维视觉匹配就是这样一个过程，通过寻找两幅或者多幅图像间的匹配像素，然后将它们的 2D 位置转化到 3D 深度，从而估算出一个 3D 场景模型。三维视觉的研究在机器人的自主导航系统、地图生成、航空勘测和工业自动化系统等领域都有很好的应用价值。目前而言，研究人员通常会使用深度学习的方法来解决三维视觉问题。

技术发展现状：广东省目前拥有众多研究机构和大学在三维立体视觉方向上有研究成果。这些机构包括：华南理工大学、广州帕克西软件开发公司、深圳市优必选科技有限公司、广东省智能制造研究所、深圳奥比中光科技有限公司、广东世纪晟科技有限公司等。广州帕克西软件开发公司核心技术包括人脸重构，输入一段包含人脸的视频文件，该技术会自动识别视频中的人脸，并进行 3D 人脸重建和优化，最后输出 3D 人脸模型。该方法也可以用于自拍视频处理，在自拍的过程中，自动完成人脸 3D 模型的重建，并输出标准格式文件。该技术可应用于制作 VR 游戏，构建玩家人脸的 3D 游戏角色；也可应用于虚拟试穿试戴，构建用户 3D 头部模型，并进行虚拟试穿试戴；也可应用于医疗整形领域，快速构建人脸模型并进行整形预测等。不仅如此，该公司也利用立体视觉技术应用于一些实际产品，例如魔发镜 - 智能 AR 美发系统，将面部识别、面部数据测量、AR 技术、3D 发型定制技术应用于发型行业，包含智能的发型推荐、健全的客户信息管理、社交分享等营销功能。深圳奥比中光科技有限公司开发智能机器人产品，该智能机器人集成了多个传感器，可同时获得彩色图像、3D 深度图像以及声音信号，结合奥比中光的自主核心算法和技术，实时获取到环境3D影像，帮助智能机器人即时构建环境3D模型，实现智能机器人行径路线规划、任务识别等功能。广东世纪晟科技有限公司的3D人脸建模技术突破了传统识别技术瓶颈，能在跨角度多人同屏的情况下进行高清人像识别对比。该项技术适应多人种跨年龄段精准识别，进行轨迹跟踪分析、实时预警、行为模式挖掘，为金融、社区安全、医疗等领域提供智能安保服务。

与国际水平比较及评价：在三维视觉方面，广东省拥有扎实的技术基础和产业基础，而且发展前景十分乐观，许多公司已将三维视觉运用到智能机器人中。同时，广东省拥有一定数量的科研团队和设施齐全的研发机构，例如华南理工大学、广东工业大学等等。但是，在关键技术和技术创新方面，广东省与国际水平仍然存在一定差距。国外公司大多数重视底层技术研发，积极建立开源代码生态体系。国内企业商业化道路发展较为明确。同时，也存在企业规模偏小、缺少国际品牌公司、科研成果转化率低等问题。

（4）技术应用平台

概述：在技术应用平台方面，科技巨头企业通过提供云服务，进一步简化用户接入和获取人工智能服务的成本，同时为企业自身提供了大量实用数据。所谓开放平台，就是用户可以通过API接口、URL等方式连入并调用企业提供的人工智能引擎，这些用户通常不具备独立研究开发人工智能引擎的能力。这方面，国外企业引领创新，谷歌、微软、IBM等科技巨头已经开放了不同应用接口。国内百度、阿里、腾讯等互联网巨头也积极跟进。

技术发展现状：广东省腾讯优图拥有AI开放平台，包括人脸识别API、图像识别API、文字识别API、图像处理API。广州全成多维信息技术有限公司提供了三维实景重建平台。广州云从信息科技有限公司的主要产品类别是行业解决方案和技术平台，该公司提供了人脸检测和分析API、人脸聚类和分组API、OCRAPI，主要产品有基于人脸识别技术的大库检索系统、动态识别系统、轨迹追踪系统、集成生物识别系统及其智能终端产品。佳都新太科技股份有限公司主营业务有计算机视觉与图像，主要产品类别是行业解决方案和技术平台 / 框架，主要产品是佳都新太智能人脸识别软件和视频云 + 大数据分析平台。广州图普网络科技有限公司也为开发者提供高效图像识别方案，包括物体 & 场景识别 API、人脸识别 API、文字识别 API。

与国际水平比较及评价：目前来说，在技术应用平台方面，国外著名企业已经取得很好的发展。谷歌、微软等这些科技巨头都开放了视觉 API。在广东省内，虽然也有少部分企业如腾讯开放了 API，但是绝大多数企业目前来说并没有开放 API。

3. 自然语言处理

自然语言处理（NLP）是研究人与人交际中以及人与计算机交际中的语言问题的一门学科，主要研制表示语言能力和语言应用的模型，建立计算框架实现语言模型，提出相应的方法不断完善语言模型，根据语言模型设计各种实用系统并探讨这些实用系统的评测技术。NLP 的目标是让计算机 / 机器在理解语言上像人类一样智能，最终弥补人类交流（自然语言）和计算机理解（机器语言）之间的差距。

自然语言处理的研究内容非常广泛，根据其处理对象可分为基于视觉符号的语言文本处理和基于听觉符号的口语语音处理。根据其应用目的可分为机器翻译、自动文摘、信息检索、问答系统、文本挖掘、语音识别、语音合成、对话系统等研究领域。自然语言处理主要有基于规则和基于统计的两种研究方法，基于规则的方法由人工建立符号处理系统和语言规则，而基于统计的方法则是以大规模语料库为基础，利用统计学、模式识别、机器学习等方法建立语言模型。近几十年来基于统计的方法在自然语言处理中得以广泛应用和快速发展，主流技术由统计机器学习为主逐渐转向以深度学习为主的模型算法，语料库的建设和深度学习的方法成为研究的关键课题。

得益于深度学习和人工神经网络的发展，目前自然语言处理某些领域的技术取得一系列突破性进展。语音识别技术成为最早落地的人工智能技术，百度将 DeepCNN 应用于语音识别研究，使用了 VGGNet 以及包含了 Residual 连接的深层 CNN 结构，并将 LSTM 和 CTC 的端对端语音识别技术相结合。科大讯飞推出深度全序列卷积神经网络语音识别框架，使用大量的卷积层直接对整句语音信号建模，其表现比学术界和工业界最好的 RNN 语音系统识别率提升 15% 以上。机器翻译的准确性也借助神经网络得到大幅提升，谷歌的神经机器翻译系统能够实现迄今为止机器翻译质量最大的提升，使之达到了与人工翻译不相上下的准确度。中文信息处理基础技术如词性标注、句法分析、词义学习、情感分析也取得较大突破。

技术突破带来了产业的升级与创新，自然语言处理越来越走向实用化。精准的用户意图和内容匹配，以及多交互方式的信息检索正逐步改善用户体验。手机语音翻译，除同声翻译和专业领域翻译功能以外，已进入商用阶段。基于自然语言的对话，包括人机聊天、问答系统等技术，在单轮精度和多轮建模上已逐步突破，并应用至智能家居、智能客服、语音助手等领域。自然语言生成的各项任务，如自动作诗、作文、写新闻稿件等正取得进展。自然语言技术与其他 AI 技术的融合，如感知智能与智能终端，也在教育、医疗、银行、法律、投融资、无人驾驶等垂直领域发挥重要作用。

广东省以腾讯、华为、中兴等企业为代表，在自然语言处理领域的研究应用较为活跃。广东省自然语言处理发明授权专利数量从 2015 年起进入高速增长阶段，这与这一领域的技术发展趋势相一致，见图 3-20。

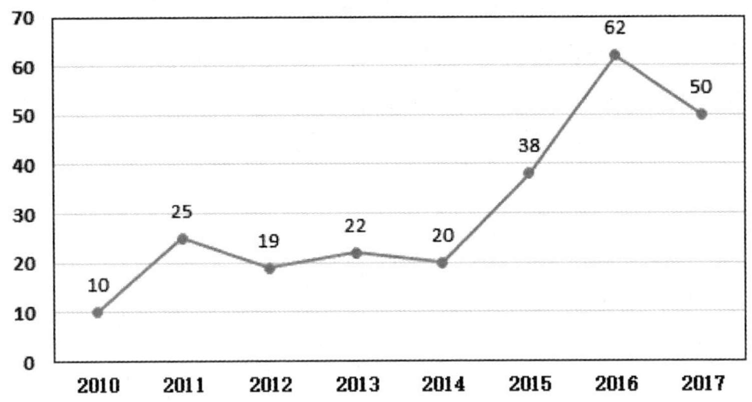

图 3-20 广东省自然语言处理发明授权专利年度统计

数据来源：广东省知识产权公共信息综合服务平台公开数据检索及整理（检索关键词：自然语言处理、自然语言理解、智能语音等）。

从全省各地市自然语言处理发明授权专利数量来看，专利主要集中在珠三角地区。其中，又以深圳授权专利数量最多，占比 63%，占据绝对优势；广州占比 16%，位居第二；其余各地市共占比 21%，见图 3-21。

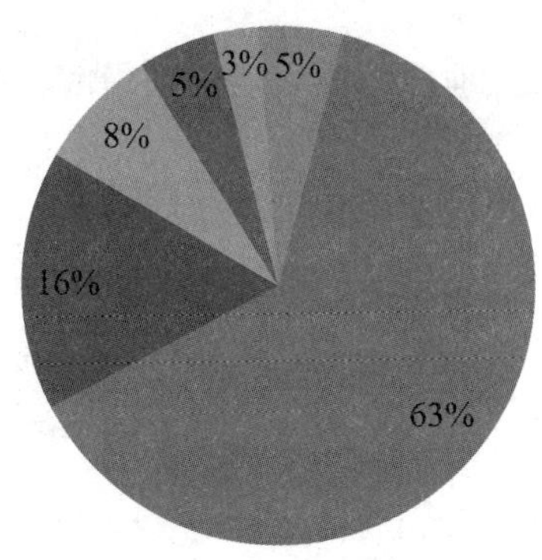

图 3-21 广东省各地市自然语言处理发明授权专利统计

数据来源：广东省知识产权公共信息综合服务平台公开数据检索及整理（检索关键词：自然语言处理、自然语言理解、智能语音等）。

在全省自然语言处理发明授权专利数量前十单位中，以深圳的单位居多，包括腾讯、华为、深圳先进技术研究院、中兴等研发应用企业；广州则主要是以华南理工和中山大学为代表的科研院所为主，见图 3-22。

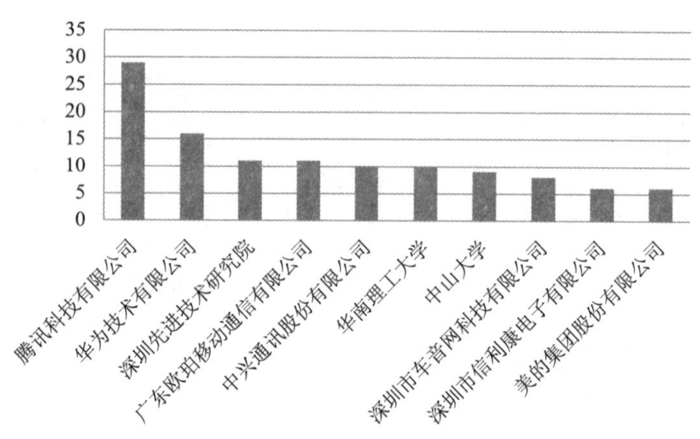

图 3–22　广东省各地市自然语言发明授权专利单位前十

数据来源：广东省知识产权公共信息综合服务平台公开数据检索及整理（检索关键词：自然语言处理、自然语言理解、智能语音等）。

下面对我省自然语言处理技术的自然语言理解和智能语音技术两个子领域进行分析。

（1）自然语言理解

概述：自然语言理解是使用计算机来处理、理解以及运用人类语言（如中、英文）的技术。人类自然语言的表述通常有语音和文字两种形式，自然语言理解主要从文本的角度理解自然语言，涉及与语言处理相关的数据挖掘、机器学习、知识获取、知识工程等领域和与语言计算相关的语言学等领域。自然语言理解的技术可分为基础技术、共性技术和应用技术三层。基础层技术主要包括词法分析、句法分析、语义分析、语用语境与篇章分析等技术。共性层技术包括文本分类与聚类、信息抽取与文本挖掘、自动文摘、话题检测与跟踪、情感分析、语料库与词汇知识库等技术。自然语言理解的应用技术覆盖范围非常广泛，包括机器翻译、手写体和印刷体字符识别、信息检索、阅读理解、问答与对话系统、社会计算等技术。机器翻译、语义理解、问答和对话技术是近期的研究热点，深度学习技术的兴起使这些技术正在逐步取得突破，这些技术的广泛应用将使人与计算机之间、人与各种智能硬件之间以及人与人之间的沟通和交互方式发生巨大改变。

技术发展现状：目前，在自然语言理解的研究和应用中，广东省相关研究机构和企业在国内取得较为突出的成果。哈尔滨工业大学（深圳）智能计算研究中心在自然语言处理方向具有深厚的研究基础，团队负责人王晓龙老师是语句级智能拼音输入技术创始人，智能输入技术先后授权美国微软公司、日本佳能公司和日本富士通公司，被应用在其开发的主流产品中。目前，团队主要研究方向有面向网络知识服务的中文动态语义分析关键技术研究、面向真实环境的异构信息交互式问答理论与方法研究以及知识关联与推理类问题求解关键技术研究等方面。华为 Noah's Ark 实验室在自然语言处理的多个前沿领域，包括自然语言处理中的深度学习、知识图谱、自然语言对话等方面有深入的研究，已有多项相关理论成果在人工智能与计算语言学领域的顶级会议与期刊上发表，具有较大的学术影响力。中山大学大数据与计算智能研究所，在文本数据挖掘、文本的深度语义理解方面也具有较强的科研实力。

基于对自然语言理解和认知智能技术日益迫切和广泛的需求，科大讯飞于 2014 年 8 月启动“讯飞超脑”项目计划，向自然语言理解和认知智能领域展开探索和攻关。同年，科大讯飞与哈尔滨工业大学联合创建“哈尔滨工业大学·讯飞语言认知计算联合实验室”。近年来，该联合实验室在语言认知计算领域取得了骄人的成绩，开展了类人答题、自动阅卷、语音情报分析、社会舆情计算等前瞻性课题研究，重点突破深层语义理解、逻辑推理决策、自主学习进化等认知智能关键技术。该联合实验室在 2017 年 8 月斯坦福大学发起的 SQuAD 全球顶级机器阅读理解考试挑战赛中位居第一，这也是中国本土研究机构首次荣登该赛事的榜首，其提交的“基于交互式层叠注意力模型”取得了精确匹配 77.845% 和模糊匹配 85.297% 的成绩。此前，哈工大讯飞联合实验室曾先后在 Google DeepMind 阅读理解公开数据测试集、Facebook 阅读理解公开数据测试集取得世界最好成绩，本次在 SQuAD 测试集再获全球最佳，包揽了机器阅读理解权威测试集的“大满贯”。在开放服务方面，科大讯飞与哈工大共同推出“哈工大 - 讯飞语言云”，提供中文分词、词性标注、命名实体识别、依存句法分析、语义角色标注等丰富、高效、精准的自然语言处理技术云服务，有效支持包括中小企业在内的自然语言处理的商业应用需要。

与国际水平比较及评价：自然语言处理是典型的认知智能技术，语言的理解是众多智能技术的基础，在国际研究机构和企业中都得到高度重视。主要的研究机构有斯坦福大学、卡内基梅隆大学以及 Google、Facebook、微软研究院等国际巨头。在中文信息处理方面，中科院计算所自然语言处理研究组与哈尔滨工业大学社会计算与信息检索研究中心是国内外最具影响的研究机构。广东省通过共建联合实验室，在包括汉语词语切分、句法分析、语义分析和篇章分析等然语言处理基础技术，以及基于知识库的问答系统、知识推理、社区问答等方面具有较强的研究实力。

（2）智能语音技术

概述：智能语音技术是人工智能技术的一个重要分支，研究如何利用机器实现人类自然语言的“听”和“说”能力。智能语音技术经过几十年的发展和积累，经历了模板匹配、统计学习和深度学习阶段。在模板匹配和统计学习阶段，主要是根据发音机理和听感特性，设计语音特征提取和归一化方法，根据特征距离或分布概率计算语音的帧级匹配度，结合动态规划算法搜索最优序列。在深度学习阶段，特征提取和帧级匹配度计算统一用深度神经网路 (DNN) 建模，极大地提高了建模精确度。目前，智能语音技术已经形成了相对完备的技术体系，主要包含语音降噪与增强技术、高性能低功耗语音唤醒技术、高精度语音识别技术、高自然度和个性化情感语音合成技术以及口语理解、对话管理和生成技术。智能语音技术是语音产业应用的基础，随着深度学习技术的演进和大数据积累，性能指标会持续提升。目前，端到端的深度学习算法在语音识别、语音合成、机器翻译和对话系统方面都取得了突破性进展，未来主要的技术挑战来自于小样本的机器学习或自适应方法、结合多种语境信息的语用计算以及知识图谱和深度学习的融合等方向。

技术发展现状：许多国内外知名研究机构，如微软、讯飞、Google、IBM都积极开展对智能语音技术的研究。其中，科大讯飞在语音技术核心研究方面的突出成绩引起了社会各界的广泛关注，作为中国最大的智能语音技术提供商，科大讯飞在智能语音技术领域有着长期的研究积累，并在中文语音合成、语音识别、口语评测等多项技术上拥有国际领先的成果。同时，讯飞开放平台作为全球首个以语音为核心的智能交互技术平台，为开发者提供开放的语音识别、语音合成、语义理解、语音唤醒、离线语音合成、离线命令词、声纹识别、人脸识别、声纹识别、语音评测等技术，打造一站式智能人机交互解决方案。

随着深度学习技术的兴起以及移动互联网的大数据积累，语音在降噪、识别、理解、合成等技术方面都取得了突破性进展，进入了产业化阶段。与此同时，物联网智能终端的高速发展，也为智能语音技术提供了一个广阔的产业应用舞台。智能语音产业应用基本上都是从语音控制、语音识别和语音交互作为切入点建立起来的，根据不同的定位和形态分为四大类，分别是APP类纯语音应用，如Apple Siri和Microsoft Cortana等，在手机、平板或PC上以软件方式解决操作和聊天等问题，内置各种搜索、问答和对话服务；软硬一体的语音交互应用，如智能音箱Amazon Echo、智能电视、智能语音空调等，语音成为主要交互手段，实现控制和相关内容服务获取；垂直领域的语音转写应用，如医疗语音病例录入、法律语音转写、语音客服数据分析等，将语音数据进行实时或离线转录，后期做结构化分析；基于语音识别的口语评测等应用，对用户口语语音进行发音、流利度、韵律等评估，并检测口语发音、语法等错误，帮助用户提升口语水平。

目前，智能语音的产业应用还普遍面临着用户普及率、认可度和活跃度不够高等问题。基础技术需要继续改进和完善，特别是复杂应用场景、噪声、口音和专业领域的语音识别稳定性和适应性，是扩大实用范围的关键。同时，开发者对语音相关引擎的优势、局限理解不清晰，用户对语音交互的认知还缺乏统一规范，这也需要研制高集成度的智能语音交互方案以实现快速落地。

与国际水平比较及评价：语音识别领域具有较高的行业技术壁垒，在全球范围内，只有少数的企业具有竞争实力。目前，Nuance、苹果、三星、微软、谷歌、科大讯飞、云知声、百度、阿里、凌声芯、思必驰等知名企业均重点攻克语音识别技术，推出大量相关产品。其中，科大讯飞在智能语音技术方面具有世界领先地位。

深度学习和大数据技术极大地加速了智能语音交互技术实用化进展，但在当前阶段，相关技术仍需要持续突破以提高在真实应用场景、噪声和口音情况下语音交互的可靠性、鲁棒性和适应性，并与内容服务深度结合，形成软硬一体的交互解决方案，才能更好地实现规模化产业应用。

3.2.4 数据标签与标注创新发展评价

信息数据是人工智能创造价值的关键要素之一，随着算法、算力技术水平的提升，围绕数据的采集、分析、处理产生了众多相关企业。目前，在人工智能数据采集、分析、处理方面的企业主要有两种：一种是数据集提供商，以提供数据为自身主要业务，为需求方提供机器学习等技术所需要的不同领域的数据集；另一种是数据采集、分析、处理综合性厂商，自身拥有获取数据的途径，并对采集到的数据进行分析处理，最终将处理后的结果提供给需求方进行使用。

随着互联网的发展和大数据时代的到来，每天都在产生大量的文字、图片、语音和视频数据。这些媒体中蕴含着大量的有效信息，但是由于它们的数据过于庞大，我们只能依赖于高速的计算设备对它们进行有效处理，为后续深度学习提供直接有效的数据。因此，如何快速有效的挖掘其中有价值的数据已成为人工智能机器学习领域亟须解决的问题。现阶段可按照数据补全、数据标注、数据埋解和数据检索四个步骤来解决这个问题。

（1）数据补全

概述：数据本身就是信息的载体，我们要挖掘有价值的信息，自然要收集足够的数据。大数据时代，人们越发认识到数据的重要性，尤其是人类活动而产生的数据，谁掌握了这部分数据，谁就更能了解人类的行为规律。但是，实际中，我们收集到的数据很可能是不完整的。原因有很多，有些是因为受到了收集策略和可使用资源的限制，有些是由于数据收集过程中产生的错误造成的，还有些就是客观上数据本身就是不完整的。一个典型的例子就是推荐系统，比如NetFlix中包含了大量用户对各个电影的评分结果，但是在所有的用户－电影配对组合中，这只占据很小的一部分。因此，如何对缺失数据进行有效恢复已成为一个需要解决的重要问题。这一方面可使数据更完整，便于后续进一步的分析研究；另一方面，这本身也是对数据信息进行挖掘的一种方式。

技术发展现状：目前，广东省大数据智能的研究基于区域经济优势，拥有海量数据资源，正逐步形成较为深厚的技术沉淀。其中，中山大学、华南理工大学等高校研究机构在数据挖掘研究中具有较为广泛的影响力。随着移动互联网和终端智能化的发展有利于大数据的获取与处理，省内中大型互联网企业是数据挖掘应用的领跑者，其中包括腾讯、科大讯飞等。腾讯推出的首款人工智能＋医学影像产品“腾讯觅影”在计算机视觉和模式识别实际应用中的图像恢复、科大讯飞在语音数据保真等方面都对数据缺失问题采取了相关的数据补全技术。

与国际水平比较及评价：我省人工智能数据补全技术研究和产业规模尚处于起步阶段，与国际领先水平相比还是存在较大差距。美国作为全球信息技术产业的领头羊，其信息技术产业在大数据领域各个环节已有深厚技术积淀，众多数据挖掘及应用企业正在崛起。其中，以大数据智能搜索为基础的Google、以社交大数据为基础的Facebook、以金融大数据为基础的Amazon等跨国互联网公司，通过海量数据积累和多年技术沉淀，引领整个大数据智能处理理论及应用技术的发展方向。

（2）数据标注

概述：机器学习算法从对数据标注的需求来说，主要分为三类：有监督学习、无监督学习和半监督学习。目前来看，监督学习在大量实际应用中还占据着主导地位，往往能取得更好的效果。因此，高效的数据标注是一个非常重要的研究和应用课题。一方面可以努力设计快速、科学的标注策略；另一方面，由于财力物力的限制，我们不可能对所有的数据一一进行标注，可以考虑选择一个相对比较小的数据子集来标注，想办法让这一部分标注的数据发挥出最大的作用。常见的图像数据标注类型有分类标注、标框标注、区域标注和描点标注。分类标注就是我们常见的打标签，一般是从既定的标签中选择数据对应的标签，是封闭集合，如脸龄识别、情绪识别、性别识别等。标框标注就是框选要检测的对象，如人脸识别、物品识别等。区域标注相比较标框标注要求更加精确，区域边缘可以是柔性的，如自动驾驶中的道路识别。一些对于特征要求细致的应用中常常需要描点标注，如人脸识别、骨骼识别等。

技术发展现状：目前，广东省人工智能数据标注理论研究主要集中在中山大学、华南理工大学等少数高校研究机构。随着数据标注技术在人工智能数据应用越发重要，面向行业应用的人工智能数据标注技术应用公司正在兴起。其中，行业巨头包括腾讯、科大讯飞等都已经在各自领域大量运用数据标注技术，确保其行业领先地位。更多的中小型数据标注公司也在这一领域崭露头角，面向行业应用领域提供专业化的数据服务和数据解决方案，但总体仍处于起步阶段，多而不强。

与国际水平比较及评价：我省人工智能数据标注理论研究和技术应用尚处于起步阶段，与国际领先水平相比还存在较大差距。从目前来看，数据标准仍以企业为主，但未来会越来越向用户导向转变，平民化才是大数据的最终发展方向。数据的利用水平决定了未来人工智能的发展水平，美国作为全球信息技术产业的领头羊，数据标注理论研究与技术应用已有深厚积淀和产业布局，OpenAI 和斯坦福机器人实验室等在数据标注理论研究处于世界前沿。Google、Facebook 等跨国互联网公司通过海量数据积累和多年技术沉淀，在数据标注研究及应用领域处于世界前列。

（3）数据理解

概述：现实中，数据最直接的表现形式在语义上都是非常低级别的。比如文本数据，就是一个个字排列起来；比如图像数据，就是简单的一个个像素点组合到一起。我们需要对这些信息进行一步步的抽象，最终真正理解这些数据，获取到其中的信息。传统上，人们根据领域的知识，针对不同的问题设计出大量的有效特征，比如针对文本的 TF-IDF 特征，针对图像的 SIFT、GIST、HOG 特征，针对语音的 MFCC 特征等。这些特征比原始数据的表现形式更加抽象并显著提高了计算机算法对文本、图像、语音的理解。近些年，随着深度学习（DeepLearning）算法的飞速发展，人们开始改变手工设计特征的传统耗时耗力的思路，提出了一种从数据中自动学习与任务相关特征的新思路。深度学习能够学习得到那些真正对最终任务有用的特征，且在语音、图像等领域显著超过传统算法，在文本分析领域化达到传统算法的最好水平。

技术发展现状：目前，广东省人工智能数据理解理论研究主要集中在中山大学等高校研究机构。随着数据理解技术在人工智能数据应用越发重要，面向行业应用的人工智能数据理解技术应用公司正在兴起，其中腾讯首推的“腾讯觅影”运用计算机视觉和深度学习技术对各类医学影像（内窥镜、病理、钼靶、超声、CT、MRI 等）进行数据理解和学习训练，在早期食管癌、早期肺癌、糖尿病性视网膜病变筛查识别准确率达到了 90% 以上，处于行业领先水平，能够有效辅助医生完成诊断和筛查早期重大疾病等任务。科大讯飞在语音数据理解和学习方面也处于行业领先水平，语音数据理解成功率能够达到 90% 以上。

与国际水平比较及评价：我省人工智能数据理解理论研究和技术应用处于快速发展阶段，个别领域领跑世界，但总体水平与国际领先水平尚存在一定差距，数据理解仍以行业应用为主。美国大数据技术产业的数据理解研究与技术应用已有深厚积淀和产业布局，如 Google、Amazon、IBM、Microsoft 等企业，很早就已经意识到大数据对企业长远发展的重要意义，推出了多种有关数据理解应用平台，如 Spark 平台和 Oracle 大数据机等，为企业的产品规划、决策及战略发展提供了重要的数据支撑，在数据理解领域处于世界前列。

3.2.5 深度学习创新发展评价

1. 基础理论

机器学习是人工智能重要课题之一，按照学习机制的不同，主要有归纳学习、分析学习、连接机制学习和遗传学习等。知识处理系统主要由知识库和推理机组成。知识库存储系统所需要的知识，当知识量较大而又有多种表示方法时，知识的合理组织与管理是非常重要的。推理机在问题求解时，规定使用知识的基本方法和策略，推理过程中为记录结果或通信需设数据库或采用黑板机制。如果在知识库中存储的是某一领域（如医疗诊断）的专家知识，则这样的知识系统称为专家系统。为适应复杂问题的求解需要，单一的专家系统正向多主体的分布式人工智能系统发展，这时知识共享、主体间的协作、矛盾的出现和处理将是研究的关键问题。人工智能基础算法主要涵盖人工神经网络、遗传算法等，还包括各个领域需要的算法，人工智能算法的发展需要长时间的积累。

我省在基础理论及算法方面有较强的研究基础，基本上以广深两地的重点高校为主，预计这样的情况将维持在较长的一段时间内，我省的人工智能发展也将主要依托两地的贡献。广东省基础理论及算法领域发表的核心论文数量排名前 10 的单位和地市统计情况，见图 3-23。

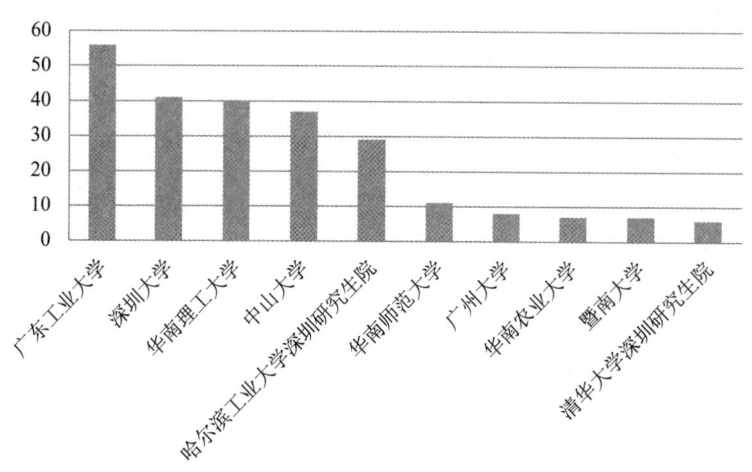

（a）基础理论及算法领域论文发表单位前十

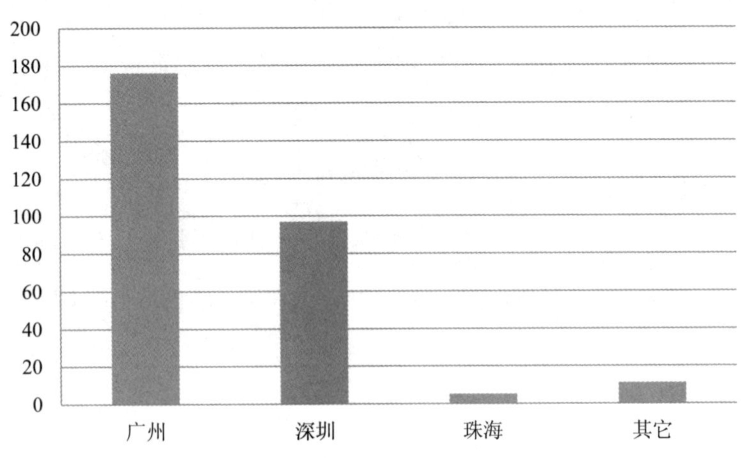

（b）基础理论及算法领域论文发表地区

图 3–23　广东省基础理论及算法领域发表论文分布情况

数据来源：Scimago Journal & Country Rank 网站人工智能领域论文检索及整理。

广东省人工智能基础理论及算法专利授权从 2015 年开始迅速增长，经过近两年的发展，2017 年专利授权量为 2015 年的近 3 倍，见图 3-24。

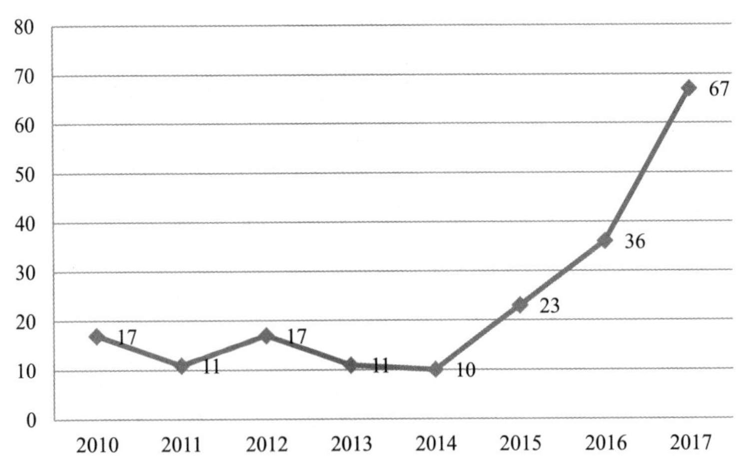

图 3–24　广东省基础理论及算法专利授权年度统计

数据来源：广东省知识产权公共信息综合服务平台公开数据检索及整理（检索关键词：大数据理论、跨媒体感知、混合增强、群体智能、自主协同、类脑计算、量子计算等）。

从全省人工智能基础理论及算法专利授权数量来看，深圳、广州两地占全省基础理论及算法专利授权总量的91%，遥遥领先其他地市，其中深圳占58%，广州占33%，见图3-25。

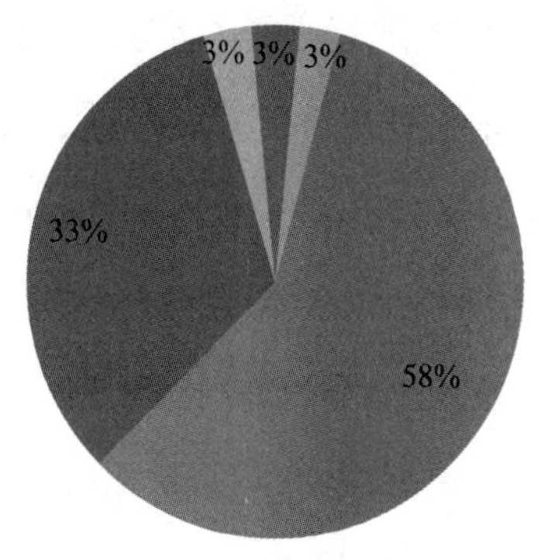

图3–25　广东省各地市基础理论及算法专利授权统计

数据来源：广东省知识产权公共信息综合服务平台公开数据检索及整理（检索关键词：大数据理论、跨媒体感知、混合增强、群体智能、自主协同、类脑计算、量子计算等）。

全省人工智能基础理论及算法专利授权单位前十中以广州、深圳两地单位居多。其中，广州主要以华南理工大学等高校为主，人工智能基础理论及算法理论研究优势明显；深圳主要以中兴、华为、腾讯等相关研发企业为主，在人工智能基础理论及算法研究应用方面占有明显优势，见图3-26。

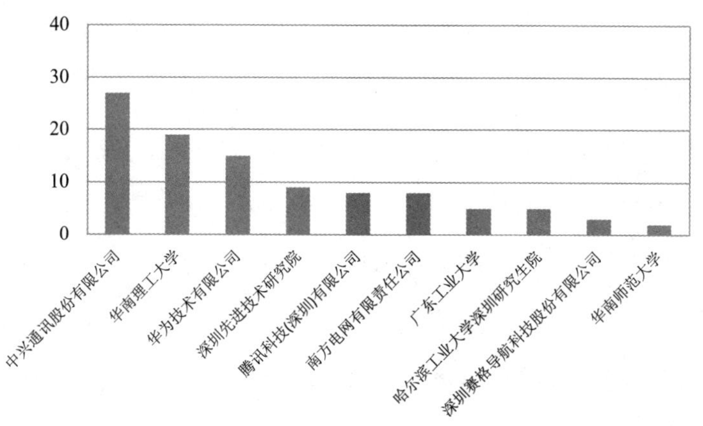

图3–26　广东省基础理论及算法专利授权单位前十

数据来源：广东省知识产权公共信息综合服务平台公开数据检索及整理（检索关键词：大数据理论、跨媒体感知、混合增强、群体智能、自主协同、类脑计算、量子计算等）。

（1）大数据智能理论

概述：大数据智能理论主要研究数据驱动与知识引导相结合的人工智能新方法。大数据智能的核心是数据＋智能模型，基于海量数据，以人工智能手段对其进行深入分析，探析其隐含模式和规律的智能形态，实现从大数据到知识、进而决策的理论方法和支撑技术，建立可解释通用的人工智能模型。大数据智能理论技术具有广泛的应用，如在医疗方面的生理数据分析、医学图像分析和基因检测等；在教育方面的学生个性化服务、知识迁移和交叉等；在工业方面的产品智能化设计、智能化投放等。

技术发展现状：目前，广东省大数据智能理论的研究基于区域经济优势，拥有海量数据资源，逐步形成较为深厚的技术沉淀。其中，中山大学、华南理工大学、哈工大深研院等高校研究机构在大数据智能理论研究中具有较为广泛的影响力。中山大学大数据与计算智能研究所在网络计算与云计算、大规模数据库与数据挖掘等研究中形成一定的国际影响力；华南理工大学大数据与高性能计算团队在大数据与高性能计算、信息检索与大数据处理、高性能计算和云计算等方向开展研究；哈工大深圳智能计算研究中心以自然语言处理和机器学习技术为核心，开展基于海量信息的类人智能技术、健康医疗大数据挖掘技术、生物信息学等领域的研究。

企业自有数据是大数据应用的主流数据源，数据流通及共享将带来数据价值升级。大数据基础设施建设、视频分析技术、智能算法、垂直领域商业智能正成为广东省人工智能产业技术链上的机会和挑战。省内中大型互联网企业是大数据智能应用的领跑者，包括腾讯、华为、华大基因等。腾讯大数据基于腾讯云推出了腾讯移动分析、TDBank、Angel 等大数据智能分析技术；华为推出云化、融合、智能、开放的 FusionInsight 运营商大数据智能分析解决方案；华大基因建立生物技术与信息技术的大数据模式，实现基因组大数据的处理、存储和共享。

与国际水平比较及评价：依托人口的数据红利，我省大数据基础研究和产业规模处于超高速发展阶段，但与国际领先水平还存在一定的差距。美国在大数据领域已有深厚技术积累，推动着信息技术企业向大数据智能企业的快速转型。其中，以 Google、Facebook、Amazon 等为代表的跨国互联网公司，通过海量数据积累和多年技术沉淀引领着整个大数据智能理论发展方向。

（2）跨媒体感知计算理论

概述：跨媒体感知计算理论是通过多种感知通道把外部世界转换为内部模型，从而实现智能感知和认知。跨媒体感知计算理论是新一代人工智能的重要组成部分，是对客观物理世界和虚拟理念世界的有效表达。通过视、听、语言等感知来分析挖掘跨媒体知识以补充和拓展传统知识体系，建立跨媒体知识图谱，构建跨媒体知识表征、分析、挖掘、推理、演化和利用的分析推理系统，为跨媒体公共技术和服务平台的建设提供技术支撑。

技术发展现状："平安中国"建设推动了广东省跨媒体感知的需求，并积累了大量跨媒体数据。现阶段，广东省内的高校与企业在单一媒体感知计算理论的研究中有较为深入的积累，但在跨媒体感知计算理论方面仍处于起步阶段。复杂真实环境下的跨媒体感知、建模、融合和交互是现阶段跨媒体智能的研究重点。

省内相关科研机构主要包括中山大学、华南理工大学、北大深研院、中科院深先院等。其中，中山大学无人系统研究所开展面向无人驾驶的多源感知数据的模型表达与语义理解研究；华南理工大学人体数据科学实验室开展的基于软硬件协同的跨媒体感知研究，实现了网络敏感对媒体识别与对比；深圳大学未来媒体与计算研究所开展的多媒体内容的智能分析的研究，实现了基于异构媒体的相同语义表达、提取、关联及推理；中科院深先院的多媒体集成技术研究中心开展的跨年龄、跨模态的人像识别研究，原型系统已在广州地铁开展动态测试。

智慧城市是跨媒体智能的典型综合应用，研究城市全维度的智能感知推理引擎，解决城市发展过程中存在的感知碎片化、信息孤岛化等问题。跨媒体智能技术推进广东省企业智能制造转型，为经济增长注入新活力。其中，AI Lab 犀牛鸟科研基金开展基于跨媒体舆情感知的智能推荐技术的相关研究工作；腾讯开放平台基于互联网多源数据的情感分析加情感维度提取技术，推出 WeTest 智能舆情分析监控；华为基于物联网以及终端的联接跨媒体数据，为智慧城市建设提供整体解决方案架构。

与国际水平比较及评价：我省单一媒体感知计算理论的研究与国际水平相当，跨媒体感知计算理论方面处于初期，具体研究和应用落后于国际先进水平。国外互联网企业积累大量跨媒体数据，为理论研究提供了基础。其中，Google 已索引 Web 网页规模达到 1 万亿，图像数据超过几十亿张；Flickr 积累有 40 亿张图像，包括数亿条涵盖千万余种概念的图像词条；YouTube 收集有数亿个视频与用户交互数据。

（3）混合增强智能理论

概述：人类智能（脑）和机器智能（人工智能）从不同的起点研究智能问题，机器在搜索、计算、存储、优化等方面具有人类无法比拟的优势，然而在感知、推理、归纳和学习等方面尚无法与人类智能相匹敌。鉴于机器智能与人类智能的互补性，就需要将人的认知模型引入到人工智能系统中，形成混合增强智能形态。

混合增强智能是以生物智能和机器智能的深度融合为目标，通过相互连接通道，建立兼具生物智能的环境感知、记忆、推理、学习能力和机器智能体的信息整合、搜索、计算能力的新型智能系统。人机相互补偿和增强的智能协同系统是未来人工智能的重要发展趋势之一，在神经康复、神经疾病治疗、生物机器人等方向具有非常广阔的应用前景。

技术发展现状：混合增强智能面临认知增强方法、脑机融合、生物相容性电子器件等瓶颈问题，围绕生物脑（生物智能）与机器脑（人工智能）深度融合并协同工作的新型智能系统已有一定的研究进展。

广东省华南理工大学脑机接口与脑信息处理中心在脑机融合方向实现了微弱脑电信号的提取与分析，建立了脑机接口研发平台及多个脑机接口系统。在产业界，广东省也出现了神念科技等初创公司，专注在脑机接口的应用。作为一个新兴研究方向，混合智能不管是在理论上还是技术上尚有很多方面亟待进一步研究与探索。

与国际水平比较及评价：目前，国内外混合增强智能理论均处于研究初始阶段。国外的代表性机构主要有微软 Microsoft Research AI 的自适应系统和交互组（Adaptive Systems and Interaction Group），其最近研究进展包括实现利用人类的输入调试机器学习，利用人类的知识补充 AI 系统，使得系统在其训练、执行以及测试的整个生命周期中都能够从人类的输入中获益。广东省有华为、腾讯、百度等人工智能巨头在其周边集聚了大量创新型的中小企业，人工智能生态初步构成，具有较强的集聚能力和带动力，在脑机接口研究方面有一定基础。

（4）群体智能理论

概述：群体智能是指通过特定的组织结构和大数据驱动的人工智能系统来吸引、汇聚和管理大规模参与者，以竞争和合作等多种自主协同方式来共同应对挑战性任务，特别是开放环境下的复杂系统决策任务时，涌现出来的超越个体智力的智能。在群体智能的基础理论部分，包括群体智能的结构理论与组织方法、群体智能激励机制与涌现机理、群体智能学习理论与方法、群体智能通用计算范式与模型，以解决群智组织的有效性、群智涌现的不确定性、群智汇聚的质量保障、群智交互的可计算性等科学问题。群体智能的广泛应用和普及势必将改变传统的创新性劳动力供给方式，进一步把人们从烦琐的单调劳动中解脱出来，给予劳动者更多的自由和空间。

技术发展现状：群体智能受到广泛的关注，已经成为人工智能以及社会、生物等领域的热点。目前，在群体智能领域的研究和应用中，广东省相关研发机构及企业在国内取得较为了突出的成果。华南理工大学计算智能团队致力于群体智能的研究，包括粒子群优化、蚁群优化等计算方法，产生了包括多种群协同进化的多目标 PSO、并行粒子群优化算法等研究成果，并将其应用在大数据环境下的大规模、动态、多模态优化及智能城市规划、智慧教育等领域。腾讯推出的“腾讯叮当”人工智能助手是群体智能理论的重要应用，通过人机交互提供快速精准的互动反馈。

与国际水平比较及评价：在群体智能算法方面，广东省的研究成果收到国际同行的正面评价和推广，但在实际应用中尚未释放出丰富而强大的群体智能优势，与国际先进的群体智能相比仍有明显差距，如 UnanimousA.I. 的 UNU 平台、Amazon 的 Mechanical Turk、Google 的 Analytics 平台等。

（5）自主协同控制与优化决策理论

概述：自主协同控制与优化决策理论重点在于自主无人系统计算架构、复杂动态场景感知与理解、实时精准定位、自动识别分类、面向复杂环境的适应性智能导航等共性技术。自主协同控制系统实现形式主要是自动拣货机、服务机器人、无人机、无人车、无人轨道公共交通和无人农场等自主协同系统。自主协同控制系统的研发意义重大，实现流程自动化，一来节省琐碎的操作时间，提高工作效率，以及大量减少工作人员的精力与体力消耗甚至保证安全；二来自动化的规划在计算能力和信息接受量上远超人类，经过优化的方案在能源节省上也很有意义。自主无人系统的智能化水平提高将更能够体现人类特征，更接近人类水平，因而可以大力推进科技与经济的快速发展、进一步提高人类的生活质量。在未来 10 到 20 年，自主无人系统产业将成为世界经济进步的新引擎，引领智能产业与智能经济的发展。

技术发展现状：无人协同系统在商业上的重大应用主要在物流和制造工厂领域得以实现。目前，国内阿里菜鸟、京东、顺丰等快递已经大规模应用了拣货机器人，富士康等制造业机器化也在迅速布局。在世界各地的各个领域无人工厂也正在迅速替代大量劳动力。在实现流程化的运行流程中无人协同系统发展迅速，在流程简单特殊情况少的工作中使用较为普及，但在无人车和有大量识别任务的工作中由于算法比较复杂，相关无人协同系统技术尚处于研发阶段，还未能实现大量应用。

在无人汽车以及无人交通方面，深圳巴士集团与清华大学、华为等正在研究无人车，并将很快上线无人公交；小马智行在广州南沙设立自动驾驶研究中心，全力打造无人驾驶产业生态圈；南方科技大学在深圳建立无人驾驶联合示范基地；深圳车载视觉感知技术商 MINIEYE 实现了与国际巨头 Mobileye 的技术对标，推出符合中国路况的 ADAS 后装产品。

大疆的民用无人机也在近两年进入普通群众手中，其中热销的无人机型均实现了人脸识别、手势识别、场景扫描以及智能躲避等人工智能的功能。在无人机的商业应用方面，顺丰抢先京东获得国内首个无人机物流合法飞行权，物流无人机示范运行区的空域范围已经覆盖了部分乡镇，其自身也投入大量精力进行无人机的研发，正在进一步扩展无人机的物流能力，方便偏远地区的物流传送。

与国际水平比较及评价：广东省在自主协同控制与优化决策理论的无人机领域处于世界领跑水平。省内多家高校及企业等研究机构在复杂动态场景感知与理解、实时精准定位、面向复杂环境的适应性智能导航等共性技术都在迅速进步，为在软件算法领域赶超欧美提供了良好的基础，但总体与国际先进水平存在不小差距。

（6）高级机器学习理论

概述：高级机器学习理论是机器学习现实应用的理论基础，指引模型与算法的设计，给出应用适用范围的边界条件。高级机器学习理论主要研究统计学习基础理论、不确定性推理与决策、分布式学习与交互、小样本学习、深度强化学习、无监督学习、半监督学习、主动学习等学习理论和高效模型。没有高级机器学习理论支撑的应用存在效果的不确定性，将给实际应用带来风险，因此，高级机器学习理论是机器学习必不可少的重要基石。

技术发展现状：机器学习是以应用为导向的学科，高级机器学习理论的问题主要在于理论与实际应用存在一定的脱节，有的应用算法是经验性设计缺乏理论指导，有的应用则适用边界尚未明确。高级机器学习理论的研究成果是以论文作为重要体现，广东省在高级机器学习理论的部分领域有较深入的研究，取得一些国际顶级水平的成果，但成果数量不够多，研究领域也不够广泛。具体来说，广东省主要在高级机器学习理论中的统计学习基础理论、知识推理、无监督学习和深度强化学习等方面有较好的研究基础。

华南理工大学电子与信息学院在算法稳定性、复杂性和推广性等统计学习基础理论有深入的研究，在机器学习与人工智能领域的顶级会议与期刊上已发表多项相关理论成果，拥有较大的学术影响力。哈工大深研院计算科学与技术学院在知识推理方面有较深入的研究。腾讯人工智能实验室AI Lab呈现了迅速发展的态势，高级机器学习理论相关的研究主要集中在无监督学习的理论，其中，基于深度强化学习的“绝艺”围棋人工智能程序达到国际先进水平。

与国际水平比较及评价：在统计学习基础理论方面，以加州大学伯克利分校为代表的美国多所高校在相关领域顶级会议与期刊上已发表大量高质量论文。广东省在该领域有水平相当的研究成果，但在成果数量和质量上仍存在差距。在深度强化学习方面，谷歌的AlphaGo系列围棋程序是目前国际最领先的人工智能围棋程序，腾讯的“绝艺”是对 AlphaGo 的模仿跟跑，缺乏较强的原创性，也缺乏延展到其他领域的推广应用。在高级机器学习理论的其他研究领域，广东省缺乏突出的研究成果。

（7）类脑智能计算理论

概述：类脑智能指一种受脑启发的人工智能，其研究包括类脑感知、类脑学习、类脑记忆机制与计算融合、类脑复杂系统、类脑控制等理论与方法。类脑智能的优势在于它是一种面向人工神经网络对低功耗、弱监督等学习需求，将生物机制与数学原理融合的新型网络模型和学习方法。受大脑多尺度信息处理机制启发的计算模型及软硬件实现，使机器实现人类具有的多种认知能力并高度协同，逐渐逼近具有学习和进化能力的通用智能。

技术发展现状：类脑智能计算理论需重点突破的内容包括类脑的信息编码、处理、记忆、学习与推理理论；类脑复杂系统及类脑控制等理论与方法；大规模类脑智能计算的新模型和脑启发的认知计算模型。

广东省拥有脑科学和计算机智能的研究基础，同时具备高性能计算、芯片和传感器制造的产业环境，类脑智能方向的研究处于蓄势待发之势。华南理工大学人体数据科学团队基于自研人脑探测技术，围绕推理、注意与记忆机制开展相关研究，提出模拟视皮层感知类脑视觉计算框架，并在行为识别、目标跟踪、图像增强等领域应用。中山大学“脑科学协同创新中心”推动“中国脑计划”大力促进和发展脑科学研究。中科院深先院脑认知与脑疾病研究所开展了脑认知基本规律的研究。深圳市神经精神调控工程重点实验室采用光遗传神经调控技术实现脑功能网络的解析。

类脑智能的基础研究及应用探索，不断提升机器的决策、理解及创造能力，为产业升级提供技术支撑。腾讯 AI Lab 基于强化学习和深度学习等类脑智能方法，推出围棋 AI“绝艺”在 UEC 杯计算机围棋上夺冠。华为发布全球首款神经网络移动计算平台麒麟 970 内置独立神经处理单元（NPU）。中星微“星光智能一号”嵌入式神经处理器，并在视频监控领域实现了产业化。

与国际水平比较及评价：世界各国在类脑智能方向研究均刚刚启动，广东省在这方面的研究也处于蓄势待发之势。目前，广东省多家院校和企业对类脑人工智能有深入研究和应用，达到与国际领先水平同等的地位，为超越目前深度学习的更高效的类脑智能计算理论研究提供了良好的研究基础。但相比于Google Deepmind、Facebook FIRA、Microsoft MSRA等国际领先实验室，我省的类脑研究水平尚有欠缺，缺少开拓性的原创工作和行业领导者。

（8）量子智能计算

概述：量子计算是一种遵循量子力学规律调控量子信息单元进行计算的新型计算模式。传统的数字计算需要将数据编码成二进制位，而量子计算由于量子力学叠加原理，量子信息单元可能存在多种可能性的叠加状态，从而导致量子信息处理从效率和存储容量上相比于经典信息处理具有更大潜力。量子计算可用于量子模拟、量子辅助优化以及量子采样，包含了量子体系结构、量子通信、量子器件以及量子调控等研究方向，在人工智能、金融和医疗保健等亟须计算资源的领域具有商业应用优势。量子智能计算关键在于探索脑认知的量子模式与内在机制，研究高效的量子智能模型和算法、高性能高比特的量子人工智能处理器、可与外界环境交互信息的实时量子人工智能系统等。

技术发展现状：量子智能计算目前仍处在研究发展阶段，在理论上，量子纠缠、超导体运行、扩展性、可编程性等方面存在不小的挑战。在量子计算机样品研制上，需要开发拥有足够高精确度的有效量子位，提供更加稳健的拓扑性质和防错能力。

广东省量子智能计算领域的代表性机构主要有中山大学的量子计算科研团队和华南师范大学的广东省量子调控工程和材料重点实验室。中山大学科研团队主要研究方向为量子计算模型、量子信息以及模糊计算模型，在量子计算理论研究上取得了一系列的成果：证明了精确量子算法对几乎所有布尔函数都有优势、解决了量子自动机等价性等问题。并在量子逻辑、自动机理论、量子计算和基于囚禁离子的量子芯片设计等方面提出新的理论见解。广东省量子调控工程和材料重点实验室主要围绕量子计算和量子基础研究等重大科学问题开展应用研究，研究方向有量子关联功能材料、量子通信和量子网络、量子计算和量子模拟、新能源功能材料和量子理论，开发了基于冷原子的原子计算和原子模拟实验平台、量子通信和量子网络实验平台等多个实验平台。提出原子自旋霍尔效应，发现各向异性的晶格可诱导拓扑量子相变等重要理论。

与国际水平比较及评价：在开展理论创新的同时，各研究单位不断研制量子计算机进行平台试验。加拿大 D-Wave 量子计算公司推出 128 量子位元的量子计算机。IBM 在研制超导集成电路的量子计算方向取得突破，构建了 49 量子比特的量子处理机模型。在国内，中国科学技术大学的量子信息重点实验室研制出非局域量子模拟器，在量子物理研究上发挥重要作用，并于 2017 年构建出单光子量子计算机，在多光子纠缠领域处于国际领先水平。综合考虑广东省内在量子智能计算领域的机构数、专利数、论文数以及样本试验成果等数据，量子智能计算落后于国际先进水平，相比于 Google、IBM 和国内的中科大等大型研究机构，省内相关研究起步较晚，实验基础薄弱。

2. 机器学习方法

近年来，广东省范围的机器学习研究工作已经与国际接轨，高校和企业的研究人员均有大量研究成果发表，同时，在技术应用方面也有许多瞩目的成果，把当前最先进的深度神经网络模型应用于围棋、推荐、身份识别等领域。

广东省机器学习发明授权专利数量从 2015 年起呈现快速增长态势，经过近两年迅速发展，2017 年的专利授权数量更是达到了 2014 年的 4 倍之多，见图 3-27。

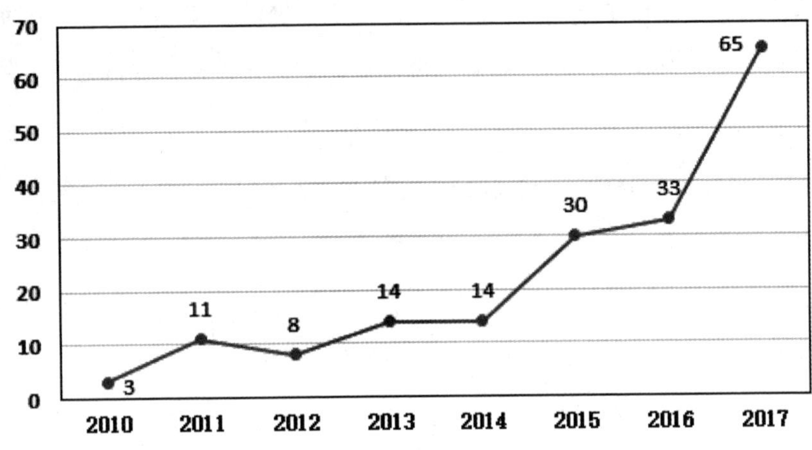

图 3–27 广东省机器学习发明授权专利年度统计

数据来源：广东省知识产权公共信息综合服务平台公开数据检索及整理（检索关键词：机器学习、机器归纳学习、机器分析学习、机器类比学习、遗传算法、人工神经网络、增强学习等）。

从全省机器学习发明授权专利数量地域分布来看，广州及深圳两地占全省机器学习授权专利总量的88%，远远高于其他地市。其中，广州占比58%，深圳占比30%，见图3-28。

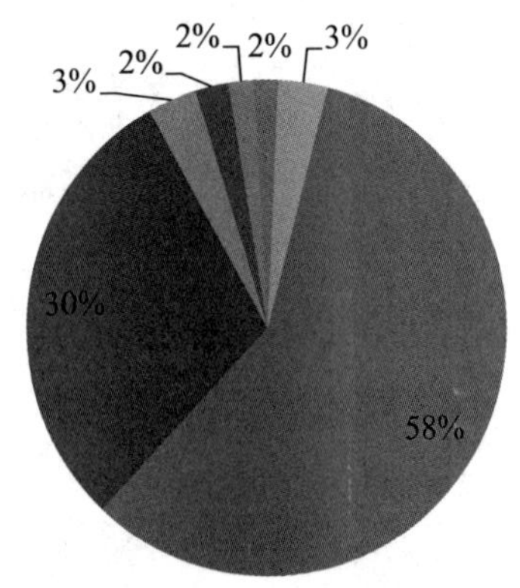

图 3–28 广东省各地市机器学习发明授权专利统计

数据来源：广东省知识产权公共信息综合服务平台公开数据检索及整理（检索关键词：机器学习、机器归纳学习、机器分析学习、机器类比学习、遗传算法、人工神经网络、增强学习等）。

全省机器学习发明授权专利数量前十单位主要以广州、深圳两地单位为主。其中，广州主要以华南理工大学、中山大学等科研院所为主；深圳主要以相关研发应用企业为主，见图 3-29。

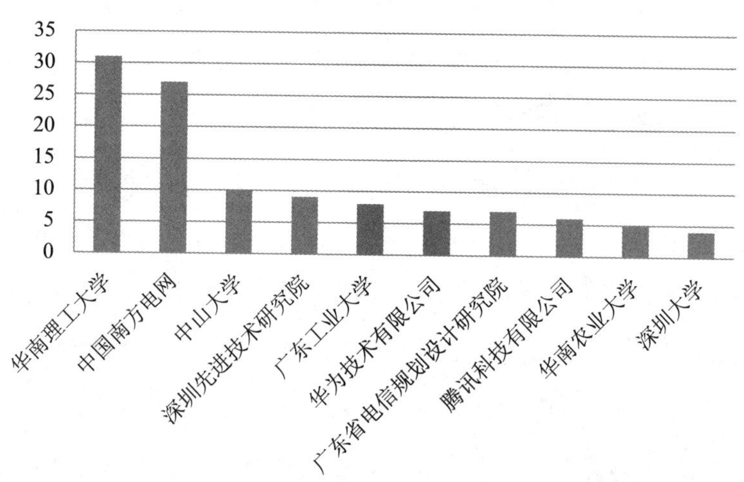

图 3–29　广东省各地市机器学习发明授权专利单位前十

数据来源：广东省知识产权公共信息综合服务平台公开数据检索及整理（检索关键词：机器学习、机器归纳学习、机器分析学习、机器类比学习、遗传算法、人工神经网络、增强学习等）。

以下从经验性归纳学习、分析学习、类比学习、遗传算法、联接学习、增强学习及技术应用平台等领域进行分析。

（1）经验性归纳学习、分析学习与类比学习

概述：经验性归纳学习是根据一些具体的现象形成并归纳出一些规律、学习结果供机器学习使用。该方式在协助获取专家知识方面起到很好的作用，由于专家多年来积累的经验通常是“隐性知识”，甚至只是一种直觉，因此难以表述和提取，但专家经验来源于实践，是对大量实例和现象的归纳。因此，用归纳学习方法来获取专家知识恰到好处，它为解决专家系统的知识获取这个瓶颈问题提供了重要的手段。

分析学习是通过运用相关领域知识对当前的实例进行分析，从而构造解

释并产生相应知识的一种学习方法。分析学习的目标是改善系统的性能，而不是新的概念描述。分析学习包括应用解释学习、演绎学习、多级结构组块以及宏操作学习等技术。

类比学习就是通过类比即通过对相似事物进行比较所进行的一种学习。利用两个不同领域（源域、目标域）中的知识相似性，通过类比从源域的知识推导出目标域的相应知识，从而实现学习。

技术发展现状：上述技术已经被成功地应用到了专家系统上。专家系统是将人类专家的知识和经验以知识库的形式存入计算机并模仿人类专家解决问题的推理方式和思维过程，运用知识库对现实中的问题作出判断和决策。专家系统成功应用的意义不仅在于它减轻了人类专家的重复性脑力劳动、推广和保存专家经验知识，其潜在的巨大经济效益也使人们意识到它的广阔前景。从20世纪60年代中期起步至今，专家系统在广东省得到迅速发展，如今专家系统已经渗透到社会、科技、生活的各个领域，如农业生产、医疗诊断、地质勘探、智能决策、实时监控、教学和军事等，促进了国民经济发展，为社会带来巨大的经济效益。典型应用案例是华南农业大学将专家系统应用到农业生产中，开发出广东省典型生态农业模式优化配置专家系统，极大地促进了农业的发展。

与国际水平比较及评价：在取得巨大进展的同时，我们也应该看到存在的一些问题有待继续完善，主要表现在知识库的管理维护功能有待完善。知识库的维护与管理主要包括知识的一致性、冗余性等检查；在知识推理中为避免推理路径的重复，需加入人的判断和干预来改变推理路径，以弥补机器学习推理机制的不足；同时，也可加快机器学习的过程，提高推理效率；提供自然语言理解等智能接口，使自然语言文本成为专家系统的知识库。

（2）遗传算法

概述：遗传算法是模拟达尔文生物进化论的自然选择和遗传学机理的生

物进化过程的计算模型，是一种通过模拟自然进化过程搜索最优解的方法。遗传算法主要特点是直接对结构对象进行操作，不存在求导和函数连续性的限定；具有内在的并行性和更好的全局寻优能力；采用概率化的寻优方法，能自动获取和指导优化的搜索空间，自适应地调整搜索方向，不需要确定的规则。遗传算法的这些性质已被人们广泛地应用于组合优化、机器学习、图像识别、人工神经网络的权系数调整和网络构造、信号处理、自适应控制和人工生命等领域。

技术发展现状：自20世纪90年代以来，遗传算法迎来了快速发展时期，理论研究和应用研究都十分热门。遗传算法的应用研究显得格外活跃，不但它的应用领域扩大，而且利用遗传算法进行优化和规则学习的能力也显著提高，同时，产业应用方面的研究也在摸索之中。遗传算法的应用研究已从初期的组合优化求解扩展到了许多更新、更工程化的应用领域。广东省电信公司和中山大学软件研究所合作研究开发了“广东省电话网智能管理系统”项目实现了广东省的动态无级选路长话网。根据中国和广东省的电话网现状，参考遗传算法解决动态路由问题的思想，结合了电信网的特点和用户经验，实现了基于遗传算法的动态路由策略，并且进行了算法的并行化、遗传算子优化等工作。对比原有的固定路由策略，使用基于遗传算法的动态路由策略能够使网络的阻塞率大为降低。广东东莞南方泵业将遗传算法应用到泵系统优化领域，利用遗传算法对两相流潜水泵疏浚系统进行优化，使得系统更有效的应用于河段清淤工程。

与国际水平比较及评价：遗传算法最早由密歇根大学的约翰霍兰德于20世纪60年代提出。1989年，纽约时报约翰马科夫描述了第一个商业用途的遗传算法。1992年，英国格拉斯哥大学李耘博士生提出了七进制、十进制的整数、浮点等基因。随着遗传算法的逐步发展，国内也有不少的专家和学者对遗传算法的交叉算子进行改进。2002年，戴晓明等应用多种群遗传并行进化的思想对不同种群基于不同的遗传策略。2004 年，赵宏立等提出了一种用基因块编码的并行遗传算法。2005 年，江雷等探讨了使用弹性策略来维持群体的多样性。国内发展的优势是在国外遗传算法理论和研究发展的基础上可以更快更深入的继续发展和改进遗传算法，针对实际应用需要，将遗传算法应用到适用于我国的各个领域中去。

广东省在遗传算法的理论研究上，已经与国际接轨，但大部分的高校研究停留在理论和模拟阶段，在实际系统中做优化的应用有待加强。

（3）联接学习（人工神经网络）

概述：人工神经网络是人工智能领域的研究热点，也是人工智能最常用的计算结构。它受启发于人脑神经元网络，对其进行抽象和模仿。神经网络是一种运算模型，由大量的节点（即神经元）相互联接构成。每个节点代表一种特定的输出函数，称为激励函数。节点间的连接代表一个对于通过该连接信号的加权值，称为权重，相当于人脑神经元的记忆。

人工神经网络发展至今，有了许多不同的变体。其中，最著名的有适用于局部结构化信息（如图像）的卷积神经网络以及适用于时序结构数据（如自然语言）的循环神经网络。神经网络作为人工智能研究的流行计算模型，在计算机视觉、自然语言处理领域都有重要的应用，对神经网络的研究实际上也是对现实世界数据分布规律的一种探索。

技术发展现状：在广东省范围内，随着对神经网络的理解和对数据分布规律的挖掘逐步加深，科研人员对神经网络做了不同程度的改进；同时，在意识到人工智能时代来临的情况下，广东省内知名高校和科技企业都加强了软硬件基础、人才基础的布阵，例如 GPU 设备的购置，研究人员的招募等。目前，广东省人工神经网络的研究基础都达到了相当高的水平，发展空间非常大。

与国际水平比较及评价：在对神经网络的研究、改进以及对神经网络在特定领域应用方面，广东范围的工作已经与国际接轨，水平相当。这方面的研究成果包括诸如商汤 HCP 实验室的研究成果以及腾讯 AI Lab 的研究成果，都是达到目前研究最高水平的高质量成果。而在实际应用的创新性和投入这两方面，我省与国际还存在一定差距。例如相比谷歌公司已经研究数年的无人车技术，深圳市的 Pony Car 虽然也聚集了大量优秀人才进行研发，但作为开辟者的谷歌已经遥遥领先。而其在利用人工神经网络进行智力竞技（例如围棋、实时竞技游戏）方面，更是无人能出其右。因此，未来几年，我省在实际应用的创新性和投入力度这两方面需有所提高。

综合上述内容，我省科研领域在对人工神经网络的理解和改进方面已经与国际接轨。在发表的论文数和论文质量方面，若以机构（例如公司、实验室）为单位，单位发表论文数与国际多数知名研究机构相当，但是与顶尖的研究机构（如微软研究院等）还存在一定差距，且发表的论文中，高质量论文的比重不如国际领先水平那么高。在人工神经网络的实际应用创新性和投入力度两方面，与国际领先水平也存在一定的差距。

（4）增强学习

概述：强化学习是机器学习中的一个领域，强调如何基于环境而行动以取得最大化的预期利益。强化学习中由环境提供的强化信号是对产生动作的好坏做出的一种评价（通常为标量信号），而不是告诉强化学习系统如何去产生正确的动作。由于外部环境提供的信息很少，强化学习系统必须靠自身的经历进行学习。通过这种方式，强化学习系统在行动 - 评价的环境中获得知识，改进行动方案以适应环境。

在机器学习问题中，环境通常被规范为马可夫决策过程（MDP），所以许多强化学习算法在这种情况下使用动态规划技巧。强化学习和标准的监督式学习之间的区别在于，它并不需要出现正确的输入 / 输出对，也不需要精确校正次优化的行为。强化学习更加专注于在线规划，需要在探索（在未知的领域）和遵从（现有知识）之间找到平衡。强化学习中的“探索 - 遵从”的交换，在多臂老虎机问题和有限 MDP 中研究得最多。

技术发展现状：强化学习模拟人与动物从环境学习的过程与模式，是一种更本质的学习方式。随着数据质量与算法效率的不断提升，强化学习特别是强化学习与深度学习的结合正逐渐发展成人工智能领域研究的主流趋势之一。广东省范围内的各大科研机构及企业也积极投身研究前沿，近年来涌现出了许多先进的技术成果。比如，腾讯基于强化学习开发的人工智能程序“绝艺”，在今年 3 月的世界人工智能围棋大赛中获得了冠军；华为研发的全球网络通信业界首个基于机器学习的网络大脑程序，其技术核心就是在线深度强化学习。

与国际水平比较及评价：强化学习具有非常广泛的应用前景，国外的许多研究已经将强化学习技术融合在了许多应用中。比如癫痫治疗、股票市场决策和 AI 游戏程序开发等，并且某些应用已经取得了举世瞩目的成就，比如围棋水平已经领先人类的智能程序 AlphaGo。与之相比，虽然广东省范围内的部分技术成果使用强化学习技术达到了国际领先水平，比如腾讯的“绝艺”，华为的网络大脑，但是总体上这项技术应用还不够广泛，推广还不够深入。

综上所述，广东省科研机构及企业积极投身增强学习研究前沿，可以有效地开发运用强化学习，在部分领域达到世界先进水平，但是这项技术相比于国际水平，应用和推广还不够深入。

（5）技术应用平台

概述：机器学习是人工智能领域的一个重要分支，也是该领域的研究热点。机器学习理论主要是设计和分析一些让计算机可以自动“学习”的算法。作为实现人工智能的一个途径，机器学习通过分析和利用数据中的规律来解决人工智能中的问题。近三十多年来，机器学习已发展为一门多领域交叉学科，涉及概率论、统计学、逼近论、凸分析、计算复杂性理论等多门学科。

机器学习已广泛应用于数据挖掘、计算机视觉、自然语言处理、生物特征识别、搜索引擎、医学诊断、检测信用卡欺诈、证券市场分析、DNA序列测序、语音和手写识别、战略游戏和机器人等领域。

技术发展现状：在广东省范围内，随着对机器学习算法研究的逐步深入，不少企业和研发团队开始着手应用平台的开发，将机器学习理论应用到软件平台开发中，以推动科学研究和科技产业的发展。广东省IT企业的软件平台开发中，已对机器学习进行了广泛的应用，如微信的垃圾号检测和语音识别、华为的指纹解锁、百度的云推送等。腾讯优图的FaceIn及天眼系列产品将机器学习应用到人脸识别、行人识别中。华为的机器学习服务系统MLS基于机器学习算法提供数据分析服务。Pony.ai的自动驾驶车的研发，将机器学习算法应用到无人驾驶中。这些应用平台，都是我省企业在机器学习的应用开发上的成功示例。不仅如此，我省的一些团队还致力于开发基于云端的机器学习计算平台，如百度机器学习BML平台、腾讯的机智机器学习TML平台等。这些平台整合机器学习算法，提供代码接口和并行计算机制，集中计算资源使得机器学习的应用开发更加简便化、大众化，从而进一步推动机器学习应用的发展。

与国际水平比较及评价：在机器学习的应用开发上，我省与国际水平相比仍存在差距。谷歌开发的AlphaGo人工智能围棋程序大胜世界第一棋手柯洁，AlphaGo Zero通过完全的“自学”，在40天内达到超过所有版本的水平；Wolfram Research公司推出的Wolfram Alpha在线智能问答系统，能通过对自然语言的理解和对“知识库”里面的数据进行计算，直接向用户返回答案。相较而言，我省在机器学习的应用上，算法效率有待提高，创新度也不足。

总体而言，我省在机器学习的应用开发上，范围较为广泛，效果比较可观。然而对比起国际水平，算法效率和创新度仍有差距，影响力也不足，属于国际并跑水平。

3. 芯片

深度学习作为机器学习的重要分支，是当前人工智能研究的主流方向。深度学习的基本原理与人工神经网络思想是一致的，就是通过数学方式模拟人脑神经网络运行机制，用大量数据训练模拟人脑学习过程，把传统的算法问题转化为数据和计算问题，因此，对底层基础芯片的要求也发生了改变。适用于人工智能领域的芯片需要满足大量数据训练和应用的运算，而不仅仅是为了执行指令。目前，根据计算模式，人工智能核心计算芯片的发展分为两个方向：一个是利用人工神经网络从功能层面模仿大脑的能力，其主要产品就是通常的CPU、GPU、FPGA及专用定制芯片ASIC。CPU、GPU和FPGA等通用芯片是目前人工智能领域的主要芯片，而针对神经网络算法的专用芯片ASIC也正在被Intel、Google、英伟达和众多初创公司陆续推出，并有望将在今后数年内取代当前的通用芯片成为人工智能芯片的主力。

广东省芯片研发应用主要分布在深圳、广州、东莞等珠三角地区，企业以华为和中兴为代表。广东省芯片发明授权专利数量从2010年到2017年的变化可以分为两个趋势，在2010年至2014年，每年发明授权专利数量相当；从2014年起，广东省芯片发明授权专利开始高速增长，2015年至今授权数量相对平稳，见图3-30。

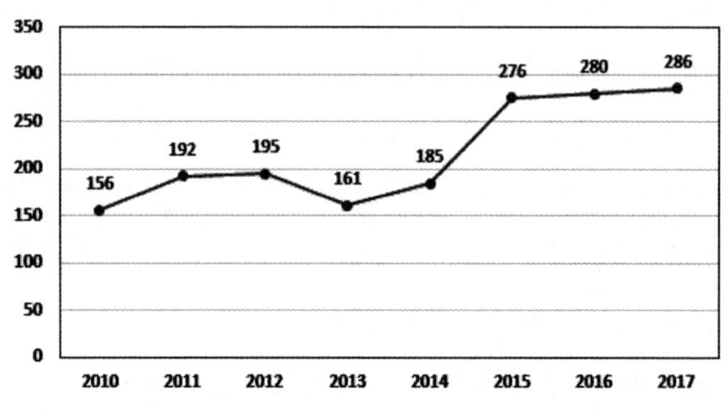

图3–30　广东省芯片发明授权专利年度统计

数据来源：广东省知识产权公共信息综合服务平台公开数据检索及整理（检索关键词：CPU、GPU、FPGA、类脑芯片等）。

从专利地域分布来看，深圳市的芯片发明授权专利数量全省领先，优势明显，占全省芯片发明授权专利总数的66%；其次是广州，占比16%；其余地市共占比18%，如图3-31所示。

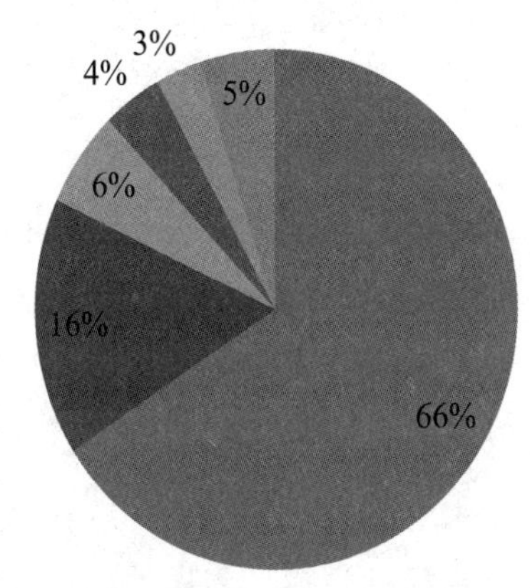

图3–31　广东省各地市芯片发明授权专利统计

数据来源：广东省知识产权公共信息综合服务平台公开数据检索及整理（检索关键词：CPU、GPU、FPGA、类脑芯片等）。

广东省芯片专利授权排名前十的单位中，深圳的中兴和华为优势明显。其中，中兴芯片发明授权专利为256个，位居首位；华为芯片发明授权专利为208个，位居第二，二者数量之和远超后面八名之和，如图3-32所示。

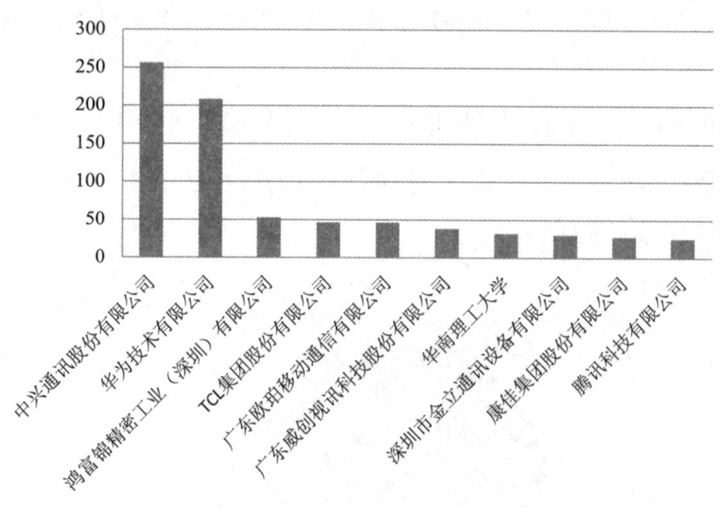

图 3-32　广东省芯片发明授权专利单位前十

数据来源：广东省知识产权公共信息综合服务平台公开数据检索及整理（检索关键词：CPU、GPU、FPGA、类脑芯片等）。

以下对我省基础芯片从中央处理器、图像处理器、可编程逻辑门阵列、类脑计算芯片等四个方面进行分析。

（1）中央处理器（CPU）

概述：中央处理器的架构基于流水线串行处理的机制建立，存储器和处理器分离，流水线的计算过程可以分解为取指令、执行、取数据、数据存储、依次循环，依靠整个串行的过程，逻辑清晰。性能的提升主要通过两种方式，一是摩尔定律下推动下晶体管数量的增多实现性能倍增；二是通过并行多个芯片核来实现。无论何种方式，本质上都是线性的性能扩张。

技术发展现状：传统 CPU 架构中只有逻辑运算单元是用来完成指令数据计算的，其他单元都是为了保证指令的逐条有序执行，这种架构对于传统的编程计算模式非常适合，可以通过提升单位时间执行指令的速度，即通过提升 CPU 主频来提升计算速度。由于深度学习的人工神经网络算法与传统的计算模式不同，深度学习从单一的神经元到简单的神经网络再到一个用于语音识别的深层神经网络。层次间的复杂度呈几何倍数递增，需要海量数据并行运算。数据量的激增要求的就是芯片计算能力的提升。因此，传统的处理器芯片在进行深度学习运行时会效率较低，而人工智能算法需要能满足其算法特点的新型芯片。广东省已组建并发展壮大广州、深圳、珠海三大集成电路产业集群。其中，以海思半导体、中兴通讯、全志科技、汇顶、广东中星电子、珠海炬力等为代表的一批本土集成电路企业正快速崛起，具备了雄厚的技术积累和市场经验，成为国内集成电路行业发展的中坚力量。

与国际水平比较及评价：广东省集成电路企业与英特尔、高通等国际半导体巨头相比，无论是业务规模还是技术水平都还有着较大的差距。华为在IFA2017大会上公布了麒麟970处理器，是全球首款内置神经元网络单元（NPU）的人工智能处理器。在人工智能技术的支持下，麒麟970可在特定任务下比规模类似的CPU快25倍，同时，功耗降低50倍。其优秀的性能参数直逼高通等国际大厂，使业界为之振奋。

处于最前沿的芯片公司正围绕着人工智能而重新定义底层架构芯片，从上游推动行业的变革。广东省未来还需要深化产学研合作，提高自主创新能力，同时，也需要政府落实相关的资金和政策支持，进一步推动人工智能芯片研发创新与产业化，才能追赶和缩小与国际先进水平的差距。

（2）图像处理器（GPU）

概述：GPU（Graphics Processing Unit）图像处理器是专为执行复杂的数学和几何计算而设计的，这些计算是图形渲染所必需的。原本是在个人电脑、工作站、游戏机和一些移动设备上专门进行图像运算工作的微处理器。它由并行计算单元、控制单元以及存储单元构成，GPU拥有大量的核（多达几千个核）和大量的高速内存，擅长做类似图像处理的并行计算，以矩阵的分布式形式来实现计算。同CPU不同的是，GPU的计算单元明显增多，在浮点运算、并行计算等计算方面可以提供数十倍乃至于上百倍于CPU的性能，特别适合大规模并行计算。

技术发展现状：GPU 对海量数据并行运算的能力与深度学习需求不谋而合，并且具备较成熟的生态环境。因此，GPU 最先被引入深度学习。2011 年吴恩达教授率先将其应用于谷歌大脑便取得惊人效果，结果表明，12 颗英伟达的 GPU 可以提供相当于 2000 颗 CPU 的深度学习性能。

在人工智能领域，GPU 被用来训练深度神经网络，还被用于运行机器学习的训练模型，以便在云端进行分类和预测，从而在耗费功率更低、占用基础设施更少的情况下能够支持远比从前更大的数据吞吐量。与单纯使用 CPU 的做法相比，GPU 具有数以千计的计算核心，可实现 10 ～ 100 倍应用吞吐量，因此，GPU 已经成为数据科学家处理大数据的处理器。但是，GPU 不是完全代替 CPU，而是两者分工合作。在 GPU 计算中 CPU 和 GPU 之间是相连的，而且是一个异构的计算环境。这就意味着应用程序当中，顺序执行这一部分的代码是在 CPU 里面进行执行的，而并行的也就是计算密集这一部分是在 GPU 里面进行。GPU 已经在图像识别、人脸识别、语音识别、视频分析、自然语言处理等多个领域大放异彩并逐渐向医药、安全、能源等领域渗透。下游应用的不断扩展反过来又推动了 GPU 的快速发展。

与国际水平比较及评价：广东省的芯片企业及高校涉足 GPU 领域的很少，应用在人工智能领域的可进行通用计算的 GPU 市场则基本被英伟达公司垄断。目前，Nvidia 已经与谷歌、微软、IBM、丰田、百度等诸多尝试利用深度神经网络来解决海量复杂计算问题的企业建立合作关系。近年来，公司 GPU 出货量的市场份额维持在全球 GPU 70% 以上的绝对优势地位，远远超过 AMD 等竞争对手。据英伟达官网数据显示，2016 年，有近两万家机构将英伟达产品用于深度学习加速计算，相比 2014 年翻了 13 倍。医疗、生命科学、教育、能源、金融、汽车、制造业以及娱乐业等诸多行业均将得益于 GPU 的海量数据分析。目前，英伟达 GPU 主要应用方向为数据中心芯片、自动驾驶芯片和嵌入式芯片。主要包括采用 Pascal 架构的 Tesla P100 和 Tesla P10 芯片、采用 Volta 架构的 DGX-1 芯片、自动驾驶的 Driver PX2 芯片、Jetson TX2 芯片等。

GPU 技术目前主要由英伟达、ARM、Imagination 等国际大厂垄断，国内研究 GPU 的公司较少，代表企业有景嘉微电子和兆芯，侧重稳定性和可靠性，产品主要用于军工市场。广东省乃至国内在图像处理器（GPU）领域的研发水平与国际领先水平相比差距较大，仍处于初级发展阶段，需要更多的人力投入与市场牵引，才能突破创新，早日跟上国际发展水平。

（3）可编程逻辑门阵列（FPGA）

概述：FPGA（Field-Programmable Gate Array）称为现场可编程门阵列，它是在 PAL、GAL、CPLD 等可编程器件的基础上进一步发展的产物，并作为专用集成电路 (ASIC) 领域中的一种半定制电路而出现，主要为了解决 ASIC 由于大规模工业化生产而导致的结构固化，用户可以根据自身的需求进行重复编程，但存在无法满足某些特定逻辑结构要求的弊端。FPGA 比 GPU 具有更低的功耗，比 ASIC 具有更短的开发时间和更低的成本。具有能效中等、灵活度高、成本较高等特性。自 Xilinx 在 1984 年创造出 FPGA 以来，在通信、医疗、工控和安防等领域占有一席之地。近两年来，由于云计算、高性能计算和人工智能的繁荣，拥有先天优势的 FPGA 的关注度更是到达了前所未有的高度。

技术发展现状：在深度学习领域，相对于 CPU 和 GPU，FFPGA 不依赖于冯・诺依曼架构，而是利用分布式片上存储器以及深度流水线并行，完美地契合了深度学习大计算量的要求。FPGA 的主频比 CPU 及 GPU 低很多，因此，FPGA 的能耗要远低于 CPU 及 GPU。同时，FPGA 支持部分动态重新配置，这一特性大大降低了大规模深度学习存储读取数据的成本。在算法层面，FPGA 给深度学习开拓了另一种思路：GPU 等固定架构设计遵循软件执行模型，需要算法进行适应，但 FPGA 较少强调算法去适应某固定计算框架，从而给算法留下更大的自由空间和发挥余地。然而，FPGA 在展现架构优势的同时也存在不小的弊端，首先就是 FPGA 对于算法的要求更加宽泛，要求研究人员花费大量的时间去编译和完善；另外，FPGA 的硬件编辑语言十分复杂，这会影响 FPGA 应用于深度学习过程中的效率。目前，FPGA 主要应用于通讯、医疗电子、安全、视频、工业自动化等领域。

2016 年初，英特尔宣布以 167 亿美元的高价收购 Altera 公司。英特尔作为在数据处理市场占据超过 95% 市场份额的巨头，一直在相关业务领域寻找新的增长点。目前的收购行为无疑表明英特尔将推动 FPGA 与 CPU 的整合，未来在深度学习领域，CPU+FPGA 的组合将成为重要的发展方向。同时，英特尔发布了一款叫做 Nervana 的 AI 处理器，这个项目代码为“Lake Crest”，将会用到 Nervana Engine 和 Neon DNN 相关软件。这款芯片可以加速各类神经网络，例如谷歌 TensorFlow 框架，芯片由所谓的“处理集群”阵列构成，相对于浮点运算，这种方法所需的数据量更少，因此带来了 10 倍的性能提升。

与国际水平比较及评价：中国作为全球最大的通讯和军工市场之一，为了满足经济发展以及国防需要，预计中国未来的 FPGA 市场需求量还会继续扩张。虽然政府多年来在 FPGA 领域投入数百亿的科研经费，但由于美国对于技术专利的限制和 FPGA 高耸的技术门槛，国内 FPGA 探索的进程十分艰难，在产品性能、功耗、容量和应用领域上都存在较大差距。目前，国内较为知名的 FPGA 相关公司仅有同创国芯、振华科技、高云等。其中，同创国芯是广东省内企业，在国内 FPGA 领域有一定的知名度。

面对 FPGA 巨大的增长潜力，国际巨头纷纷尝试进入这一市场，据统计全球共有 60 多家公司先后出资数十亿美元，试图在 FPGA 行业占领一席之地，但目前全球 FPGA 市场主要被 Altera 和 Xilinx 瓜分，两家公司合计占有近 90% 的市场份额，合计专利达到 6000 多项，剩余份额被 Lattice 和 Microsemi

两家占据，合计共有超过3000项专利。技术专利的限制和漫长的开发周期使得FPGA行业形成了很高的技术壁垒，这也进一步巩固了Altera和Xilinx两家公司的优势地位和盈利水平。

广东省在可编程逻辑门阵列（FPGA）领域的研发水平与国际领先水平相比，仍处于初级发展阶段，受制于国外技术垄断，相关领域发展缓慢。这需要加大软硬件资源投入，在全球范围内引进FPGA领域高端领军人才，大力培养本土人才，填补我省在FPGA领域的技术短板。

（4）类脑计算芯片

概述：类脑计算芯片是基于神经形态工程、借鉴人脑信息处理方式，适于实时处理非结构化信息、具有学习能力的超低功耗芯片，更接近人工智能目标，力图在基本架构上模仿人脑的原理，用神经元和突触的方式替代传统冯·诺依曼架构体系，使芯片能进行异步、并行、低速和分布式处理的能力，同时具备自主感知、识别和学习能力。类脑芯片将主要实现两大突破，一是突破传统“执行程序”计算范式的局限，有望形成“自主认知”的新范式；二是突破传统计算机体系结构限制，实现数据并行传送、分布式处理，能够以极低的功耗实时海量数据处理。

技术发展现状：类脑计算芯片实时海量数据处理及极低能耗的特性预示着其广阔的市场前景。目前，类脑计算芯片研发处于百家齐放状态，其中一大研究方向是侧重于参照人脑神经元模型及其组织结构来设计芯片结构。例如IBM推出的TrueNorth以及高通公司的Zeroth，这类芯片把数字处理器当作神经元，把内存作为突触，与传统冯·诺依曼结构不同，它的内存、CPU和通信部件完全集成在一起，因此，信息的处理完全在本地进行，克服了传统计算机内存与CPU之间的瓶颈。同时，神经元之间可以方便快捷地相互沟通，只要接收到其他神经元发过来的脉冲（动作电位），这些神经元就会同时做动作。另一大研究方向则是参考人脑感知认知的计算模型而非神经元组织结构。就是通过设计芯片架构更高效的支持成熟的认知计算方法，比如目前备受关注的深度神经网络，以国内中科院计算所的寒武纪系列为代表。还有一种研究方向是在神经元层面，与之相应的是元器件层面的创新。如 IBM 苏黎世研究中心研发出的世界首个人造纳米尺度随机相变神经元，可以实现高速无监督学习。

与国际水平比较及评价： 国际上，近年来 IBM 推出的 TrueNorth 类脑计算芯片，它的处理能力相当于 1600 万个神经元和 2.56 亿个神经突触，功耗比现有系统下降多个数量级。此外还有高通的 Zeroth 系列，可以嵌入到高通的 Snap-dragon 处理器芯片中，以协处理的方式提升系统的认知计算性能。谷歌推出的基于刺激驱动的神经计算芯片 TPU，TPU 与同期的 CPU 和 GPU 相比，可以提供 15 ～ 30 倍的性能提升，以及 30 ～ 80 倍的效率（性能 / 瓦特）提升。

在国内，清华大学从 2012 年开始布局类脑计算研究，于 2015 年 11 月成功研制了国内首款超大规模的神经形态类脑计算“天机芯片”。2016 年中科院计算所推出的寒武纪 1A 处理器（Cambricon-1A）是世界首款商用深度学习专用处理器，其搭载了国际首个深度学习专用处理器芯片 (NPU)（属于 ASIC），面向智能手机、安防监控、可穿戴设备、无人机和智能驾驶等各类终端设备。2017 年，中科院、复旦大学、百度、微软等联合组建类脑智能技术及应用国家工程实验室，建立了脑认知和脑模拟技术研究与实验平台。广东省内中山大学、华南理工大学都有相关类脑芯片的课题研究；企业方面，海思半导体、广东中星电子、全志科技都在紧锣密鼓进行研发推进。其中，广东中星电子所在的中星微集团在 2016 年推出了量产的 NPU 芯片“星光智能一号”，实测能效和性能超过英伟达 GPU 产品 M40 的 20 倍。出货量主要集中在安防摄像领域，未来将主要向车载摄像头、无人机航拍、机器人和工业摄像机方面进行推广和应用。

目前，类脑芯片尚处于发展初期，距离商业化还存在一段距离，由于类脑芯片具有巨大的发展潜力和广阔的市场前景，各国政府及科技巨头都在大力推动类脑芯片的研发进程。广东省在人工智能类脑计算芯片领域的技术研究分析和市场具有良好的发展基础，应尽快推进抢占人工智能时代的战略制高点，把握新一代科技革命的机遇，助力实现中国集成电路行业的弯道超车。

4. 计算平台

从人工智能“算法、算力、数据”三核心要素而言，云计算平台满足“数据”的需求，超级计算平台满足“算力”的需求。计算平台的建设对国家保持科技领导地位、提高经济竞争力以及维护国土安全、提升国际地位有着重大意义。目前，我省顶尖的IT和科技企业提供了高水平的云计算支撑平台，达到并跑国际领先的水平。六个国家级超级计算中心我省占了两席，分别是深圳中心和广州中心，后者的天河二号超级计算机更是位列全球超级计算机500强榜第二名。

从广东省2010年至2017年计算平台发明授权专利数量可以看出，从2014年起，广东省计算平台发明授权专利数量开始飞速增长，2014至2016年增速均超过40%，2017年增速为20%，增速有所放缓，如图3-33所示。

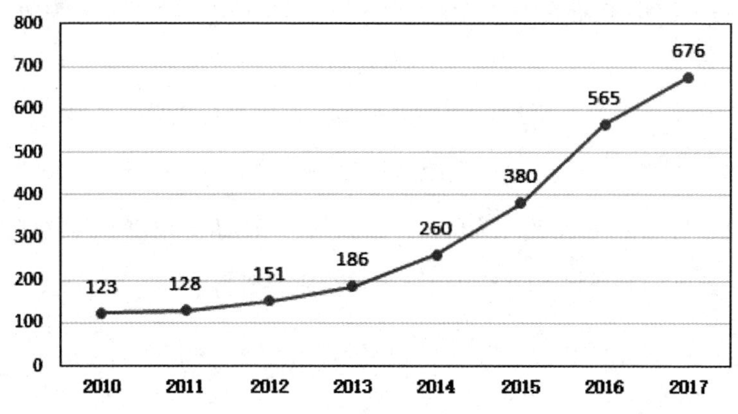

图3–33　广东省计算平台发明授权专利年度统计

数据来源：广东省知识产权公共信息综合服务平台公开数据检索及整理（检索关键词：云计算平台、超算平台等）。

从全省计算机平台发明授权专利数量地域分布来看，广东省计算平台发明授权专利主要分布在以深圳、广州为代表的珠三角地区。其中，深圳授权专利数量最多，占比 67%，具有绝对优势；广州占比 19%，具有一定优势；东莞占比 9%，其余各地市共占比 5%，见图 3-34。

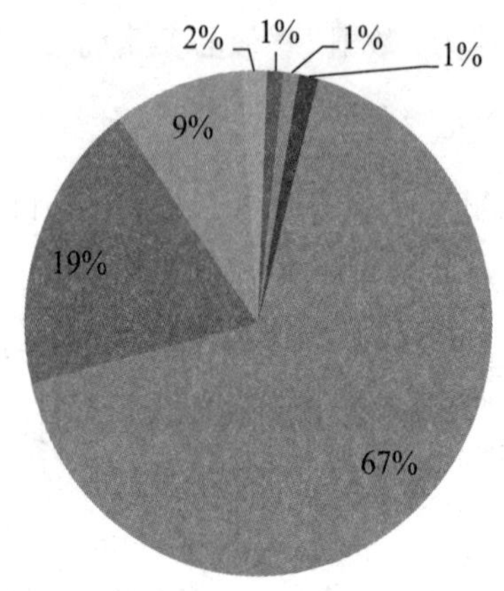

图 3–34　广东省各地市计算平台发明授权专利统计

数据来源：广东省知识产权公共信息综合服务平台公开数据检索及整理（检索关键词：云计算平台、超算平台等）。

在全省计算平台发明授权专利数量排名前十单位主要位于深圳。其中，华为授权专利数量为 699 个，以绝对优势位于第一名；位于第二名的中兴授权专利数量为 315 个，不到华为的一半；腾讯也以 138 个授权专利位列第三名。广州主要是以华南理工大学、中山大学等科研院所为主，见图 3-35。

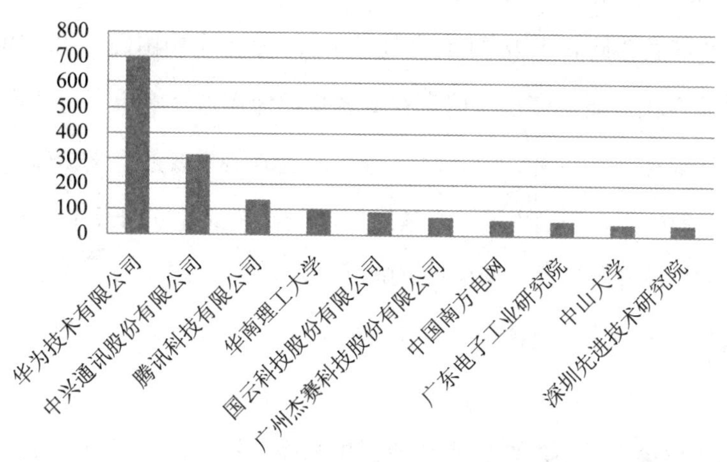

图 3–35　广东省计算平台发明授权专利单位前十

数据来源：广东省知识产权公共信息综合服务平台公开数据检索及整理（检索关键词：云计算平台、超算平台等）。

以下从云计算平台和超级计算支撑平台两方面对我省计算平台进行分析。

（1）云计算支撑平台

概述：云计算是一种基于互联网的计算模式，通过云计算我们可以共享庞大的硬件资源，并按照需求快速地提供给不同的用户。云计算支撑平台就是提供云计算服务的平台。基于提供的服务，我们可以对云计算平台进行分类，包括以数据存储为主的存储型平台、以数据处理为主的计算型平台以及兼顾存储处理的综合型平台等。云计算平台可以应用于云储存、分布式计算、物联网、云教育等方面。云计算平台的出现，一方面改变了软件开发的思路和方式，另一方面促进了软件产品和技术向着大数据的方向发展。

技术发展现状：云计算支撑平台从 2006 年亚马逊的弹性计算云服务发展至今，已经形成了一套相对成熟的理论和运作模式。在国内，由于市场十分宽广，云计算的发展十分迅速。在广东，以广州和深圳为中心的互联网基础设施给云计算产业的发展提供了有力的帮助，国家超级计算深圳中心、中国电信广州云计算数据中心等相继落户。以广州云计算数据中心为例，该云计算数据中心满载存储高达28万T字节，相当于3万个中国国家图书馆的文字资料，它的存在提高了广州的信息存储容量，为周边众多中小企业提供了廉价的数据存储服务。另外，云计算走进校园也有着重要的意义，深圳大学城云计算公共服务平台是国内第一个依照”社区云”模式建立的云计算服务平台，它为各高校、研究机构以及学生、老师提供各种云计算服务。

与国际水平的比较及评价：与美国的一些大型IT企业和互联网企业，如IBM，亚马逊等对比，广东省的云计算平台还存在一定差距。很多云计算的技术思路和理论都是由这些巨头企业提出和完善，我们自己的云计算平台往往只能按着他们的思路走。但是，与国外企业相比，我省的需求市场并不少，甚至比很多欧洲国家还要大。有了背后市场的支持，云计算相关企业就不会缺乏动力，云计算平台的发展就不会停滞。

广东省的云计算支撑平台与国际领先水平对比，落后不算明显，只是相对缺乏创新，目前更多的是模仿和满足用户的需求，能否有所创新可能是广东云计算面临的一大突破。

（2）超级计算支撑平台

概述：超级计算支撑平台是以超级计算机为核心，提供相应的服务的一种平台。超级计算机是一种提供个人电脑无法处理的巨大数据量和告诉运算的计算机，它的基本组成与个人电脑相似，但是硬件的规模和性能都要高于一般的计算机。超级计算机的应用集中在大型计算上，例如国防尖端技术的计算、大型的科学研究、经济领域的大型计算任务等。超级计算机对国家安全、社会发展具有重大意义，在核试验模拟、气象预报、金融计算、航空设计等领域都需要超级计算机的支持。随着国内超级计算机的崛起，航空航天设计工作可以直接在计算机上模拟得到相关数据，并根据数据结构进行改进和优化。对于人工智能技术而言，现在主流的方法是基于多层神经网络的深度学习算法，需要巨大的算力和数据对神经网络模型进行训练，超级计算支撑平台将起到非常关键的作用。

技术发展现状：自 1976 年美国出现第一台超级计算机起，超级计算机一直以稳定领先个人电脑几个数量级的运行速度在发展。我国从 1983 年研制出银河一号超级计算机开始，一直在追赶美国的超级计算机。2009 年天河一号的出现让我国首次在超级计算机排名上获得第一。之后的天河二号更是保持了数年的第一，而这台天河二号，现在正落户广州中山大学超算中心。天河二号为中山大学以及其他的研究机构提供了丰富的计算资源，这些资源对广东省的科技发展作出了巨大贡献。广东省的天河二号超级计算机在全世界处于领先水平，即使在国内也只是略逊于 2016 年研制成功的神威太湖之光。相比于神威太湖之光，由于天河二号基于英特尔的核心进行研发，它能兼容很多普通个人电脑和服务器上的程序，而太湖之光使用自主研发的核心，它与英特尔核心的指令集不兼容，因此，天河二号的使用门槛比太湖之光要低。另外，天河二号还提供了英伟达系列的显卡来为需要进行深度学习研究的机构提供计算资源。由于广东省在超级计算机研制上没有带头的团队，因此，我省更倾向于如何更好地使用超算资源，而天河二号超算中心和广州各所高校在这个方面已经展开合作。另外，深圳超算中心是与广州中心并驾齐驱的两驾马车之一，其计算机运算速度为 1271 万亿次 / 秒，在 2010 年曾排名世界第二，双精度浮点处理性能超过了 2400 万亿次 / 秒，系统总内存容量 232TB，存储 17.2PB。中心创造性地将超算资源应用于云计算服务，使计算机资源既满足高性能计算需求，又能提供强大的云计算服务能力，还为社会提供 IDC 服务，使超级计算机资源得到更充分的应用，是计算机资源服务形式最为宽泛的超算中心。中心配置了超过 1 亿元的各种优秀应用软件，搭建了囊括化学计算、生物计算、电磁学、工业仿真、流体计算、动漫渲染、建筑设计、气象预报、材料模拟等专业领域的软件平台，使中心成为软件种类与数量最多的超算中心。目前，深圳中心正准备投入中科曙光E级超级计算机，预计计算能力将会比现在提升1000倍，将极大地推动人工智能、云计算等新技术的运用，为我省产业创新及智慧城市的建设提供强有力的支撑和保障。

与国际水平比较及评价：坐落广州大学城的天河二号，其运算性能超过国外其他超级计算机。广东省的超级计算支撑平台与国际领先水平对比，处于领先的水平。

3.2.6 决策与执行创新发展评价

1. 智能制造

智能制造是基于新一代信息技术，贯穿设计、生产、管理、服务等制造活动各个环节，具有信息深度自感知、智慧优化自决策、精准控制自执行等功能的先进制造过程、系统与模式的总称。具有以智能工厂为载体、以关键制造环节智能化为核心、以端到端数据流为基础、以网络互联为支撑等特征，可有效缩短产品研制周期、降低运营成本、提高生产效率、提升产品质量、降低资源能源消耗。智能制造是一个系统工程，里面包含了四大因素：用智能机器人代替工人生产的自动化生产线、高度智能化的生产线控制系统、融合虚拟生产与现实生产的物联网系统、MES生产信息化管理系统。

智能制造正在世界范围内兴起，它是制造技术发展特别是制造信息技术发展的必然趋势，是自动化和集成技术向纵深发展的结果。智能制造代表着未来先进制造业的发展方向，已受到国内外广泛重视，多国政府均将此列入国家重点发展计划，大力推动实施，其中以美国工业互联网和德国工业4.0最为代表。

广东省高度重视智能制造发展，2015年9月，广东省人民政府印发《关于贯彻落实<中国制造2025>的实施意见》指出广东省将大力发展机器人产业，重点培育一批智能装备系统集成企业，建设机器人产业发展示范区。推进制造业智能化改造，实施“机器人应用”计划，扶持一批“机器人应用”示范项目，推广重点行业数字化车间，开展智能工厂培育试点。经过改革开放以来30多年的发展，广东已成为国内制造大省和全球重要制造基地。雄厚的电子信息产业基础和较为完善的工业体系为智能制造发展提供了良好的产业支撑和市场空间。国际上信息技术与制造技术深度融合带来的制造业变革，以及我国“四化同步”发展带来的需求扩展和消费层次的提升也为全省智能制造发展提供了良好的机遇。与此同时，我省制造业发展仍面临严峻挑战，在创新能力、产品质量和品牌、产业结构、信息化水平等方面与世界先进水平仍存在较大差距。关键技术、核心部件对外依存度高，自主品牌企业尚未形成规模、缺乏核心竞争力。同时，劳动力成本上升、土地资源和环境要素约束加剧等因素迫使全省制造业必须加快向“创新驱动”转型，向数字化、网络化、智能化、服务化升级，由“制造”转向“智造”。

广东省智能制造发明授权专利数量自2015年起快速增长，每年增速超过50%，见图3-36。

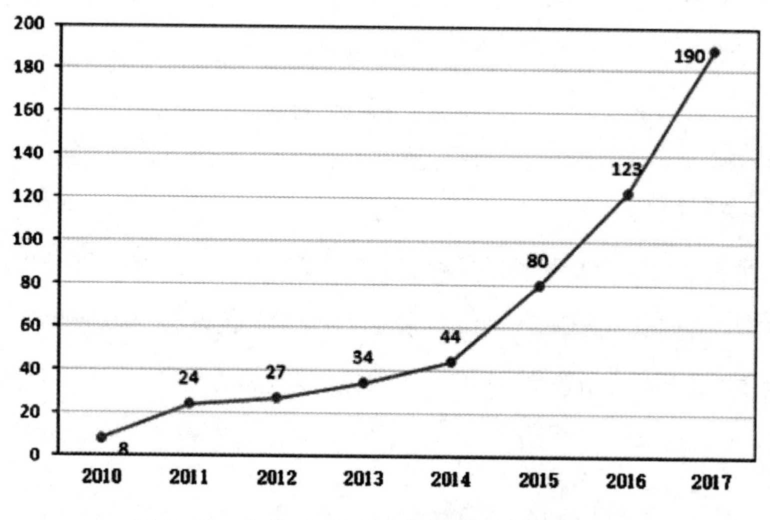

图3–36　广东省智能制造发明授权专利年度统计

数据来源：广东省知识产权公共信息综合服务平台公开数据检索及整理（检索关键词：智能制造、智能生产、智能管理等）。

从全省各地市智能制造发明授权专利数量前五地市来看，广东省智能制造实力较强的单位主要分布在制造业发达的珠三角地区。深圳智能制造发明授权专利量占比46%，占据着全省第一的绝对优势地位；广州授权专利数量占比27%，位居其后；此外，进入前五的还有佛山、东莞、珠海，三者共占比21%，其余地市占比6%，见图3-37。

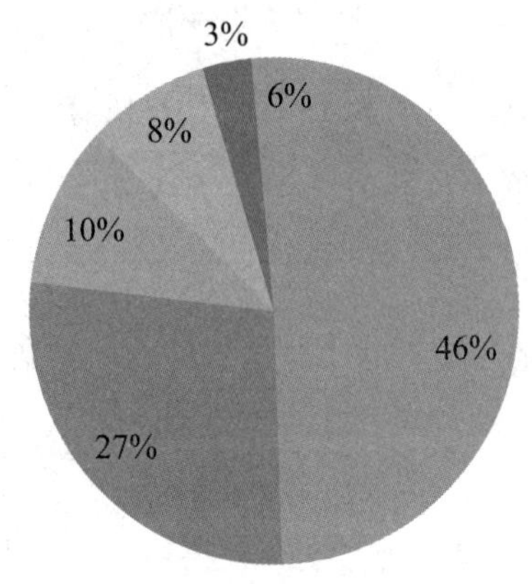

图3–37　广东省各地市智能制造发明授权专利统计

数据来源：广东省知识产权公共信息综合服务平台公开数据检索及整理（检索关键词：智能制造、智能生产、智能管理等）。

从全省智能制造发明授权专利前十单位来看，珠三角各主要地市均有分布。其中，广州以华南理工大学、广东工业大学等高校为主；深圳则以研发应用企业为主。此外，佛山普拉迪和广工大数控、珠海格力也榜上有名，见图3-38。

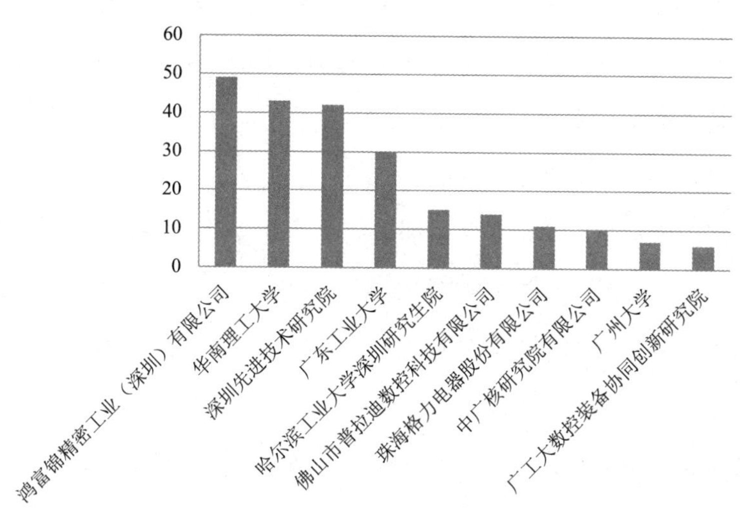

图 3-38　广东省智能制造发明授权专利单位前十

数据来源：广东省知识产权公共信息综合服务平台公开数据检索及整理（检索关键词：智能制造、智能生产、智能管理等）。

以下对我省智能制造的智能制造装备、智能生产和智能化管理三个子领域进行分析。

（1）智能制造装备

概述：智能制造装备是指具有感知、分析、推理、决策、控制功能的制造装备，它是先进制造技术、信息技术和智能技术的集成和深度融合。智能制造装备产业的核心能力主要体现在关键基础零部件、智能仪表和控制系统、数控机床与基础制造装备、智能专用装备等四大领域。关键零部件是智能制造的基础，是提升智能制造产业核心能力的关键所在。智能仪表和控制系统是智能制造的核心，是信息技术和智能技术在智能制造装备上的重要载体，两者的质量与水平直接决定了主机产品的性能、水平、质量和可靠性。数控机床是智能制造的工作母机。智能专用设备是智能制造的关键主机，也是提升智能制造产业核心能力的重要环节。

技术发展现状：近年来，广东省在智能制造装备研发和应用领域呈现了较快的发展态势，在关键基础零部件及通用部件、智能专用装备等方面尤为突出。广东省拥有华南理工大学、广东工业大学、广东省智能制造研究所、广东华中科技大学工业技术研究院、中国科学院深圳先进技术研究院等高校和科研院所，涌现出广州数控、深圳雷柏等一批技术创新能力强的企业，广州启帆、东莞华数、东莞华科精机、深圳优必选、佛山美的、嘉腾、利迅达、深圳固高等企业在智能制造装备领域也具有很好的基础。具有中国（广州）智能装备研究院、华南智能机器人创新研究院、广东省智能机器人研究院、广工大数控装备协同创新研究院、佛山市智能装备技术研究院、中山大学卡内基梅隆大学国际联合研究院等一批先进装备制造产业协同创新平台。目前，广东省在数控成形机床、高档数控系统、数控机床关键功能以及数字化工具系统、测量仪等高档数控机床的细分领域具有较强竞争力。在工业机器人整机和关键零部件等领域取得了突破性进展，逐步形成了以工业机器人、新型传感器、智能控制系统、自动化成套生产线为代表的智能装备产业链条。

与国际水平比较及评价：广东省在智能制造装备领域具备了较好的研发和产业基础，在部分细分领域已经取得了突破，但在创新能力、产品质量和品牌、产业结构、信息化水平等方面与国际先进水平仍存在较大差距。智能智造关键技术、核心部件对外依存度高，自主品牌企业尚未形成规模、缺乏核心竞争力。

（2）智能生产

概述：智能制造是供给侧结构性改革的“短板”之一，是未来我国提升国际竞争力的关键。其关键不仅仅是智能产品规模，更在于智能生产过程。智能生产是以智能工厂为核心，将人、机、法、料、环连接起来，多维度融合的过程，是智能制造的重点领域。智能工厂本质上是利用计算机技术、通信技术、网络技术、自动控制技术、人机交互和虚拟现实等先进技术融合智能装备/设备，形成高度协同的生产系统（含实时监测控制系统、自动化流程管理、环境监测与管理等系统），达到生产的最优化、流程的最简化和效率的最大化。其主要特征为广泛利用工业自动化、智能设备、大数据等，形成具有自感知、自调节、自执行等“知识自动化”功能的新一代智能系统。通过工业网络系统实现生产的跨层协同与跨域集成，通过工业大数据分析实现产业链的上下互动，通过工业系统实现安全标准保证可管、可控与可信。

技术发展现状：近年来，广东省在优势行业重点企业开展智能生产的应用示范。例如广州市重点在汽车制造、生物医药、食品加工、造纸石化、物流仓储等领域实施智能化改造和示范应用；深圳市重点在3C产品制造、生物医药、汽车制造、港口物流等领域实施智能化技术改造和示范应用，建设智能工厂示范。通过示范应用，推动了相关高校、科研院所和企业等单位在智能生产方面的研发。华南理工大学、广东工业大学、广东省智能制造研究所、广州机械科学研究院有限公司、广东省机械研究所、广州数控、广东省工业技术研究院、广州市香港科大霍英东研究院、深圳市德富莱等开展了智能生产相关的研发。深圳市德富莱是工业4.0智能工厂软硬件一站式解决方案的行业领导者，形成了完整的智能工厂产业链和全球化的布局。

与国际水平比较及评价：广东省大部分制造企业尚处于“工业2.0”和“工业3.0”并行的“传统工厂”发展阶段，大量核心技术如制造业操作系统、大规模集成电路、网络传感器、制造业 机器人、工业控制器、高端数控机床、高端工业软件等仍严重受制于国外厂商，车间自动化水平不高，缺乏高效管理，产业链协同平台和信息集成平台尚未完全建立，亟待向“智能工厂”模式转变。广东省虽然是制造业大省，但是很多企业技术基础薄弱，处于弱人工智能技术阶段，传统企业对于人工智能技术的需求较为低端，一般是为实现工厂自动化生产，采用普通的自动化设备，如机械臂，搬运机器人等，技术程度再高一些的主要是在计算机视觉方面，进行检测工作。因此，虽然已经有部分单位在智能生产的研发方面具备较好的水平，但是总体研发和应用水平仍需提高。

（3）智能化管理

概述：MES(Manufacturing Execution System) 即制造企业生产过程执行系统，是一套面向制造企业车间执行层的生产信息化管理系统。MES 可以为企业提供包括制造数据管理、计划排程管理、生产调度管理、库存管理、质量管理、人力资源管理、工作中心 / 设备管理、工具工装管理、采购管理、成本管理、项目看板管理、生产过程控制、底层数据集成分析、上层数据集成分解等管理模块，为企业打造一个扎实、可靠、全面、可行的制造协同管理平台。MES 可以为用户提供一个快速反应、有弹性、精细化的制造业环境，帮助企业减低成本、按期交货、提高产品的质量和提高服务质量。适用于不同行业（家电、汽车、半导体、通讯、IT、医药），能够对单一的大批量生产和既有多品种小批量生产又有大批量生产的混合型制造企业提供良好的企业信息管理。目前，国外知名企业应用 MES 系统已经成为普遍现象，国内许多企业也逐渐开始采用这项技术来增强自身的核心竞争力。

技术发展现状：随着 MES 系统在国内外的研发和应用，广东省相关企业也开展了相应的研发，推出了相关产品。广东盘古信息科技股份有限公司、广东正业科技股份有限公司、广州中浩控制技术有限公司、佛山市中渊科技有限公司、广州力禾信息技术有限公司、深圳市华磊迅拓科技有限公司、广州万友软件有限公司等公司的产品得到了较广泛的应用。广东盘古已帮助客户建设近 80 家智能工厂，100 多个数字化车间，1500 多条智能生产线。广州中浩控制技术有限公司的创业团队来自于中国科学院广州分院、广东省科学院，在创业之前已有 10 年以上的科研与开发积累，曾承担众多不同规模和类型的自动化应用与研发项目，技术成果和工程应用经验丰富，在汤臣倍健、箭牌、中集集团等知名企业均有具体项目实施。广州力禾信息技术有限公司是广东省双软企业，与华南理工大学机械与汽车学院合作，专注于为客户提供一流的 MES 制造执行系统解决方案。

与国际水平比较及评价：如今，越来越多的人开始意识到 MES 系统的重要性，并将 MES 制造执行系统 用在企业的生产管理中，实现 ERP 与控制系统之间的信息沟通。广东省在智能化管理方面具备了较好的研发和应用基础，但是所研发和应用的 MES 系统仍然存在较大的不足，与国际先进水平相比主要表现为：重控制，轻管理；重局部，轻集成；重案例，轻标准，同时，在智能化水平上也处于比较初级的水平。

2. 智能机器人

机器人技术的发展是一个国家高科技水平和工业自动化程度的重要标志和体现。机器人在当前生产生活中的应用越来越广泛，正在替代人发挥着日益重要的作用。随着计算机、微电子、信息技术的快速进步，机器人技术的开发速度越来越快，智能程度越来越高，应用范围也得到了极大的扩展。在海洋开发、宇宙探测、工农业生产、军事、社会服务、娱乐等各个领域，机器人都有着广阔的发展空间与应用前景，机器人正朝着智能化和多样化的方向发展。

新一代智能机器人融合了机械、电子、控制、计算机、传感器、人工智能等多学科先进技术于一体，是机械化、信息化和智能化高度融合的高端装备。新一代智能机器人产业链包括上游的减速机、伺服电机、变频器、控制器等机器人零部件制造，中游的工业机器本体制造及系统集成，以及下游的机器人应用。

智能机器人的关键技术包括：（1）多传感器信息融合。多传感器信息融合技术是近年来十分热门的研究课题，它与控制理论、信号处理、人工智能、概率和统计相结合，为机器人在各种复杂、动态、不确定和未知的环境中执行任务提供了一种技术解决途径；（2）导航与定位。在机器人系统中，自主导航是一项核心技术，是机器人研究领域的重点和难点问题；（3）路径规划。路径规划技术是机器人研究领域的一个重要分支。最优路径规划就是依据某个或某些优化准则（如工作代价最小、行走路线最短、行走时间最短等），在机器人工作空间中找到一条从起始状态到目标状态、可以避开障碍物的最优路径；（4）机器人视觉。视觉系统是自主机器人的重要组成部分，一般由摄像机、图像采集卡和计算机组成。机器人视觉系统的工作包括图像的获取、图像的处理和分析、输出和显示，核心任务是特征提取、图像分割和图像辨识；（5）智能控制。随着机器人技术的发展，对于无法精确解析建模的物理对象以及信息不足的病态过程，传统控制理论暴露出缺点，近年来许多学者提出了各种不同的机器人智能控制系统；（6）人机接口技术。智能机器人的研究目标并不是完全取代人，复杂的智能机器人系统仅仅依靠计算机来控制是有一定困难的，即使可以做到，也由于缺乏对环境的适应能力而并不实用。智能机器人系统还不能完全排斥人的作用，而是需要借助人机协调来实现系统控制。因此，设计良好的人机接口就成为智能机器人研究的重点之一。

新一代智能机器人已成为全球新一轮工业革命的核心，全球销售量突破18万台，需求达到历史最高点。其中，我国成为最大的机器人消费国，销量约3.7万台，同比增长60%，规模位居全球首位。预计未来2至3年，广东工业机器人的市场将以超过35%的速度增长，到2020年机器人产销量将达到3万台，机器人及相关配套产业产值将达到1000亿元。美的集团成功收购并控股世界机器人四大巨头之一的德国库卡，将进一步扩大我省工业机器人的市场规模。

作为人工智能最直接的应用产品，机器人在广东省发展领先全国。深圳、广州、佛山、东莞等地已经培育了一批机器人整机、零部件以及系统集成的机器人制造企业，在机器人控制器、减速机、软件等环节具有一定优势。目前，国内45%以上的机器人伺服系统和控制系统来自广东企业。在龙头企业方面，我省共有机器人厂商300余家，居全国之首，其中广州数控、广州启帆、东莞华数、东莞华科精机、深圳优必选、佛山美的、嘉腾、利迅达等企业具有较好机器人产业化基础。广州中望龙腾软件、广州数控设备、广东省智能制造研究所、华南智能机器人创新研究院、华南理工大学等在全自主编程智能工业机器人有较大优势，处于国内先进水平。华南智能机器人创新研究院以及韶关宏大齿轮、佛山市星光传动机械、巨轮智能装备、广州数控设备等企业在高效精密机器人减速器等零部件上有较强研发能力。

广东省机器人产业也面临一些短板。一是缺乏核心技术，关键零部件对外依存度比较高；二是高端技术人才难以满足行业快速发展的需求；三是缺乏龙头骨干企业带动，行业处于弱而散的状态，企业和行业竞争力不强；四是产业链不是很完善，上下游配合不是很紧密，整机和系统集成联系也比较少。

广东省智能机器人发明授权专利数量自2015年起增长速度加快，每年授权专利数量成倍增长，见图3-39。

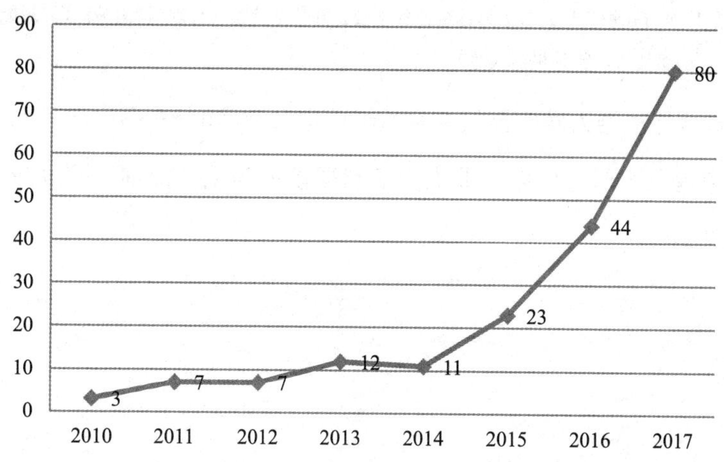

图3–39　广东省智能机器人发明授权专利年度统计

数据来源：广东省知识产权公共信息综合服务平台公开数据检索及整理（检索关键词：智能机器人、工业机器人、服务机器人、特种机器人等）。

从全省各地市智能机器人发明授权专利数量分布来看，广东省智能机器人研发活跃地区为广深两地，两地专利授权量为全省的83%。深圳智能机器人发明授权专利量占比57%，占据全省第一的绝对优势地位；广州授权专利数量占比26%，位居其后，见图3-40。

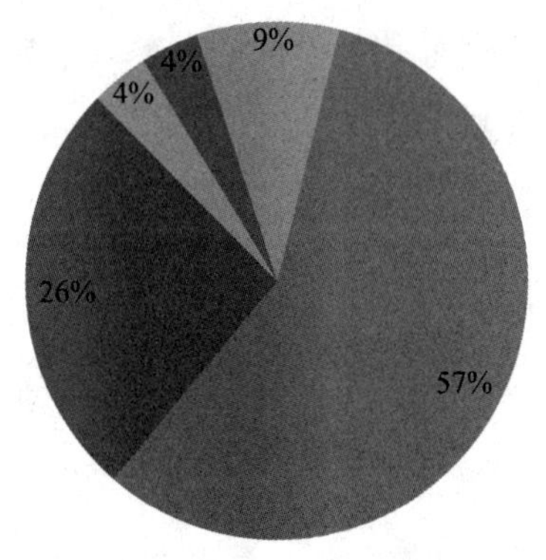

图3–40　广东省各地市智能机器人发明授权专利统计

数据来源：广东省知识产权公共信息综合服务平台公开数据检索及整理（检索关键词：智能机器人、工业机器人、服务机器人、特种机器人等）。

从全省智能机器人发明授权专利前十单位来看，均分布在广深两地。其中，广州以华南理工大学、广东工业大学等科研院所为主；深圳以研发应用企业为主，见图3-41。

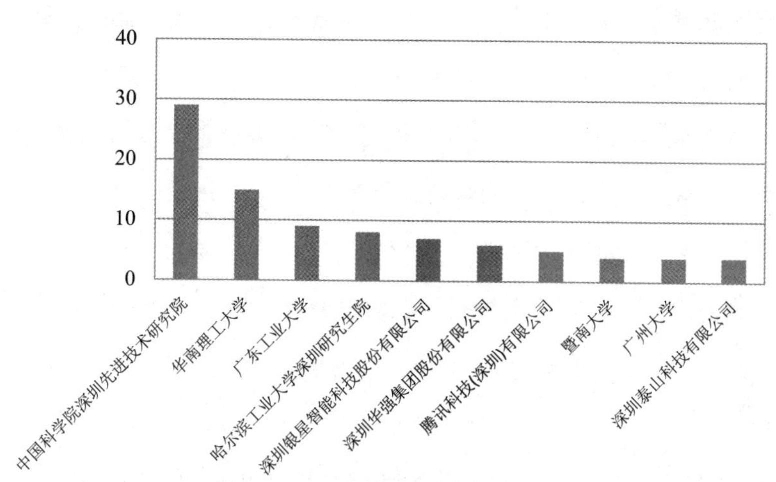

图 3–41　广东省智能制造发明授权专利单位前十

数据来源：广东省知识产权公共信息综合服务平台公开数据检索及整理（检索关键词：智能机器人、工业机器人、服务机器人、特种机器人等）。

以下对我省智能机器人的智能工业机器人、智能服务机器人和智能特种机器人三个子领域进行分析。

（1）智能工业机器人

概述：工业机器人由操作机（机械本体）、控制器、伺服驱动系统和检测传感装置构成，是一种仿人操作、自动控制、可重复编程、能在三维空间完成各种作业的机电一体化自动化生产设备。特别适合于多品种、变批量的柔性生产。它对稳定、提高产品质量，提高生产效率，改善劳动条件和产品的快速更新换代起着十分重要的作用。机器人并不是在简单意义上代替人工的劳动，而是综合了人的特长和机器特长的一种拟人的电子机械装置，既有人对环境状态的快速反应和分析判断能力，又有机器可长时间持续工作、精确度高、抗恶劣环境的能力，从某种意义上说它也是机器的进化过程产物，是工业界的重要生产和服务性设备，也是先进制造技术领域不可缺少的自动化设备。

技术发展现状：广东作为中国的制造大省和全球重要的制造业基地，在智能工业机器人的研制和生产上一直处于国内领先地位。2017年广东省经济和信息化工作会议公布：广东省工业机器人产量增长45.2%，新增应用机器人2.2万台，总量超6万台，保有量占全国约1/5。据介绍，2016年，广东省加快10个智能制造示范基地建设，产值9300亿元，增长10.7%。珠江西岸先进装备制造产业带全年新引进投资亿元以上项目226个，总投资额1921亿元。培育了15家工业机器人骨干企业，工业机器人产量增长45.2%。

在技术基础方面，我省工业机器人领域中的机器人控制器、减速机、软件等环节具有一定优势。如广州数控设备、深圳固高在智能工业机器人硬件方面具有多年研发基础，处于国内先进水平；广州中望龙腾软件在CAD/CAM软件领域处于国内领先水平。在创新平台方面，我省拥有广东省智能制造研究所、华南智能机器人创新研究院、广东数控佛山研究院、广东华中科技大学工业技术研究院、华南理工大学等一批工业机器人创新平台，在减速器、机器人驱控等技术研发上处于国内领先水平。广州中望龙腾软件、广州数控设备、广东省智能制造研究所、华南智能机器人创新研究院、华南理工大学等在全自主编程智能工业机器人有较大优势，处于国内先进水平。

与国际水平比较及评价：我省在近10年内工业机器人发展速度迅速，2016年智能工业机器人10个智能制造示范基地建设，产值9300亿元。发展规模扩大到了80家省级企业技术中心，认定了20个以上省级工业设计中心。但是与国外工业机器人之间是有一定差距的，首先就是发展时间的差距，国外工业机器人发展时间要比国内机器人发展时间要早，这一点就意味着国外机器人的整体水平要比我们更完善。其次就是技术问题，国内机器人与国外机器人要按照高技术较量的话国内的技术要落后很多，所以在一些高端行业应用到的都是进口的技术，这也是我国工业机器人日后要补足短板的地方。我省乃至我国工业机器人的发展长期存在这样的怪圈：由于采购量小，所以成本和定价高，这使得用户的投资较大，并导致市场始终做不大。只有通过国家在高端制造领域的长期投入，实现部件国产化、自主化，大幅降低成本和定价，工业机器人规模化应用的时代才会到来。

广东省工业机器人在机器人控制器、减速机、软件等环节具有一定优势，但是总体水平与国际领先水平有较大差距，缺乏核心技术，关键零部件对外依存度比较高，需要加大投入，才能缩小差距。

（2）智能服务机器人

概述：服务机器人指半自主或全自主工作，完成有益于人类健康、生活便利服务工作的机器人，不包括从事生产的设备，如家用清洁、医疗康复、助老及家庭服务、教育娱乐、餐饮服务等方面应用的机器人。服务机器人种类繁多，按照不同的用途，可将其分为医疗机器人、康复机器人、保洁机器人、军用机器人、警用机器人、娱乐机器人、教育机器人、导游机器人等；按照不同的移动方式，可以分为轮式移动机器人、履带式移动机器人、轮履复合型机器人、跳跃型机器人、爬行机器人（如蛇形机器人）、飞行式机器人等；按照不同的导航方式，可以分为基于地图导航的机器人、基于创建地图导航的机器人和无地图导航的机器人等。

随着老龄化社会的快速到来，服务机器人研究已经引起了欧美、日韩等机器人技术领先国家的普遍重视，都把智能服务机器人作为重点研究对象。与传统成熟的工业机器人相比较，服务机器人因更加贴近人类日常生活，而迅速成为机器人学研究的新领域。在《国家中长期科学和技术发展规划纲要（2006-2020）》中对智能服务机器人给予了明确定义“智能服务机器人是在非结构环境下为人类提供必要服务的多种高技术集成的智能化装备”，并且把智能服务机器人列为未来 15 年重点发展的前沿技术。就目前的发展态势来看，智能服务机器人成为人类的伙伴或者助手已经不再是幻想，随着其逐步进入人们的社会生活领域，它将对提高人类生活质量和整个服务行业带来深刻的影响。

目前，全球服务机器人市场总值正以 20% ～ 30% 速度增长， 2017 年全球服务机器人市场规模达到 461.8 亿美元，我国服务机器人市场规模也达到 240 亿元人民币。这些服务机器人形态各异，都将为人类的工作和生活提供帮助。同时，服务机器人作为 21 世纪高技术服务业的重要组成部分，是高科技产业发展的一次重大机遇，对于提升国家竞争力具有重要战略意义。

技术发展现状：目前，广东省围绕教育娱乐、家政社区、餐饮服务等服务领域需求积极培育发展服务机器人，满足消费者多元化的生活需求。同时，突破精细介入感知技术、快速个性化组织建模与治疗等关键技术，支持医疗、护理、康复等医疗卫生领域服务机器人发展。

在广东省，从事服务机器人研发的机构主要有中国科学院深圳先进技术研究院、优必选、Gowild、极思维智能科技、妙手机器人、深圳银星科技、广东德泷智能科技，广州优质智能机器人、广州埃米智能等。中国科学院深圳先进技术研究院开发了社区监控机器人、心理压力宣泄机器人、老人助行机器人、老人娱乐机器人、微创胸外科手术辅助机器人、血管介入手术辅助机器人系统、全自动经颅多普勒监护机器人 7 大机器人系统。深圳 Gowild 专注于情感社交机器人自主研发生产，2016 年发布全球首款情感社交机器人—公子小白。深圳极思维智能科技专注家庭服务机器人，主打产品有索扬扫地机器人等。广东德泷智能科技、广州优质智能机器人等开发了智能卧室、睡眠仪以及结合了智能制氧、雾化检测、胎心检测、血氧心率检测等功能的智能医护一体机。深圳银星科技的扫地机器人在全球销量名列前茅。成立于 2012 年的优必选是国内人形机器人的典型代表，团队经过多年研发，将小型伺服舵机成本降至国外同类型产品的 1/3，成功推出人形机器人 Alpha 系列并实现量产。目前，优必选是国内智能服务机器人领域产品类公司中唯一一家独角兽。

与国际水平比较及评价：目前，世界上至少有48个国家在发展机器人，其中25个国家已涉足服务型机器人开发。在日本、北美和欧洲，迄今已有7种类型计40余款服务型机器人进入实验和半商业化应用。服务机器人产业从全球范围来看，美国是绝对的霸主。美国《Robotics Business Review》是世界上报道机器人产业最权威的机构之一，2016年该榜单公布第四届了“全球最具影响50家机器人公司”，在这个榜单中服务机器人占据2/3，服务机器人中美国又占据2/3，在服务机器人领域是绝对的全球霸主。除美国外，日本、英国、德国等表现也不俗，广东只有大疆无人机一家服务机器人企业上榜。

目前，智能服务机器人产业正处于培育期，产业成熟度有待提高。智能终端和工业机器人起步较早，硬件设备层的控制系统和移动系统发展基础较好，但在人工智能方面仍有较大的提升空间。我国智能服务机器人与发达国家仍有一定差距，特别在伺服电机、人机交互、智能决策等方面技术对外依存度高。在我国智能服务机器人以科研院所为主导的研究体系中，产业化进程较为缓慢，产学研协同创新能力和产业链管控能力有待提升。深圳、上海、北京等地高度重视智能服务机器人等智能服务产品的发展，将其作为重点培育的新经济增长点。

广东省智能服务机器人起步虽晚但发展迅速。服务机器人产业也已具备相当基础。但是与国际领先技术相比还存在一定差距，在经济投入上也落后于国外，专注于研究智能服务机器人的企业还不多。

（3）智能特种机器人

概述：特种机器人指针对危险场合及特殊行业应用需求，如在水下作业、灾难探测搜救、森林防火监测、农业喷洒、军事用途、民用防暴、特种环境作业等方面应用的机器人。

随着我国科技的发展，机器人领域尤其是特种机器人的发展也是突飞猛进。如中国航天科工集团北京自动化控制设备研究所研究的特种机器人FAA-

05K，是中国自主研发的首台装卸放射源机器人，能够在有限的活动空间与恶劣的工作环境下精确完成放射源的安装过程，而且经过精心设计的灵巧末端夹持器可以确保夹持可靠，也不会对放射源造成损伤。这个看起来简单的手臂，却是航天技术的集成，在系统集成技术、自主控制技术、视觉定位系统、高功率密度电机、伺服驱动控制器等方面都有所关联。MGT-20K 特种移动机器人面向反恐、侦察、排爆、电站巡检、煤矿巷道探测等方向开发了中、小型通用移动机器人产品，融合了航迹推算、路径跟随、自主避障等多项导航控制技术，可用于日常巡检，危险环境侦查、搜救和排爆等工作。

我国对特种机器人的投入巨大，研发的特种机器人种类达到 23 种，相比过去两年，同比增长 36.6%。在多种因素的引诱下，特种机器人产业的发展速度将再次提速，步入历史上的第二个繁荣发展期，未来特种机器人的发展将朝智能化、精细化、大型化、多功能化等方向发展。

技术发展现状：华南理工大学在新型高效深熔机器人、六足桥梁检测机器人、蛇形机器人、建筑墙体检测服务机器、海洋油气平台清污智能水下机器人等方面研究比较深入。广东科凯达智能机器人有限公司专注于架空高压输电线路巡检机器人研发，生产和推广相关数据处理、故障诊断识别、故障排除工作。深圳施罗德致力于打造以“特种智能机器人 + 大数据”为平台的核心技术应用，涵盖管道产品应用、物流运输机器人、云平台搭建、机器人核心技术。中信重工特种机器人产业华南基地，汇集了中信集团和中信重工两大品牌优势和特种机器人领域专业优势，是中信重工特种机器人业务在广东地区唯一产业布局，项目总投资额 3 亿元～ 5 亿元，打造集机器人本体制造、集成应用、核心零部件及控制软件配套服务特种机器人生产基地，主要产品包括履带式机器人平台、消防灭火侦察机器人、灾区侦测机器人、水下机器人平台、巡检机器人平台、管道机器人平台等。深圳以宝安、龙岗和坪山为主要载体，培育和引进一批机器人研发、生产制造和系统集成企业以及关键基础部件配套企业，主推特种机器人领域的发展，形成具有较强竞争力、特色鲜明的特种机器人及智能装备产业集群，为特种机器人产业发展提供技术支撑和储备。

与国际水平比较及评价：国际上特种机器人最成熟的应用领域当属军用机器人。军用机器人形态各异，从外形上看也许根本就没个“人样”，但是它们有一个共同的特征：具有部分拟人的功能。从用途上军用机器人可以极大地改善作战士兵的作战条件，提高了作战效率，因此，军用机器人技术受到各国的高度重视。美国从20世纪90年代末就首先开始了军用机器人技术装备的研制，美国军方列入研究的各类军用机器人有100多种，有的已投入实际使用。美国国防部甚至宣布即将组建机器人军队，并计划在陆军建立一个机器人连。美国海军研究的遥控爆炸物销毁系统(RONS)是联合机器人总计划的一个项目，该机器人是一辆履带式遥控车，装备有CCD摄像机，无线电及光纤通信设备及三轴腕关节的多功能机械手，可提起45kg的重物，它使用柴油机及蓄电池驱动，可爬45°楼梯和爬越6m高45°的斜坡。日本将机器人技术装备列为国家七大优先发展方向之一，目标是成为机器人技术领域的世界领导者。欧盟在数年前也加入了这一竞赛，通过了价值数十亿的军用机器人技术装备计划。英国军用车辆研究所与皇家陆军军械部队共同研制出履带式“手推车”排爆机器人已经向50多个国家的军警售出该型机器人。德国Telerob公司研制的MV4系列机器人已在索马里执行维和任务时投入实战。法国DM公司研制的RM35机器人系列应用于排爆作业。

目前，我省正在大力发展智能化、大型化的特种机器人，虽然已有了显著效果，但是与国际领先技术相比仍存在一定差距。

3. 智能教育

“人工智能+”时代正在成为全社会共识，利用智能技术加快推动人才培养模式、教学方法改革，构建包含智能学习、交互式学习的新型教育体系以提升教学质量，实现个性化教育、因材施教的智能教育。

（1）个性化教学

概述：随着互联网的快速发展和“人工智能”技术的不断进步，“一对一”式的个性化教学逐渐成为可能。因为互联网打破了空间和时间的限制，让更多优质教育资源通过互联网共享。而人工智能的特点是基于大数据分析，结合产品的特性和用户的需求并按照一定的智能算法做出处理，可以让产品和服务更加“人性化”。通过人工智能生成与学习者相匹配的数据后，就能知道这个学习者哪方面强哪方面弱。经过大数据技术的渗入，真正改变了传统的教育观点，让因材施教的教育思想能够得以践行，让每个学习者有个性、有差异化地学习。

技术发展现状：以科大讯飞、猿题库、优答、一起作业、学堂在线为代表的企业，都开始对教育数据的分析与应用展开探索。主要基于大数据，可以精细刻画学生特点、洞察学生学习需求、引导学生学习过程、诊断学生学习结果。通过对学习者学习背景和过程相关的各种数据测量、收集和分析，从海量学生相关的数据中归纳分析各自的学习风格和学习行为，进而提供个性化的学习支持。科大讯飞推出了“智能微课工具 1.0”“智慧纸笔课堂 1.0”“智慧作业平台 1.0”“智慧组卷工具 1.0”四款智慧教学新产品，显示了最新的人工智能技术应用在教育领域的突出成果。利用先进的语音识别技术和扫描识别技术，语言识别和手写识别准确率均达到 92% 以上。对学习全过程进行数据采集，采集结束后进行数据分析，包括语音图像的分析等，这样就可以基于知识点、知识体系向老师、学生推荐精准的学习信息。

与国际水平比较及评价：在个性化智能教育领域，美国北卡罗来纳州通过教育云计算技术为多所学校间实现了互联互通，学生可以根据各自的不同情况为自己设定不同的学习路径，既可以选择本校的课程，也可以选择其他学校的课程。该州所采取的做法的好处学校就不需要管理云端复杂的技术架构，而只需要提供开放的标准，使得其教学资源、方法、工具能够在网络上被购买支付、被使用。新加坡通过 EdVantage 项目的实施来提供一个延伸至课堂以外的以学习者为中心的交互式学习环境，包括三部分：为学习者提供随时随地的学习机会；为学习者提供交互式数字学习资源，激发学生进行独立的、个性化学习；通过整合各类应用程序和信息技术为学习者提供交互式智能学习，促进师生合作学习，提高学生的学习效果。在该项目中特别强调学习者的学习经历和过程评价。韩国《智能教育推进战略》中指出韩国将在所有学校建设以云技术为基础的教育环境，在一线学校正式实施“量体裁衣”式的智能教育，用纸张制作的传统教科书将从学校消失，取而代之的是数码教科书，学生们可以通过计算机、智能平板、智能电视等各种数码终端灵活使用。

广东省在个性化教学方面重视基础设施的建设而忽视了软实力的发展。个性化教学的大部分资金都投入在智能设备的购买和资源的建设方面，而对创新人才培养系统开发、公共教育资源标准和服务、教师信息技术技能培训的资金相对较少，所以有效的智慧教育系统没有被完全建好，这对于实现个性化教学将是一重大挑战。总体来说，广东省在个性化教学应用领域处于国内领先，但相比较国际先进水平存在较大差距。

（2）人工智能助教

概述：人工智能助教是 IBM 的一个重要的人工智能计划，目的是让每一个儿童都有一个智能老师。这个计划能够让全球包括儿童、学生等众多学习者在他们的终身学习过程中都能够使用到这样的智能教师并以个性化的方法去学习。目前，百度公司也在积极投入这个领域，他们希望未来的体验是每一个名师都有一个助教，即“一人一名师一助教”。

技术发展现状：作业帮致力于为全国中小学生提供全学段的学习辅导服务，截至目前，作业帮用户量突破 3 亿，是中小学在线教育领军品牌。作业帮自主研发了包括拍照搜题、作业帮一课、一对一辅导、古文助手、作文搜索等10余项学习工具。在作业帮，学生可以通过拍照、语音等方式得到难题的解析步骤、考点答案；可以通过作业帮一课直播课堂，与教师互动学习，迅速发现自己的知识薄弱点，精准练习补充；可以观看课程直播，手机互动学习；也可以连线老师在线一对一答疑解惑；学习之余还能与全国同龄学生一起交流，讨论学习生活中的趣事。阿凡题正式推出了引入人工智能技术的产品“阿凡题-X”，打破在线教育行业人工智能应用的原有局面，拉升了在线教育行业的技术阈值。这款可以智能识别一元二次方程等手写题的“阿凡题-X”，不仅大大提升了学生的解题效率，也使”拍照搜题”摆脱了对题库的依赖，可以像人脑一样思考，拍照后进行运算解出答案，这直接推动“拍照搜题”1.0时代进入“拍照解题”的2.0时代。

与国际水平比较及评价：美国佐治亚理工学院电脑科学教授阿肖克·戈埃尔创造了一款基于IBM沃森技术的人工智能助教，这位助教可帮教授处理日常有标准答案的问题。广东省“智能批改＋习题推荐”类的智能助教产品丰富且技术领先，运用图像识别、自然语言处理、数据挖掘等技术实现了教师线上布置作业到人工智能自动批改、生成学情报告和错题集，而后对教师、家长和学生进行反馈，并根据学生的学情进行自适应推荐习题。教师在产品系统中布置学生课后任务，这些任务会同时通知到学生和家长，学生在纸面上完成作业后拍照上传至系统或直接在系统上完成作业并提交，系统会自动批改学生提交的作业，并生成分析报告。一方面，家长可以在系统上监督学生作业完成情况；另一方面，教师通过学生分析报告，可以针对不同学生学习情况定制个性化教学方案，同时，系统也会整理学生错题，并为学生智能推荐习题。总体而言，广东省在人工智能助教应用领域处于国内领先，部分应用技术处于国际领跑水平。

（3）听说训练

概述：随着移动互联网和人工智能的发展，基于语音的交互已经越来越重要、也越来越普及。《2017年度互联网趋势报告》认为，语音是最有效的计算输入形式，将成为人机交互的新范式。据Gartner预测，到2018年，30%的人机交互将通过自然语言完成。对此，全球的科技巨头都瞄准了未来语音识别领域这块大蛋糕，纷纷投以重金布局。

目前，语音评测技术已在普通话考试、英语听说考试、音乐水平等级考试中运用。语音评测是通过智能语音技术自动对发音人水平进行评价、发音缺陷定位和问题分析的软件系统。涉及的核心技术主要分为三个部分：中文普通话发音水平自动评测技术、英文发音水平自动评测技术、中英文发音自动评测统一技术框架。

技术发展现状：基于科大讯飞语音评测大数据技术和领先的智能语音评测技术，广州讯飞E听说网络科技有限公司针对中学生英语听说考试，推出了基于语音评测大数据的中学英语听力口语教学平台，为学生设计多场景英语听说学习方案，致力于提高中国学生英语运用能力和国际事务参与能力。目前，该平台的付费用户已突破100万，以题推题的推荐准确率达到85%以上，年累计使用评测次数超过1.3亿，市场应用前景广阔。

语音技术虽然有广泛的运用前景，但语音交互技术的门槛在于其识别率和语义分析可能达不到想象中的完美。多位语音识别领域的专家曾指出，“目前一般远场识别的错误率是近场识别错误率的两倍左右”，而同时，面临中华文化博大精深的语言系统，机器往往无法识别出不同场景下的同一个词语的语义。远距离识别、噪音识别、口音识别以及语义理解等是人工智能语音交互技术未来需要攻克的难题。

与国际水平比较及评价：国内从事智能教育公司虽然多，但切入的领域依然较为有限且单一，相较于国外，布局教育智能教育的公司基数小。究其原因，大部分国内智能教育软硬件技术尚未成熟，用户体验不好，使得智能教育教育难以一时间大规模应用与普及。就现阶段而言，智能教育教育机会与挑战并存。由于智能教育还处于行业起步期，无论是设备技术的成熟程度，消费级产品的受市场认可程度还是注入内容的丰富程度，都与大规模的推广还有一定距离。此外，在核心技术方面，部分技术研发瓶颈在短期内难以突破，产业链也相对单薄。随着技术不断发展，在硬件性能趋同的背景下，内容交互将构成差异化竞争力，智能教育将会有更好的发展趋势。

综合来看，广东省的智能教育企业从核心技术到企业规模在国内来说位居前列，但对标国际，技术略显稚嫩，应用也较为简单，处于跟跑水平。

4. 智能医疗

医疗保健是人工智能驱动的规模最大，增长最快的领域之一，涌入了大量的投资，相关的创新覆盖临床研究、机器人医疗助手、医疗大数据分析、基于基因组学和精密医学的个性化治疗等。医疗是一个数据密集型、脑力劳动密集型、知识密集型的行业，需要依赖强大的知识储备和处理分析能力进行判断、诊疗。同时，失误“零容忍“使得医疗领域从基础层药物研发、检测，到应用层预防、诊断、治疗、康复、健康管理等各环节都面临严格的质量和监管要求。AI+ 医疗（智能医疗）的热门，一方面来自越来越成熟的人工智能技术，另一方面来自越来越紧迫的医疗需求，包括对有效的医疗方案需求以及来自管理成本和医疗支出的上升、人口老龄化的压力。目前，创业公司们正试图利用机器学习来帮助缩短药物研发周期，降低错误率；利用虚拟助手为病患提供服务，提高医疗影像诊断的准确性，优化诊疗程序。

AI+ 医疗是信息技术与医疗技术的深度整合，涉及了医药公司、医院、医务人员、患者等各个环节，发挥了数据技术和机器人技术的高效性和准确性，对于服务优化、技术发展、成本控制意义深远。AI+ 医疗能够有效缓解老龄化社会和医疗资源有限的压力并能满足精准医疗、个性化医疗的发展趋势。目前，IBM、谷歌、亚马逊、苹果、腾讯等科技大佬以及传统医疗设备、制药巨头都给予了极大的关注，技术和应用虽在萌发期，但发展前景广阔。

广东省高度重视智能医疗发展，在《广东省构建医疗卫生高地行动计划（2016-2018年）》中明确提出打造精准医疗创新平台、互联网＋医疗创新平台，探索智能化护理平台建设等任务。在智能医疗研究和应用方面，拥有中山大学、暨南大学、南方医科大学、清华大学深圳研究院、中国科学院深圳先进技术研究院、广东省医疗器械研究所等高校和科研院所；拥有广东省人民医院、中山大学第一附属医院、南方医科大学南方医院等国内一流的医院；还有一批以腾讯、华大基因、碳云智能等为代表的企业，具有很好的技术研发和产业基础。

（1）辅助诊断与治疗

概述：随着人工智能技术和医疗大数据的发展，使用计算机辅助医生开展智能诊断与治疗成为可能。基于不断积累的电子病历、图像和视频等医疗大数据，建立智能模型，归纳和总结海量医疗数据中蕴含的规律，例如某种特定病症相关特征、治疗效果与治疗方案的关系等，应用机器学习和数据挖掘等数学方法模拟和学习医生对疾病诊断和治疗经验，训练和开发可靠的计算机模型和软件，以此来提高医生诊断准确率和患者治疗效果，达到更好的医疗服务水平，为延缓病情甚至治愈疾病提供更多可能性。按照诊断目的，辅助诊断又分为筛查、分类和危险分级三个层次，根据不同疾病类型和诊断结果的严重程度，由计算机辅助方法自动给出一套治疗建议方案。

在工作原理上，辅助诊断和治疗的第一步通过自然语言处理（Natural Language Processing，简称NLP）学习、理解和归纳医疗信息，包括权威医学书籍文献、诊疗指南和病历等海量信息，自动构建一个大规模的“医学知识图谱”，类似机器大脑的“医学知识库”；第二步用领先的深度学习技术去学习海量临床诊断案例，再对比数十万机器与专家的诊断数据后持续优化模型，不断提升其诊断能力，得出基于医学影像、检查检验结果和病史等多个维度的深度诊断，给出具体病症预测。这为医生提供了更好的决策基础，能辅助他们更快、更有效的理解病案，提升诊疗效率。

目前，已有一些计算机辅助诊断和治疗软件在临床上实现了辅助诊断应用，如 IBM-Watson 等。它一方面提高了医生诊断的准确率，避免了不同医生诊断主观差异，缩短了医生学习曲线，使医生从繁重常规诊治中解放出来；另一方面为患者提供了个性化治疗方案，有效改善了患者的治疗效果和医疗成本，具有广泛应用前景和极大社会、经济效益。

技术发展现状：广东医疗发展早，需求量大，供给侧改革迫切性高。在全国范围的医学专科排名中，广东的眼科和呼吸科一直稳居榜首，其计算机辅助诊断和治疗方面在国内外研究中处于领先地位。在包括放射科、超声科和内镜科的图像分割、病灶识别和配准技术以及对肺部、肝脏和消化道等病灶开展辅助诊断和治疗研究也取得了一定的研究成果。中山大学中山眼科中心作为我国唯一的眼科学国家重点实验室依托单位，前期借助医院积累的大量临床数据，训练出对先天性白内障识别准确率达 95% 以上、具备筛查、分类、分级诊断、智能治疗决策的人工智能算法，达到了资深眼科专家的水平。创建了全球首个先天性白内障人工智能诊疗平台，建立了白内障、青光眼和玻璃体疾病等常见致盲眼病人工智能诊疗系统，开设了全球首个眼科人工智能门诊，引领了国际眼科学甚至是整个医学的发展方向，同时为其他医疗疾病的辅助诊断和治疗提供了有效的借鉴作用。腾讯推出的首款智能医疗产品—腾讯觅影，在医疗影像领域达到世界先进水平。

与国际水平比较及评价：基于医疗大数据和人机智能算法，国外有多个研究机构和医院开展紧密合作，在不同医疗领域进行探索并开展了辅助诊断研究项目，但研究水平能够突破的也不多，主要限制瓶颈是缺少高质量的医疗大数据。斯坦福的计算机科学家借助深度卷积神经网络技术，采用 13 万张皮肤病变图像进行训练，开发出智能识别皮肤癌的辅助诊断系统。深度卷积神经网络系统与 21 位皮肤科医生在角质细胞癌与良性脂溢性角化病以及恶性黑色素瘤和普通的痣进行的 2 轮对比测试中均达到了皮肤科医生专家水平。谷歌 DeepMind 团队基于深度学习的算法研发和实施了糖尿病视网膜疾病的自动诊断和分级，与 54 名眼科医师合作，采用 12.8 万幅图片数据集进行模型训练，实现对糖尿病视网膜病变进行智能评估诊断，帮助医生克服资源短缺问题，为更多患者做出更专业和高效的诊断。

广东省在医疗辅助诊断和治疗领域中的部分专科已处于国际领跑或并跑水平，具备解决医学专业问题的能力，但仍缺乏多样化的临床诊治功能。这需要更多的医疗工作者与计算机专家深度合作，也需要政府落实相关经费和政策支持，推动医疗辅助诊断和治疗协同研发与创新。

（2）医学影像分析

概述：医学影像分析是一门以医学影像、数字图像处理、数据挖掘、数学建模和人工智能等学科为基础的交叉学科。在疾病早期筛查、分级诊断和疗效评估中发挥重要作用，已经成为疾病诊断和疗效评估中不可缺少的临床技术之一。在医学图像分析领域，主要包括图像分类、图像分割、图像配准、图像去噪、图像融合、图像纹理分析、时序图像分析和基于图像内容的图像检索，以及图像理解和智能化决策等研究方向。随着医学影像技术的快速发展和数字化医疗设备的普及，医学图像分析已经步入大数据时代。临床研究工作者可以从海量医学图像数据中挖掘出有用的图像特征或影像特征标志，从而为临床诊断、治疗方案制订和精准定量疗效评估提供更充分的科学依据。在人工智能算法中，深度学习已经被广泛用于医学图像分析和临床智能化决策研究中，逐渐成为诊疗过程中非常重要的一部分，可以有效降低医生误诊和漏诊率，提升诊断准确率，避免不同医生之间主观差异，从而为患者提供精准的治疗方案，具有重要的临床意义和科学价值。

技术发展现状：广东医学影像分析发展较早，医生和患者需求量大，其医学影像分析方法和应用在国内外研究中处于领先地位。目前，发展较快的影像分析主要围绕着放射科、超声科和内镜科的等的间接或直接的组织图像，在肺部、肝脏、消化道、眼科和皮肤科等专科的临床医生的复杂诊断和治疗起到了重要的作用，特别是医学影像在眼科的应用具有明显优势。由于眼睛是体表器官，眼科疾病病灶可以通过简单的光学拍摄设备，就能获取足够的图像诊断信息。因此，广东省各大三甲医院的部分专科已经在大量临床数据积累的基础上，通过计算机方法处理和分析医学图像，获得定量化的图像特征和参数，增强了医学影像的可视效果，由此构建了计算机辅助系统，从而减少了医生主观因素对诊断结果的影响，降低了漏诊和误诊率，使广东省的医学影像人工智能技术和应用走在了国际前列。腾讯入选“首批国家人工智能开放创新平台名单”并主导建设医疗影像国家新一代人工智能开放创新平台。作为腾讯首款将人工智能技术运用到医学领域的产品，腾讯觅影把图像识别、大数据处理、深度学习等领先技术与医学跨界融合研发而成。自2017年8月发布以来，腾讯觅影已经跟十多家三甲医院建立了人工智能联合实验室，并与上百医院达成合作意向。其中，针对食管癌、肺结节、糖尿病性视网膜病变等病种的筛查已进入临床预试验，每月处理上百万张医学影像，不但大大提升了医疗效率，而且对于偏远地区提高医疗水平有极其重要的价值。

与国际水平比较及评价：医学影像分析已成为国际众多研发机构的研究热点与临床应用技术。Google利用医学影像分析结合深度学习方法来诊断糖尿病视网膜病变，2016年，谷歌DeepMind团队基于深度学习算法研发和实施了糖尿病视网膜疾病的自动诊断和分级，与54名眼科医师合作在12.8万幅图片组成的数据集上进行模型训练，从而实现在视网膜造影中对糖尿病视网膜病变进行检测，帮助医生克服资源短缺问题，为更多的患者做出更专业的诊断。QView医疗致力于3D超生乳腺癌智能诊断的研究，基于BI-RADS（Breast imaging reporting and data system）分级标准，使用计算机智能算法对 3D 超声波图像进行分析和诊断，开发了临床应用软件并通过了美国 FDA（Food and Drug Administration）认证。

当前，广东省在医疗影像智能分析应用的发展水平处于国际领跑水平，经过进一步的研发创新突破，医学影像人工智能分析将能发展到更加专业的阶段，具备解决更多专业问题和多样化应用的能力。

（3）医疗助手

概述：随着技术的成熟，人工智能有望成为临床医生的合作伙伴，帮助医生承担诊前问询、自动化检测等工作，使医生有更多时间可以与患者互动。例如，智能语音技术的发展使得人工智能助手可以跟人类医生一样与患者进行语音交谈，询问病情、判断症状以及提供个性化治疗方案给医生参考。更重要的是，人工智能助手背后丰富的医学知识库和“临床诊断经验”有助于增强医生临床诊断能力和精准度。埃森哲发布的《2017 年数字化健康技术展望》报告显示，72% 的卫生机构已经引入智能虚拟助手并投入服务。医疗助手可协助医生和患者了解疾病、诊断、治疗、随访的整个过程。智能医疗助手的常用形式为健康类手机软件，为患者提供全面的医疗知识，实现医生和患者的实时互动交流，方便医生和患者快速查看患者病例和检验报告，检测患者的服药情况，对老年人或是未成年人进行实时看护，提高了医疗服务的质量和效率。此外，医疗助手实现对病人完整病历资料的收集和管理是医疗数据库的重要数据来源。

技术发展现状：广东省在医疗助手方面的研发和应用具有较好的基础，涌现出一批有代表性的产品。科大讯飞推出的智医助理，以超分数线 96 分的成绩通过了 2017 临床执业医师综合笔试评测，成为全球首个通过国家临床执业医师综合笔试测试的机器人。该产品基于深度学习技术，结合医学专业教材、临床指南和经典病例等资料来辅助基层医生问诊，提出诊疗建议。广东省珠海横琴爱生医疗科技有限公司研发的爱生医疗助手软件，把医学资料库和病历档案库装进大众口袋，服务于临床医生、药师、患者和医学科研工作者。该软件根据医学工作者的实际需求进行设计，以便为患者提供更细致、周到、专业的服务。广州大型云端眼科疾病数据管理系统实现了对眼科疾病数据的收集分析与管理，建立了眼科疾病分析的大型数据库，服务于科研工作者的进一步研究，为后续疾病诊疗方案的分析和精准医疗方案的研发提供了数据基础。深圳碳云智能科技有限公司围绕消费者的生命大数据、互联网和人工智能创建数字生命的生态系统，拥有中国首个专业度最高的百万健康数据收集平台。通过数据挖掘和机器学习，将人工智能的优势带入海量的生命大数据分析和应用中，通过不断迭代和更新知识库，优化后的算法将培育出第一个全面管理生命健康的智能机器人。

与国际水平比较及评价：国际上，众多医疗中心和信息技术公司紧密合作，在医疗大数据的基础上不断研发和开展的医疗助手项目。卡耐基梅隆大学和匹兹堡大学医学中心合作的“匹兹堡健康数据联盟”项目，利用从医疗中心获得的患者数据研发了健康服务智能软件，相关技术针对不同患者实现了更好的诊断、治疗和沟通。美国 Aicure 公司研发的智能软件利用移动技术和面部识别技术来判断患者是否按时服药，患者数据会通过与 HIPAA（健康保险流通与责任法案）网络的兼容实时反馈给临床医生，医生可以掌握患者服药的规律，提醒并增强患者的药物依从性。此外，Automated Insights 人工智能技术公司把自然语言生成平台 Wordsmith 与 Great Call（移动 App 开发者）合作来获取设备携带者的信息，通过软件连接 GreatCall 设备实现对老年人和未成年人的看护。

广东省的医疗助手发展水平并跑国际领先水平。目前，虽然已经建立了相关大数据库，但对于不同医疗助手软件功能的实用性和多样性依然存在很大的发展空间，需要进一步的研发创新。

（4）智能化药物研发

概述：智能化药物研发是指药物研发过程的智能化，主要表现为计算智能在药物发现中两种方向上的应用，即将人工智能和药物大数据结合到一起，通过对数据的整合、分析与解读，从海量数据中快速地找到真正具有价值的成分；或通过对数据的分析，总结出药物发现的规律，缩短药物发现的时间，从而推测出新的药物化合物结构或者已有药物可能应用的新领域。利用大数据的智能计算为当代药物发现带来了空前的机会，允许科学家在以前难以想象的时域和微观尺度探索化学多样性空间、发现药物靶标、模拟受体 - 配体的相互作用、解析药物分子作用机制以及在中药配方的研究上均具有极大的发展潜力和应用前景。

技术发展现状：广东省在人工智能和计算智能技术的不断发展，药物数据库的建立与扩大，为智能化药物的研发奠定了良好的基础。中山大学药学院在药物创新方面开展了相关研究，建立了药物创新大数据公共服务平台。广东省纳米医药重点实验室依托中国科学院深圳先进技术研究院，通过融合纳米材料、纳米医学、分子生物学、免疫学、光学光谱技术、分子影像和纳米载药技术等多交叉学科以及跨学科和团队高效协作进行智能化纳米药物的系统构建研究，在纳米药物的合成、应用研究上独具特色。东莞广州中医药大学中医药数理工程研究院以中药药性和中医症候与 OUA 空间理论进行编码关联研究为突破，为中医药数理化提供可行性模型和思路，在中医药的现代化研究上独树一帜，取得了一系列创新理论成果。同时，利用中医药智能计算成果制定疾病的系统性治疗处方为中药开发提供源源不断的信息资源，成为新药发现最具创新和效率的体系。广东省康缘药业中药生产智能工厂入选全国智能制造试点示范项目，其开展了中药先进制造关键技术研究和中药数字化提取精制工程研究，重点围绕热毒宁注射液等中药大品种的工艺以及产能要求进行设计，集成先进的自动化控制和过程分析技术，开展中药生产全过程质量控制技术研究，满足了智能化生产需求。广州大学使用计算机智能方法开展了配体姜黄素的3D-QSAR研究，其在药物设计合成过程中使用计算机进行辅助药物设计，使用三维定量构效关系方法指导姜黄素类似物合成。

与国际水平比较及评价：国外众多生物科技和制药公司都在不断尝试智能化药物的研发，比较突出的有Berg制药、强生和赛诺菲。Berg制药通过开发Interrogative Biology人工智能平台综合分析人体自身化学物质来研究人体分子和细胞自身防御和组织发病机制，利用人工智能和大数据来推算人体自身分子潜在的“药物化合物”。这种方法不但瞄准了当前医学靶向治疗的趋势，而且可将人体自身来源的分子作为糖尿病和癌症等累积多系统的疑难杂症潜在药物。相比于以往的新药研究，节约了大量的研发时间和资金成本。强生和赛诺菲则利用“沃森超级系统”来支持智能化药物的研发。强生用“沃森”来快速分析临床试验结果实现快速对不同治疗方法的对比效果研究，以求获得药物在更广泛领域的应用。赛诺菲利用“沃森”来综合筛选药物的毒理学信息，鉴别现有药物的其他用途，帮助研究者们发现药物适用的新领域。

广东省在智能化药物的研发水平与国际领先水平相比，仍处于初级发展的跟跑阶段，需要多方参与与资源投入，才能实现突破创新，早日赶上或超越国际先进水平。

（5）精准医疗

概述：精准医疗是以个体化医疗为基础，对基因组测序技术、生物信息与大数据科学的交叉应用而发展起来的新型医疗模式。其本质是利用生物组学和医学前沿技术对于大样本人群与特定疾病类型进行生物标记物的分析、鉴定、验证与应用，从而对疾病的原因进行精确的分析，对一种疾病不同状态和过程进行精确分类，对治疗靶点精准选择，最终对患者进行个性化精准治疗，提高疾病诊治与预防效益。

技术发展现状：广东省已进入精准医疗全面发展阶段，对于开展精准医疗至关重要的疾病表型和统计学效能方法已开展了前瞻性布局，统筹建立了样本资源和信息数据库等必要平台。据统计，广东省共聚集精准医疗相关企业332家，细分领域涉及基因测序、PCR、液体活检、抗体药物、免疫细胞治疗、基因编辑、基因芯片等，形成了覆盖精准诊断、精准治疗全流程产业链。其中，以PCR和基因测序服务最为热门，形成了明显的产业集群。在精准医疗优秀企业方面，除了华大基因、达安基因、阳普医疗、丽珠医药等龙头上市企业外，一批创新型企业也在稳步成长，逐渐推进国内精准医疗产业的发展。燃石医学专注于肿瘤患者个性化治疗指导，以二代测序及医学生物信息学为核心，常规肿瘤分子病理检测为基石，致力于打造肿瘤个性化治疗临床检测服务及科研一站式解决方案，已经开发了肺癌靶向药检测Panel、甲状腺癌良恶性判断检测Panel、肺癌液体活检基因检测Panel以及多癌种的遗传易感基因检测Panel。医疗机构方面也纷纷加入精准医疗的研发和应用行列，例如中山眼科中心作为广东省眼科诊断和治疗创新工程技术研究中心依托单位，借助医院积累的大量临床数据已经完成了眼“微组织”的生物样本库，包括了近千例的晶状体囊膜、房水、皮质等珍贵的组织标本，同时，配套了独立自主的新一代测序平台、高性能的浮点计算服务器，实现了全链条化的精准医疗研发基地。

与国际水平比较及评价：早在2015年初，美国总统奥巴马在国情咨文演讲中就已经宣布全面开启精准医疗计划，旨在抢占医疗卫生技术的新高地。中国在发展精准医疗的优势上，主要包括经济基础雄厚，病例资源丰富，有开展大规模生物组学研究和大数据分析的潜力和基础。然而，在大数据智能分析的关键技术和团队建设上，相较欧美等发达国家而言，还存在一定差距。中国的精准医疗计划在科技部和国家卫生计生委等的推动下，计划于2030年前在精准医疗领域投入600亿元。随着中国的社会逐渐进入老龄化，医疗方面的负担越来越重，医疗产业是刚性内需且边际效应巨大。开展精准医疗是医学发展的必然趋势，尽快切入有可能实现技术上的弯道超车并有效拉动整体经济发展。

广东省在精准医疗方面依托丰富的病例资源，在大规模生物组学研究和大数据分析等方面具有很好的发展潜力和基础，形成了较为完整的精准医疗产业链，但总体与国际先进水平存在一定差距，在智能化水平方面仍有较大的提升空间。

5. 智能运载工具

智能运载技术是集成先进的无人驾驶、智能感知、遥测遥控、高速通讯、精准定位与遥感应用等技术，实现无人操控装备智能化、专用化、协同化复杂任务执行的技术。智能运载技术正在颠覆以人为核心的传统驾驶方式，催生了全新的应用服务体系，迅速发展并广泛应用于军事、政治、国民经济等各个领域。目前，智能运载技术已形成无人机、无人船、无人车等成熟的细分领域。其中，无人机在航拍、执法侦察、安全监控、抢险救灾、搜救搜查、气象监测、农业植保等领域广泛应用；无人船在水质监测、水下测绘、核辐射在线监测、水面清洁、流速和流量测量、海洋监测和管理、反走私等领域具有广阔的应用前景；无人车在交通运输、道路治理、治安管理、地图测绘、环境监测等领域具有潜在的应用前景。近年来，无人机全球市场快速增长，预计 2020 年，全球民用无人机市场将突破 200 亿美元，年均增长 40% 以上。我国民用无人机产业发展迅猛，广东省一枝独秀，预计未来 5 年，广东省无人机市场规模超过 200 亿元，行业应用类市场将突破 600 亿元，加上无人船、无人驾驶汽车等领域，我省无人智能技术产业产值规模有望突破千亿元。在巨大的市场需求驱动下，近两年来全国正兴起无人智能技术关键技术开发及相关基础研究的热潮，各级政府部门、科研机构及企业愈加重视。

广东省智能运载专利授权从 2015 年开始呈爆发式增长，经过两年的迅速发展，2017 年专利授权量为 2015 年的近 6 倍，是 2016 年的近 2 倍，见图 3-42。

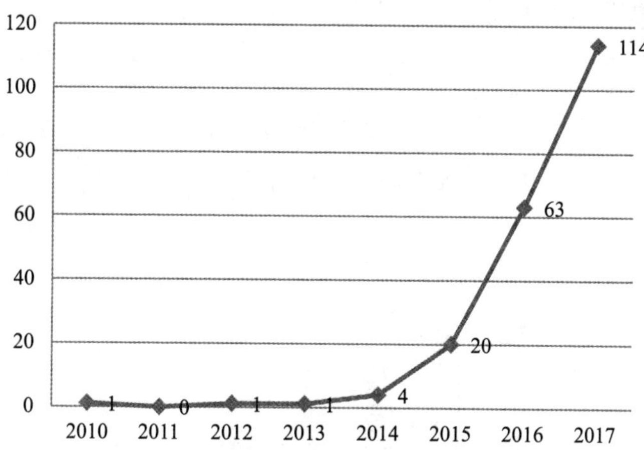

图 3–42　广东省智能运载专利授权年度统计

数据来源：广东省知识产权公共信息综合服务平台公开数据检索及整理（检索关键词：智能运载、无人机、无人船、无人船、智能轨道交通等）。

从全省智能运载专利授权数量来看，深圳、广州两地占全省智能运载专利授权总量的86%，遥遥领先其他地市，其中深圳占比55%，广州占比31%，见图3-43。

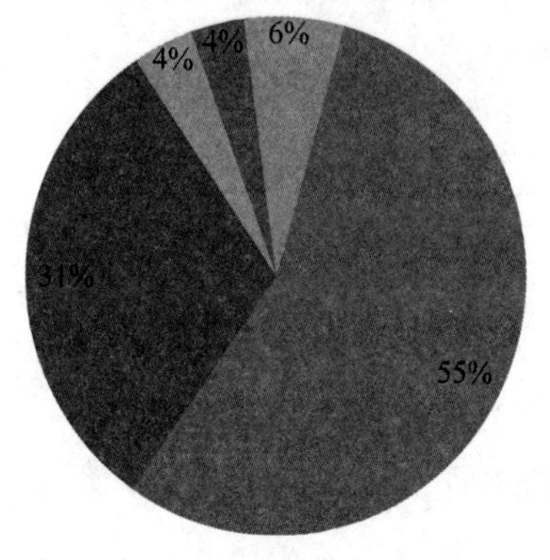

图 3–43　广东省各地市智能运载专利授权统计

数据来源：广东省知识产权公共信息综合服务平台公开数据检索及整理（检索关键词：智能运载、无人机、无人船、无人船、智能轨道交通等）。

全省智能运载专利授权单位前十中以广州、深圳两地单位居多。其中，广州主要以极飞科技、华南农业大学为主，农业无人机技术研发及行业应用优势明显；深圳主要以相关研发生产企业为主，大疆、一电等企业凸显消费级无人机技术研发及应用优势；珠海云洲智能凸显无人船优势地位，见图 3-44。

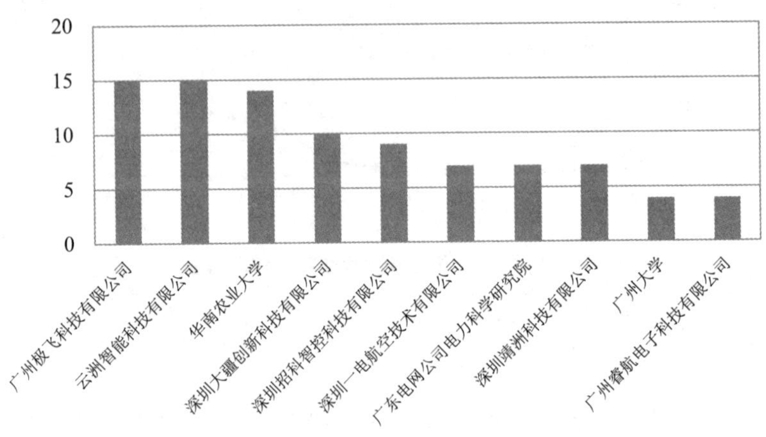

图 3–44　广东省各地市智能运载专利授权单位前十

数据来源：广东省知识产权公共信息综合服务平台公开数据检索及整理（检索关键词：智能运载、无人机、无人船、无人船、智能轨道交通等）。

（1）无人机

概述：无人机是无人驾驶飞机的简称 (Unmanned Aerial Vehicle)，是利用无线电遥控设备和自备的程序控制装置的不载人飞机，包括无人直升机、固定翼机、多旋翼飞行器、无人飞艇、无人伞翼机等。从某种角度来看，无人机可以在无人驾驶的条件下完成复杂空中飞行任务和各种负载任务，被看作是“空中机器人”。无人机是一个集成飞行器平台、飞行控制与导航、信息传输与处理、任务载荷以及地面运输与保障等系统的高度综合系统，具有经济性、安全性、易操作性等特点。许多民用领域对无人机都有着旺盛的需求，可广泛应用于防灾减灾、搜索营救、核辐射探测、交通监管、资源勘探、国土资源监测、边防巡逻、森林防火、气象探测、农作物估产、管道巡检等领域。

随着科技的发展，无人机的应用领域也越来越广阔，人性化应用成为无人机产业发展的目标。从航拍开始，搭载更专业拍摄设备的无人机开始出现在各个广播电视设备展上。从监测出发，各种无人机也开始进入警用、抢险、保安设备市场。从网络基础产业考虑，专业化的无人机也开始介入到快递物流、外卖送餐等实际应用中。这让我们看到了无人机产业巨大的需求点，越来越多的行业希望用无人机取代传统的工作方式，无人机应用渐有遍地开花之势。

技术发展现状：广东民用无人机的发展近两年非常迅蒙，随着大众创新、万众创业如火如荼地进行以及各种资本的不断注入，越来越多的民企不断进入无人机市场，研发生产出的无人机产品数量及类别呈爆发式增长，应用领域趋于多样化和专业化。

2015 年《互联网周刊》以企业规模与发展历程为主要参考，对全球的民用无人机企业进行了排名，其中，中国有 10 家民用无人机企业位于全球民用无人机企业 16 强，广东的大疆创新、极飞科技以及亿航科技 3 家无人机企业位于排行榜前列。具体排名如表 3-4 所示。

表3–4　全球民用无人机企业排行

排名	公司	排名	公司
1	大疆创新（中）	9	Power Vision（中）
2	Go Pro（美）	10	北京航空航天大学研究所（中）
3	3D Robotics（美）	11	Aero Viroment（美）
4	Parrot（法）	12	亿航智能（中）
5	零度智控（中）	13	普洛特（中）
6	Asc Tec（德）	14	中科遥感（中）
7	极飞科技（中）	15	智能鸟（中）
8	Microdrones（德）	16	爱生技术（中）

数据来源：根据《互联网周刊》公开数据整理。

作为全国无人机研发和生产最大基地，深圳市已经聚集了几十家研发和生产机构，诞生了大疆、一电等知名无人机企业。深圳大疆创新科技有限公司在全球民用无人机市场中独领风骚，一举夺得近70%的市场份额；在美国市场也占据领先地位，市场份额达47%，遥遥领先于排名第二的竞争对手，在无人机民用领域成为不折不扣的领军者。目前，大疆在北京、香港等城市，以及美国、德国、荷兰、日本等国均设有分公司，聘请大量国内外优秀的研发人才，全球员工超过3000人。经过9年的发展，大疆已以30亿元的年营业额成为全球最大的消费级无人机制造商，其市值估价达80亿美元。大疆始终专注于产品的开发与创新，带着对世界一流无人机产品的追求于2012年推出的世界首款航拍一体机“大疆精灵 Phantom 1”，将无人机由专业市场拓宽至大众消费市场。目前，大疆已开发“禅思”“如影”“筋斗云”“悟”“御”“精灵”等定位于航拍的系列产品。大疆将无人机复杂的使用程序简化为容易使用的消费级产品，创造了一个新的消费市场。进军美国抢占高端市场、立足平民潜入日常生活、构建壁垒寻求技术突破将是大疆未来发展三大战略。

深圳一电航空技术有限公司（AEE）作为领先的装备级无人飞机制造商，致力于以无人飞机产品为核心的全产业链发展，专注于装备级无人机、装备级载人旋翼机以及智能摄像机、高端碳纤维制品等无人机配套产业产品的研发与生产。产品广泛应用于军用、警用、行业、民用四大领域，为全球相关行业以及智慧平安城市建设提供产品整体解决方案。AEE以“军民融合发展”国家战略为发展根本，坚持“军工科技，自主创新”，专注于飞控系统、飞机动力系统、光电系统、高精密云台系统、高清图传、数据链、人机智能、机器视觉等高端前沿技术的研发，是无人机行业内极少具备自主全产业技术及全产业配套的企业。AEE立足广东布局全球，在美国洛杉矶、德国慕尼黑成立了分公司，产品畅销全球50多个国家和地区，使AEE成为全球领先的装备级无人飞机制造商。

位于广州的极飞科技有限公司成立于2007年，是世界领先的农业科技公司和商用无人机制造企业公司。下设极飞制造、极飞农业、极飞地理、极飞学院等子公司，拥有超过 1400 名行业领先的无人机研发、制造和应用人才，在中国 29 个省份和日本、澳大利亚等其他 6 个国家设有运营机构，并参与多个国际性的农业自动化科研项目。2014 年起，极飞科技在新疆、河南等农业大省相继建立植保无人机运营中心，培养新型农业人才，联合高校与科研机构开展相关学术交流和科研合作。目前，极飞农业每天调度运行 4000 余架植保和农田测绘无人机，累计为 20 万农户提供了超过 1200 万亩次的病虫害防治服务。极飞科技 P30、P20、P10 三款 P 系列植保无人机能够全面适应不同农田环境，满足更多用户的植保作业和设备需求。结合农业 AI 引擎和两大服务平台的应用，将进一步降低无人机技术在农村普及的门槛，触发植保无人机产业的大规模爆发。行业首创的 AI 故障预判功能，能及时提醒用户可能存在的故障，最大限度减少安全隐患；世界领先的 AI 处方图技术，自动为不同农作物病虫草害匹配最佳喷洒方案，开启精准喷洒的智能化革命。时至今日，定位在农业的极飞科技致力于推动全球农业智能化，提出明日餐桌、未来农场等理念，正逐步完善旗下智能农业体系。

2014 年成立于广州的亿航智能飞行器科技公司被著名商业杂志《快公司》评选为 2016 年全球最佳创新公司。亿航智能凭借持续不断的科技与产品创新、智能互联的创新思维及用户体验至上的服务宗旨为大众消费者和行业用户提供简易、智能、安全、高效的飞行器产品和解决方案，包括 GHOSTDRONE 系列消费类智能无人机、亿航天鹰行业应用无人机、亿航 184 自动驾驶载人飞行器等产品已成为全球民用无人机领域中智能软件操控、手机体感遥控与 VR 眼镜整合体验、全自动无人机编队飞行、自动驾驶载人飞行器等诸多创新理念的先行者和倡导者。2017 年 8 月，由美洲航天质量集团（AAQG）注册管理委员会认可的国际标准认证机构（NSF-ISR）经过专业严谨的评估，为亿航智能公司颁发了国际航空航天业 AS9100C 级质量管理体系认证，认可了亿航智能在智能低空中短途自动驾驶飞行器的设计、开发、生产和服务等领域的领先能力。

与国际水平比较及评价：无人机主要的技术壁垒在于飞行控制、云台技术（即挂载设备稳定技术）以及信息传输技术三个方面。近年来，广东省相关研发机构对无人机相关核心技术进行重点研发，在自主飞行、高精度、高效率、自适应等性能上取得长足进展，促进了无人机技术水平的迅速提升。加之省内如大疆等龙头企业发展相关软件和算法时间较早，所以占据了先发优势，使得后来行业兴起时企业能够“一步早”而“步步早”，在相关技术上领先国内外企业。

由于无人机产业发展过于迅速，企业为抢占市场导致大量新产品加速上市，检测验证能力配套建设滞后于技术发展导致无人机产品质量良莠不齐，而国际市场推广的瓶颈主要在行业关键技术与检测认证能力两个方面。经调研了解，约 60% 以上的专家认为，当前制约行业发展的短板在于行业规范与基础性测试缺失。近一半的专家认为，制约市场进一步推广的主要问题在于产品质量。相较于材料、器件、模块、子系统等方面，超过三分之一的专家认为无人机整机品质控制最为突出且最应被关注。在无人机运行监管层面，我省在无人机监管方面尚处于起步探索阶段，与国际先进做法存在一定差距。解决运行监管层面瓶颈问题应针对自身国家空域管理的实际情况，合理规划国家空域的分层（高空、低空）使用。设定民用无人机的飞行高度范围，逐步放宽低空空域的管辖，建立高效快捷的空域使用审批流程。规范民用无人机使用的无线电频率波段，加强对无人机操作人员的规范培训和资质审查。通过空中交通管制系统（UTM）设定各类无人机的敏感地带禁飞区，实现对无人机的目标探测以及建立反无人机系统，加强空中交通秩序管理。由政府牵头相关部门和企业制定各类无人机的适航章程，将民用无人机纳入通用航空产业的发展与保障规划等，通过规范化措施缩小与国际先进做法的差距。

民用无人机产业在世界各国都还处于刚起步阶段，但得益于我省发达的电子数码民用市场和完善的产业链配套，我省民用无人机的发展速度并不落后于发达国家，民用无人机产业发展可谓是如火如荼。目前，我省的消费级无人机产业技术在国际上已处于领先水平，体现了“中国智造”的实力。行业级无人机市场尚未像消费级无人机一样出现爆发式增长，但整体而言处于爆发前的积累阶段，在智慧农业、智慧城市、智能交通等领域的行业应用已达到世界领先水平，其他行业应用技术水平也在迅速提升中。

（2）无人船

概述：无人船作为一种借助精确卫星定位和自身传感等系统按照预设任务在水面航行的搭载平台，可与其他水面平台、水下运载器、无人机等协同作业，在国家海洋开发和利用方面，如海洋资源勘探开发、环境监测、海洋生物保护、海上搜救、海上治安、海上捕捞等领域都可以大显身手。

无人船涵盖的技术领域非常广泛，除了传统船舶技术，还涉及多传感器智能监控系统、自动避碰系统、高可靠高冗余数据传输系统、机电系统自动故障检测系统、自动导航系统、电子海图系统、智能机器人系统等，甚至还涉及现在最热门的物联网和大数据等技术。无人船必须能够自主进行环境探测、目标识别、自主避障、路径自主规划等。目前，部分无人船舶相关技术理论较为成熟（环境感知技术、通信导航技术、状态监测与故障诊断技术等），已经得到实际应用，但有些技术理论缺少在真实环境下的验证（能效控制技术、航线规划技术、安全预警技术、自主航行技术等），因此，无人船舶总体仍处于发展初级阶段。随着船舶技术以及大数据的智能应用，未来 10 ～ 20 年船舶智能化的发展将是决定未来船舶行业发展方向的重要阶段，除了信息感知、通信导航、能效管控等关键技术，自动靠泊、离岸，自主维修，自动清洗，自动更换设备部件，自我防护等同样将会趋于智能化发展。随着船舶智能化相关技术的不断发展，最终可实现由智能系统设备逐步转变为会思考的智能船舶，从而确保船舶在无人状态下安全、高效的航行。

技术发展现状：广东地处国家南海战略前沿阵地，珠海云洲、广州海工、广船国际是无人船行业的领军企业。云洲智能科技针对市场需求开发出了环保、测绘、水文、海洋、安防等多个无人船系列。其中，海洋无人船是云洲智能研发的用于海上作业的大型无人艇产品，可在海洋复杂海况下自主完成海底探测、巡逻搜救等复杂任务，现已开发出中国第一艘海洋高速无人艇和中国第一艘海洋隐身无人艇等产品。广州海工将船舶舵机及智能操控系统作为发展方向，致力于产品的“智能化、网络化、自动化”发展，全力打造华南地区的船舶智能操控系统生产基地。广船国际有限公司已为海警、陆军、海军、民兵预备役部队等客户研制了多型智能无人船艇平台产品，在无人船制造、设计、研发及应用等方面具有行业领先优势。华南理工大学作为无人船科研领域的排头兵，设有华南地区最大的船模拖曳水池、船用材料试验中心、船舶与海洋工程振动与噪声测试中心等，可以开展无人船快速性、耐波性、振动与噪声测试等试验工作，在无人船动力推进系统、自主控制系统测试相关关键技术方面具有较强的研发能力。

全国首个无人船科技港在珠海市建设，国内多个相关专业的领先科研机构，如中船 702 所、航天 704 所、国家海洋局南海调查技术中心以及香港科技大学、香港城市大学、西安电子科技大学等多个国家重点实验室都已确定或有意向入驻，多家高精尖设备制造巨头企业如南方测绘、中海达、海鹰加科等也计划将部分业务转入无人船科技港。

与国际水平比较及评价：在无人船艇的研究及应用方面，美国和以色列走在了世界前列。如美国的“斯巴达侦察兵”已经部署到“葛底斯堡”号巡洋舰上并参加了实战任务。以色列的“保护者”在 2003 年就已经向以色列国防军交付，已在本国海军和新加坡海军中服役。欧盟自 2012 年起投资 670 万欧元开展为期 3 年的名为“MUNIN”的无人货船驾驶系统研究，探索基于自主航行加岸基监控模式的无人船舶驾驶。

广东省无人船研究热点主要集中于无人船船体平台和船载设备的性能和可靠性上，这固然对提高航行安全可靠性十分重要，但在如何确认无人船整体性能和航行状态是否满足要求方面，其技术发展一直相对滞后。同时，无人船的质量检测标准的发展水平与其技术发展应用情况也不对称，国际现有的船舶标准已经无法胜任对无人船进行质量安全监管的要求，因此，研究完善无人船质量安全标准试验平台，已成为我省乃至国际推动无人船产业快速健康发展的重要工作。

相比于世界先进水平，我省无人船的研究尚处在起步阶段，与国际领先水平具有较大差距。在无人船的研究及应用方面，我省应该借鉴欧美等国家的先进经验制订专门的无人船艇发展规划，积极开展无人船艇各项关键技术的研究，推进无人船艇的实用化进程。

（3）无人车

概述：无人驾驶汽车是通过车载传感系统感知道路环境自动规划行车路线并控制车辆到达预定目标的智能汽车。它利用车载传感器来感知车辆周围环境，并根据感知所获得的道路、车辆位置和障碍物信息控制车辆的转向和速度，从而使车辆能够安全、可靠地在道路上行驶。

无人驾驶技术从低到高分为四个阶段：（1）初级辅助驾驶阶段—辅助系统能为驾驶员在驾驶时提供必要的信息采集，在关键时刻给予清晰的、精准的警告；（2）高级辅助驾驶阶段—在驾驶员没能采取措施的紧急时刻，系统可以让汽车自动做出相应反应；（3）自动驾驶阶段—系统能在驾驶员监控的情况下让汽车自动行驶；(4)无人驾驶阶段—完全脱离人为控制实现自主驾驶。目前，无人汽车产业主要处于第三个发展阶段，强大的经济动力驱使科技企业和传统汽车厂商均把无人汽车视为核心战略不断推动技术演进并加速布局无人汽车发展第四阶段。

技术发展现状：《中国制造 2025》将无人汽车纳入国家战略层面，其重点领域技术路线图明确指出："2020 年，掌握传感器、控制器关键技术""初步形成以企业为主体、市场为导向、政产学研用紧密结合、跨产业协同发展的智能网联汽车自主创新体系"。广东省积极响应国家在无人汽车领域的战略号召，依托广深先进汽车制造业和科技型龙头企业着手布局无人车产业技术链。

在深圳，腾讯的车联生态系统已经吸引广汽集团、比亚迪等成为首批合作伙伴，旨在智自动驾驶领域推动人工智能技术的应用和产业化。比亚迪与新加坡科技研究局（A*STAR）通讯研究院（I2R）签署合作协议并建立联合实验室，整合双方在电动车领域和无人驾驶领域的强大优势联合研发无人驾驶电动汽车技术，打造下一代智能化电动车。大疆利用其在机器视觉方面的积累进入自动驾驶领域并开始测试车载设备，与 OEM 厂商合作布局自动驾驶技术。南方科技大学、密歇根大学、前沿科技产业管理有限公司签署合作协议，三方共同宣布在深圳联合建设无人驾驶示范基地，借助该示范基地打造无人驾驶汽车小镇，实现未来中国无人汽车产业的"硅谷 + 底特律"，同时，南方科技大学也将成立无人驾驶研发中心，为示范基地提供技术人才支持。

在广州，广汽集团早在 2013 年就开发出了首款具备自主知识产权的无人驾驶汽车并掌握了多项无人驾驶技术，在中国自主品牌中处于领先水平。广汽利用在车联网、电子电器、行车电脑、新能源等方面形成的自主技术积累，自主研发了拥有远程控制、车况定位、紧急救援等 18 项强大功能的 In-Joy 交互系统，已实现自主驾驶、自主泊车功能，计划于 2030 年前开发出完全自主驾驶的无人汽车。

与国际水平比较及评价：谷歌作为无人驾驶技术的领跑者，自 2009 年开始重金布局无人驾驶领域，其旗下子公司 Way Mo 已成为该领域的佼佼者。在过去的两年中，谷歌在无人驾驶领域取得了瞩目的重要成就，于 2015 年完成了人类历史上首次真正意义上的无人驾驶旅程。Way Mo 借助 Google 在人工智能领域的领先优势引入全新的 AI 平台进一步拉大无人车优势。特斯拉定位于辅助驾驶技术，通过不断迭代升级，最终实现无人驾驶。特斯拉自 2014 年推出自动驾驶系统 Autopilot 以来凭借着丰富的经验和数据资源实现更快的自我学习算法，将其他那些还在通过训练试验用户从而积累经验的公司抛在身后。2015 年福特在硅谷成立研创中心，涉及移动出行、自动驾驶和大数据处理等领域。通用汽车瞄准无人车共享网络经济，努力整合无人驾驶技术、汽车制造工艺和用户渠道，让无人驾驶成为一种公共资源。通用公司计划于 2018 年开始生产和部署千辆无人汽车，并与 Lyft 合作进行无人车联网实际道路试验。目前，国际上无论是谷歌这类科技巨头还是传统汽车制造商均在深耕无人车行业技术领域，根据英特尔这家方案供应商看到的产业链时间表，大部分车企将在 2020 年实现在高速路等特定路段的无人驾驶，很多厂家将在 2023 到 2025 年之间量产高度自动驾驶汽车和全自动驾驶汽车。

无人驾驶技术涉及计算机、现代传感、信息融合、通讯、人工智能及自动控制等多种前沿技术。我省无人驾驶核心技术尚处于研发攻坚和技术积累阶段，研发最高水平基本处于无人车开发应用的第三阶段，到实现完全自主驾驶的第四阶段还有一定距离。我省传统汽车厂商普遍匮乏在软件、算法和数据内容等一系列技术和服务层面上的经验，很难独立研发出无人驾驶整套解决方案，只能依赖在大数据、人工智能等领域的少数几家掌握核心技术的科技企业提供技术支持。

自动驾驶技术研发门槛高，实现从自动辅助驾驶到全自动无人驾驶的技术路径，需要长期大量的资本和人力投入。我省无人车研发及应用尚处于起步阶段，无人车自动驾驶总体技术发展有落后趋势。智能驾驶少有中国企业声音，特别是在关键零部件方面遇到的阻碍很大。此外，在无人驾驶配套设施建设和法律法规制定方面滞后，需要迎头赶上。

（4）智能轨道交通系统

概述：城市智能轨道交通系统力求解决交通安全、节省能源、减少环境污染进而提高现有交通基础设施的利用率，减少拥堵，实现安全、高效的客货运输，保证乘客出行的舒适度。智能轨道交通系统是在车站、站台、车辆段和通信等较完善的设施基础上将先进的信息、通信、控制、传感器和系统综合等技术有效地集成，从而建立起在城市轨道交通范围内发挥作用并能间接影响城市道路运输的实时、准确、高效交通运输系统。

技术发展现状：“十三五”时期将是我国城市轨道交通发展的黄金期，到 2020 年，国务院批准修建城市轨道的城市将达到 50 个。广州作为国内第一个推动轨道交通装备国产化的城市，经过多年的发展，其轨道交通产业布局已覆盖全产业链的各个环节并在车辆装备制造、通信信号、机电控制、自动售检票、扶梯屏蔽门等产业领域的多个环节形成了本地的优势企业。智能化、数据化、平台化是轨道交通行业的升级趋势，佳都科技正深入研究人工智能、大数据技术与城市轨道交通经营和运营的结合，对新一代站台屏蔽门、移动支付售检票系统、人脸识别 + 视频监控等技术进行研发优化，其为广州地铁研发的人脸识别闸机已在测试阶段。广州地铁将有望实现人脸识别支付，只需将个人照片和羊城通、银行卡等实名制绑定就能“刷脸”进闸乘车。

深圳轨道交通线路长度居中国第 6，在智能轨道交通建设方面也取得了不少的成就。目前，深圳市完成了全线路的基础设施更新改造，为智能化轨道交通的发展打下了良好的基础建设。深圳地铁采用基于通信的列车控制 (CBTC) 系统具有极快的传输速度和更大的传输负载，不仅有效地起到了列车运行控制的功能，同时，还实现了列车的自动保护 (ATP) 功能、自动运行能 (ATO) 力以及自动监控能力 (ATS) 等列车轨道自动化技术。自动售检票系统 (AFC) 采用全封闭的运行方式，以非接触式 IC 卡等作为车票介质，通过高度安全、可靠、保密性能良好的自动售检票计算机网络系统，完成地铁 / 轻轨运营中的售票、检票、计费、收费、统计等票务运营的全过程、多任务自动化管理。

与国际水平比较及评价：欧洲、北美和亚洲这三个地区主导了智能轨道交通系统前沿技术的研究、发展和应用。欧美等发达国家就智能轨道交通系统的建设进行了布局和中长期规划，欧盟多年来引导了智能轨道交通的发展和应用，其发布的交通政策白皮书就清楚地说明了智能轨道交通对于实现政策目标发挥着重要作用。美国交通部将国家智能轨道交通项目规划分为三个不同阶段：①五年发展计划；②十年发展规划；③国家智能交通系统实施方案。日本智能轨道交通的中期规划为：①使交通事故减少到零；②在特定路段使交通阻塞减少到零；③使人工导航系统商业化，包括在全国范围内配置智能城市；④建立一个完整的智能轨道交通平台。

广东以广深两地城市轨道交通建设和运营市场为依托，形成了行业优秀的企业集群，不断通过科研创新和产品 / 服务集成打造城市智能轨道交通整体综合服务提供能力，借助资本的纽带和市场化运作在国内乃至国际轨道交通市场创建“广东智造”的行业第一品牌地位。依托广州地铁等核心企业建设国家级工程技术研究中心和国家工程实验室等高端技术研发机构，孵化一批掌握核心技术的关键装备研发企业或专业解决方案提供商，提升产业核心竞争力。同时，充分利用广东轨道交通市场机会，不断培育壮大一批智能轨道交通专业设备制造与专业集成企业。广东具有多家掌握综合监控平台、站台门控制系统、自动售检票系统、视频监控系统等智能有轨交通核心技术的系统集成及产品公司，业务覆盖地铁、城际铁路、有轨电车、BRT 等轨道交通领域，并以广州等地为根据地向全国辐射多个城市，形成全国性的城市轨道交通业务分布并逐步形成规模效应。

广东省智能轨道交通行业技术水平基本处于国内领先水平，在城市智能轨道交通综合监控平台、站台门控制系统、自动售检票系统、视频监控系统等核心技术已达到国际先进水平。

6. 消费级智能终端

智能终端广泛应用于人们的日常生活、工作与娱乐等多个方面。近年来，随着社会经济发展和居民消费水平的提高，人们对智能终端的需求越来越大。2018 年全球智能设备（包括可穿戴设备、智能手机、平板电脑等）的装机量将达到 83 亿台。与此同时，多技术、多应用的融合以及多样化的需求使得智能终端产品更新换代的速度也越来越快，从而推动智能终端的进一步升级和发展。

广东作为国内电子信息产业发展的先行者，依托雄厚的电子制造业基础逐渐发展成为国内智能终端产业的主要集聚区以及智能手机的主要生产基地。2016 年，广东手机产量 9.7 亿台，占全国的 42.8%，居全国第一。其中，智能手机产量为 7.12 亿台，华为、OPPO、VIVO 三家国内智能手机领先品牌进入全球智能手机出货量前五位。广东智能终端产业发展的辉煌成绩得益于基础、应用和创新三驾马车的共同拉动。首先，广东拥有成熟的产业基础，软硬件产业规模全国第一，拥有众多知名手机品牌，智能终端产业链完整，覆盖芯片、面板、模具、零配件等；其次，广东拥有完善的通信网络基础和庞大的用户基础。应用已成为智能终端产业快速发展的原动力，广东省在移动互联网、互联网 + 等方面的应用领先全国。移动互联网和智能终端的快速普及加速了数字经济新模式、新业态的形成，而数字经济的快速发展又为智能终端产业的规模拓展与技术创新提供源源不绝的动力，形成了一个互为因果、互为推动的新生态。智能终端产业作为信息技术发展的重要代表，正日益成为世界互联互通、创新驱动发展的先导力量。

广东省智能终端专利授权从 2015 年开始呈爆发式增长，经过两年的快速发展，2017 年专利授权量为 2015 年的 3 倍多，见图 3-45。

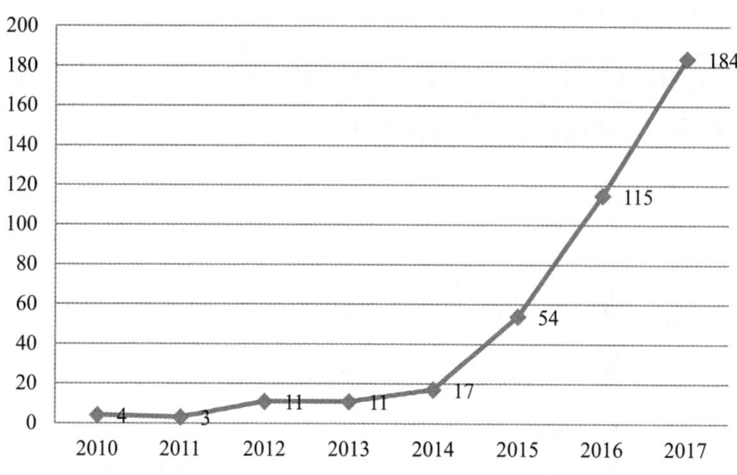

图 3–45 广东省智能终端专利授权年度统计

数据来源：广东省知识产权公共信息综合服务平台公开数据检索及整理（检索关键词：智能终端、智能手机、智能车载终端、智能可穿戴设备、VR、智能平板、智能笔记本等）。

从全省智能终端专利授权数量来看，深圳、东莞、广州占比全省前三，三地占全省智能终端专利授权总量的 85%。其中，深圳占比 49%，遥遥领先其他地市；东莞占比 23%，广州占比 13%，见图 3-46。

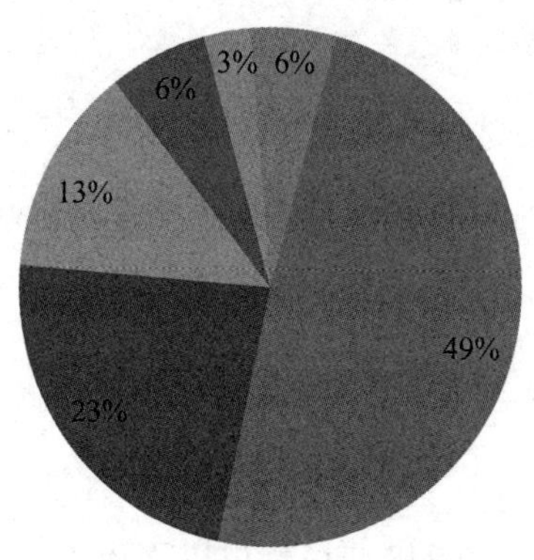

图 3–46 广东省各地市智能终端专利授权统计

数据来源：广东省知识产权公共信息综合服务平台公开数据检索及整理（检索关键词：智能终端、智能手机、智能车载终端、智能可穿戴设备、VR、智能平板、智能笔记本等）。

全省智能终端专利授权单位前十中以深圳居多，主要集中在以腾讯、华为、中兴等通讯科技巨头为主的消费级智能通讯终端领域。东莞欧珀（OPPO）一枝独秀，专利授权量排名第一，见图 3-47。

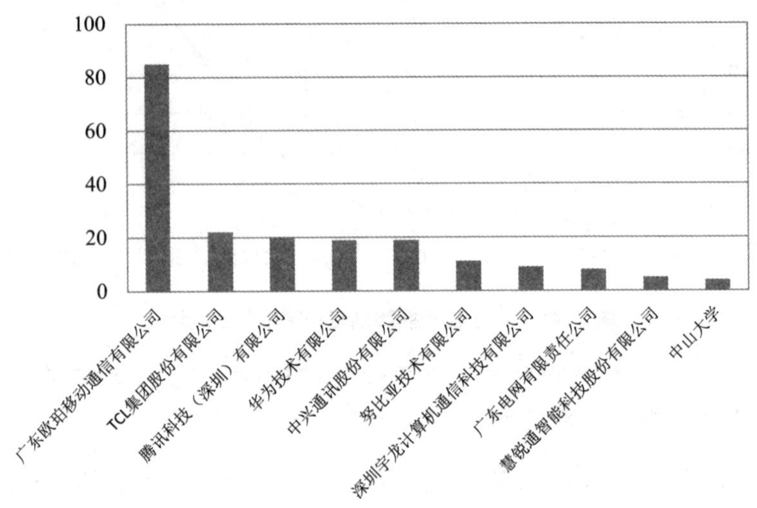

图 3–47　广东省各地市智能终端专利授权单位前十

数据来源：广东省知识产权公共信息综合服务平台公开数据检索及整理（检索关键词：智能终端、智能手机、智能车载终端、智能可穿戴设备、VR、智能平板、智能笔记本等）。

消费级智能终端主要是移动智能终端，包括智能手机、笔记本、平板电脑、可穿戴设备等。在目前的市场，智能手机的出货量远远超过笔记本和平板电脑，而可穿戴设备也在迅速地扩大市场。可以预见，未来智能手机和可穿戴设备将在移动智能终端中占据越来越重要的位置。

（1）智能手机

概述：智能手机是其自身硬件结构可以支撑不同软件的嵌入并最终实现智能化操作和体验的手机。目前，智能手机强大的功能已经完全能够与电脑相媲美。随着智能手机在通信行业的不断发展，其核心竞争越来越趋向于操作系统的竞争。由于Android阵营的崛起，使得国产智能手机厂家如华为、小米、

VIVO、OPPO等厂家能够快速跟进，能够与三星、LG、HTC等企业展开竞争。

技术发展现状：目前，广东省内的智能手机厂家有华为、VIVO、OPPO等知名企业，三家厂家的智能手机系统均基于Android系统研发，如华为的EMUI、VIVO的funtouch os、OPPO的coloros均是基于Android系统进行研发，除了UI交互界面，在文件管理、能耗管理与平衡、应用管理、运行机制、安全性等方面进行了优化。

在智能手机等终端上执行人工智能的“推断”过程是未来技术发展的必然趋势。在终端集成低时延、低功耗和高算力的人工智能芯片NPU可以更好地满足高实时性要求的人工智能计算场景。对实时数据的“推断”计算任务无须回传到云端，在手机终端上即可完成，大大提高了计算的速度。譬如华为海思设计的麒麟970芯片，集成了寒武纪科技的人工智能芯片。这枚低功耗的NPU可在一分钟内辨识超过两千张图片，即每秒可辨识超过30张图片，几乎做到了对场景的实时识别、分析和合成，在智能手机上可实现智能识别、智能管理、智能调用等操作。

与国际水平比较及评价：如苹果公司和谷歌公司等国外智能手机企业能够自主研发智能手机操作系统，创造独立的生态环境。在智能手机操作系统的更新换代中，都是由谷歌公司发布下一代的安卓操作系统，集成一些新的功能使系统更加流畅。国内的手机厂家只能在此基础上做一些优化和适配，主导权还是掌握在谷歌公司手中。此外，国外企业致力于研发新的技术，如苹果公司发布的新一代智能手机中就集成Face ID技术，比传统指纹识别技术更加安全。

目前，广东省智能手机领域多个应用已经达到专业级水平，在初级应用方面具有雄厚的研发和产业基础，部分技术研发已经追赶上国外企业，但在技术及用户体验上距离国外领跑的企业还存在一定差距。

（2）智能车载终端

概述：随着技术发展，汽车电子化程度越来越高，传统的车载终端已不能满足消费者的需求：（1）传统车载终端的服务内容在车辆出厂时已经定制，无法满足用户个性化、深层次的需求；（2）传统的车载终端联网能力有限；（3）传统的车载终端服务非常封闭，更新升级过程繁杂。智能车载终端是车内信息的中枢，可实现车内通信、车间通信、车路通信、车网通信等功能。车载终端用于采集与获取车辆信息、感知行车状态及环境，也是用户和车进行交互并获取车联网服务的载体。因此，作为车联网端、管、云三要素中的端，车载终端是车联网的重要组成部分。

技术发展现状：目前，广东省主要有德赛西威汽车电子有限公司、广东北斗平台科技有限公司、广东新快易通智能信息发展有限公司、广东好帮手电子科技股份有限公司和广东新时空科技股份有限公司等车载终端企业。上述企业的车载终端产品大多为车载信息娱乐系统，通过GPS导航系统获得车辆的实时定位，通过OBD车辆信息采集系统检测车辆的故障信息并通过无线通信网络将定位信息、车况信息发送给后台服务中心，提供资讯、娱乐、地图、导航等服务。也有厂商把汽车与手机设备完美整合在一起，形成新一代基于驾车者移动设备的信息系统。但在车载操作系统方面各厂商并没有持续关注，而汽车操作系统是车载终端的核心，往往直接关系着车载终端的发展。

与国际水平比较及评价：在车载人工智能芯片领域，英伟达NVidia的Xavier芯片主要针对自动驾驶技术及汽车产品，内建Volta GPU架构作为自动驾驶汽车的计算机视觉加速器。该芯片主要供应了包括特斯拉在内的自动驾驶领域的21家汽车制造商。高通作为移动终端处理器的先进企业，于2017年3季度发布了首款基于3GPP Release 14规范的专门面向蜂窝车联网（C-V2X）通信的商业化芯片解决方案—9150 C-V2X。该芯片可以实现汽车实现与周围环境之间的沟通，以提高主动安全性能和辅助驾驶功能。在车载软件领域，国外企业如苹果研发 CarPlay 车载系统和谷歌研发的 Android Auto 为各厂商研发车载终端提供统一的开发流程和标准，形成完整的车载终端开发库，旨在简化车载终端开发的复杂性。国外企业致力于更底层的框架设计，并把硬件接口层和上层应用功能分离，使系统能适用于不同车型，提高系统的灵活性。

目前，广东省智能车载终端领域仍然处于发展阶段，开发的车载终端平台软件系统大多借鉴于国外的系统，并在此基础上进行集成创新和简单应用，在初级应用方面具有较多的技术积累和产业基础，部分专业级应用已经开始研发。

（3）智能可穿戴设备

概述：智能可穿戴设备是把传感器、无线通信、多媒体等技术嵌入人们的眼镜、手表、手环、服饰及鞋袜等日常穿戴中而推出的设备。它可以用紧体的佩戴方式测量各项体征，具有免提、随时开启、警示、环境识别、可拓展等多种功能。其内涵是利用感知、识别技术，基于无线信息传输，通过云服务、大数据等技术实现用户互动和应用功能的便携式、可穿戴式的移动智能终端。可穿戴设备可以从两个维度进行分类：按照穿戴部位，可穿戴设备可分为头戴式、身着式、腕带式和脚穿式；按照功能和应用领域，又可分为健身活动、环境感知、健康 / 生活方式、追踪定位、信息娱乐、移动支付以及工业七大类。

人工智能是可穿戴设备未来发展的重要技术，主要通过人机交互和数据分析两方面为佩戴者提供一个完美的科技体验。在人机交互方面，要突破人工智能在语言理解、知识表示、逻辑推理和自主学习方面的认知智能技术体系，研究面向可穿戴设备的新一代感知智能、语音交互核心技术。在数据分析方面，基于可穿戴设备后端的云服务、大数据依托人工智能算法不断训练应用于健身活动、医疗健康、生活方式等方面的数据模型，为佩戴者提供一个完美的科技体验，使得人体感知能力进一步补充和延伸。总之，人工智能技术的应用可发挥可穿戴设备的巨大价值。

可穿戴产业对于人工智能的发展同样具有重要意义。第一，可穿戴设备是人工智能的数据入口，通过智能可穿戴设备为人工智能机器学习提供了大量真实样本和学习数据，是人工智能发展不可或缺的组成部分。第二，在可穿戴设备运用了大量人工智能的技术，如语音识别、智能分析技术等，随着产品需求的不断提升以及对技术要求的不断提高，刺激人工智能技术的不断发展与进步，为人工智能技术的发展提供动力与经济支撑。

技术发展现状：基于全国领先的基础软硬件研发水平和环境，广东催生了一系列智能可穿戴厂家的诞生，各类产品也实现了应用全覆盖。从产品穿戴部位上看，智能手表、手环有华为、映趣、飞亚达、德赛等厂家；智能头戴设备有宏智力、CoolHear 等厂家；智能服饰有广东巴蒂米澜等厂家；智能运动鞋有广东硕泰等厂家；相关产品涵盖了智能可穿戴产品的各个穿戴部位。在这些厂家中，华为更是其中的佼佼者，其智能手表在国内市场中的销量名列前茅，具有举足轻重的地位。

在硬性条件发展的同时，广东省智能穿戴软性条件的发展同样在全国处于领先地位。2014 年，在深圳成立的中国可穿戴计算产业技术创新战略联盟以整合产业资源、促进可穿戴设备产业链上下游协同创新为宗旨，推进可穿戴设备领域的标准建立、关键核心技术突破及产业化落地。在标准方面，由坐落于广州的国内权威第三方检测机构—工业和信息化部电子第五研究所与华为、联想、莱茵、德赛等共同发起制定可穿戴设备的相关标准，填补了国内可穿戴标准的空白，对可穿戴设备的质量、安全等进行规范，促进产业的健康发展。

与国际水平比较及评价：在人机交互方面，国外的谷歌 Voice Search、苹果的 Siri，国内的科大讯飞、云知声、百度语音等已大规模应用到智能手机中。

国外 Apple Watch、三星 Gear 手表，国内 Huawei watch 也已经支持语音交互。在数据分析方面，国外 Jawbone 推出的智能腕带不仅通过心率来追踪睡眠质量，而且还对这些数据进行进一步分析，进而为用户提出针对性的建议，帮助他们改善睡眠质量及整体健康状况。在此方面，国内设备收集的数据还需要更好地分析和利用。

国际上尚无成熟的可穿戴相关标准，欧盟为保护公民个人数据，新出台的法规限制可穿戴设备获得健康数据。国内已制定并发布了数个智能可穿戴产品的行业标准，通过标准规范产品的质量，保护用户的个人信息安全，引导可穿戴设备的发展。因此，在政策标准方面，我国更具有可穿戴产业创新发展的良好环境。

通过可穿戴设备发展现状以及国内外对比分析，广东省的各类智能可穿戴产品多停留在追踪数据、统计数据水平，在数据分析并给予专业性指导意见方面能力不足。例如在运动健康领域，智能手表可以根据佩戴者运动时的心率变化提供健身方面的建议与帮助；智能运动鞋可以对穿戴跑步时的着力状况进行分析，纠正跑步者的姿态；智能内衣可以根据衣服各部位受力情况，判断并纠正人体坐姿，促使使用者养成良好的习惯。尽管现有的智能可穿戴设备已能够对使用者提供一定的数据分析和建议，但缺少系统化的方案分析，部分建议也不够合理，数据挖掘与人工智能仍有很大的提升潜力空间。因此，广东省可穿戴设备，智能化技术水平总体以初级应用居多，专业级应用水平有待提高。

7. 智能家居

智能家居是指在家庭物理场景下及家庭人文环境中利用物联网、先进传感器、人工智能等技术实现物物相连、构建智能化服务的系统解决方案，最终让家庭生活更健康、低碳、智能、舒适、安全和便捷。智能家居的含义已经超越“自动化”，体现在家居产品可以通过对置身环境的感知做出相应的自主优化决策与调整，减少人工操作。未来还会深度融合大数据及人工智能技术，形成万物互联的状态，所有应用场景都可以无缝接合。2016 年全球家庭设备的销量达到 54.9 亿台，其中联网设备超过 18 亿台，渗透率高达 33%，预测 2018 年智能家居的全球市场规模会高达 710 亿美元。国家十分重视智能家居的发展，在国家《新一代人工智能发展规划》中指出智能家居作为几个重点领域之一要开展人工智能应用试点示范，推动人工智能规模化应用，全面提升产业发展智能化水平。国外的苹果、谷歌、微软及国内的京东、百度、阿里、小米、360、海尔等科技巨头均纷纷推出各自的智能家居平台战略，加紧布局智能家居产业抢占先发优势。我省美的集团推出的 M-smart 智慧家居系统通过智能路由和家庭控制中心已实现 30 个家电品类的互联互通，未来还将扩展到娱乐、机器人、医疗健康等品类。智能家居核心技术支撑及关键服务场景包括智能家电、智能照明、智能安防等。

广东省智能家居专利授权从 2015 年开始呈爆发式增长，近两年智能家居专利授权量保持平稳，见图 3-48。

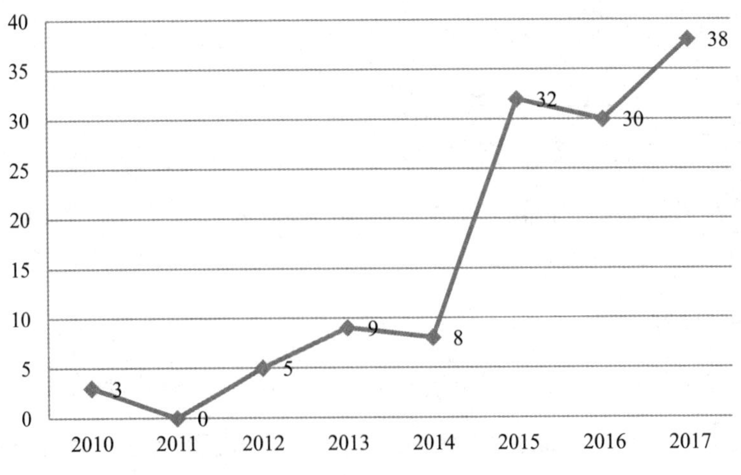

图 3–48　广东省智能家居专利授权年度统计

数据来源：广东省知识产权公共信息综合服务平台公开数据检索及整理（检索关键词：智能家居、

智能家电、智能照明、智能安防等）。

从全省智能家居专利授权数量来看，深圳、广州占全省智能终端专利授权总量的62%，其中深圳占比43%，遥遥领先其他地市，占据绝对优势，见图3-49。

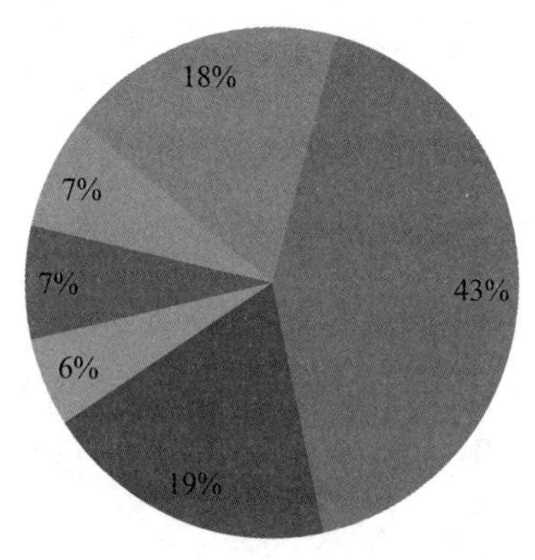

图 3–49　广东省各地市智能家居专利授权统计

数据来源：广东省知识产权公共信息综合服务平台公开数据检索及整理（检索关键词：智能家居、智能家电、智能照明、智能安防等）。

全省智能家居专利授权单位前十中以深圳居多，其他各地市均有代表企业。其中，深圳主要以智能家居研发生产企业为主；广州以中山大学等科研单位为主；惠州的TCL、佛山的志高以及珠海的格力均在智能家居领域凸显相关地市的优势，见图3-50。

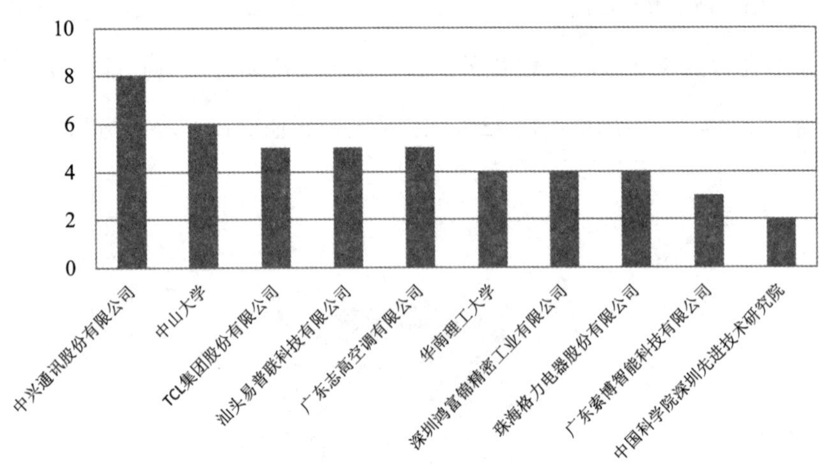

图 3–50　广东省各地市智能家居专利授权单位前十

数据来源：广东省知识产权公共信息综合服务平台公开数据检索及整理（检索关键词：智能家居、智能家电、智能照明、智能安防等）。

（1）智能家电

概述：智能家电就是将微处理器、传感器技术、网络通信技术引入家电设备后形成的家电产品，具有自动感知住宅空间状态和家电自身状态、家电服务状态，能够自动控制及接收住宅用户在住宅内或远程的控制指令。同时，智能家电作为智能家居的重要组成部分，能够与住宅内其他家居设施互联组成系统，实现智能家居功能。与传统家电相比，智能家电具有网络化、智能化、开放兼容性、节能化、易用性等突出特点，核心差异在于智能家电实现了拟人智能和学习能力，可根据住宅空间环境、用户习惯、用户个性化需求进行自动设置和控制以及学习反馈改正。智能家电的品类包括电视机、空调、热水器、电冰箱、吸尘器、电饭煲、洗衣机、电磁炉、消毒碗柜等几乎所有电器品类。智能家电的标志性代表有谷歌的Nest温控器，可以自动控制全屋暖气、通风及空气调节设备（如空调、电暖器等），让室内始终保持一种符合用户需要的舒适温度；还有如 iRobots 的扫地机器人，配有摄像头绘制屋内清洁地图以实现全景规划式导航，可以清楚定位机器当前所处位置、识别已清理及未清理区域，实现高效清洁。

技术发展现状：广东省是传统的轻工电器生产大省，家电业、信息科技行业的龙头企业落户我省的不在少数。“广东智造”“广东质造”为我省家电企业转型升级提供了政策环境，这些条件和因素为我省进入智能家电时代提供了很好的基础支撑。美的和百度合作发布基于DuerOS智能操作系统打造的智能语音盒与智能冰箱为用户带来闹钟提醒、信息查询、聊天娱乐等实用功能，甚至未来为美的全系智能家电产品赋能打车、外卖等一系列服务，将人工智能广泛落地现实场景，让用户时刻享受便捷。此外，美的还发布了中国电器工业协会团体标准《智能家电互联互通协议(SHAC)》，可使得跨品牌、跨类别的智能家电都能够学习并与其他联网设备分享其状态及用户习惯，从而使家居环境的系统更加智能。深圳创维以智能电视为中心打造智能家电平台，与阅面科技合作的人脸识别系统利用大数据深度学习技术，从图像和视频中识别并跟踪人面部的特征，帮助机器和智能产品辨识用户、了解用户特征、判断用户的情绪和头部姿态等。珠海格力以产品多元化为切入点，探索研究家用消费类电子、通信及工控芯片的发展方向，研发自主知识产权的芯片，使得空调、洗衣机等多款产品已实现无线连接，并能通过“格力+”APP进行远程控制、故障报警以及维修服务。惠州TCL集团则定位为提供智能家居产品、系统和服务解决方案的厂商，以搭建基础生态圈、结合产品与服务、发展智慧生活服务平台作为实施路径，通过成套智能家居解决方案+智慧社区平台建立用户、物业和增值服务商之间的互动。TCL推出的智能家庭整体解决方案包括由智能网关、超级控制APP组成的最强大脑质控中心部分以及由各种智能家电单品组成的发达四肢部分。

与国际水平比较及评价：广东省在电器、信息技术、微电子等领域有丰厚的基础和长久的发展历程，这些条件为我省发展智能家电提供了很好的支撑条件。同时，作为消费大省，市场的需求为创新提供了持续的动力，围绕智能家电使用体验提高的各种创新层出不穷。在智能家电方面我省已达到国际并跑水平，后续应继续加强核心元器件的研发投入，使智能化水平符合人性化使用的新需求。

（2）智能照明

概述：智能照明是指照明系统自主地感知场景、人员、能源等各方面需求并综合性地变化照明系统运行参数的技术。与传统的只提供光照的照明系统不同，智能照明系统一般还包括有关的传感、通信、边缘计算等与人工智能大数据系统运行相关的关联技术和设备。智能照明可应用于家用住宅、商用楼宇、工地厂房、农场牧场等几乎所有需要室内外照明的场景中。发达国家十分重视对智能照明的研发投入和产业培育，从2015年起智能照明开始步入快速增长轨道，2016年全球营收达到51亿美元，以欧美地区的需求最为旺盛，预计到2019年全球市场容量可达87亿美元。传统的照明企业巨头如飞利浦、欧司朗、霍尼韦尔、路创等已在该领域深耕并取得良好的业绩。智能照明也被纳入我国重点发展领域，国务院《中国制造2025》提出要加快发展智能制造装备和产品，统筹布局和推动智能家电、智能照明电器产品研发和产业化。

技术发展现状：我省LED照明规模占全国市场的70%，2015年已实现工业总产值853亿元，电子产品规模也占到全国30%以上，在发展智能照明方面具有雄厚的基础，已建立起智能照明系统核心要素的基础条件体系。现阶段从技术角度区分，智能照明可以分为LED灯具、云端计算和终端计算三大方面。在LED灯具方面，欧普照明、雷士、佛山照明等企业已经建立起完整的产业链布局，在国内份额站稳了脚跟。在云端计算方面，腾讯、阿里巴巴具有强大的传统IT优势、完善的开发生态和丰富的资源整理能力，在布局云端人工智能体系解决方案方面有得天独厚的优势。终端计算方面，华为、全志科技、新岸线等具有强大的IC设计能力，在研制终端人工智能处理芯片上具有良好基础和较大潜力。在2017年中国家电及消费电子博览会上，欧普和华为展示了联合开发的基于“华为HiLink智慧家庭生态”的智能场景化照明解决方案。

与国际水平比较及评价：与国外行业巨头相比，我省已商业化的智能照明系统的智能水平还较为初步，基本仍停留在单纯的光色调节上，有待进一步深化大数据的深度挖掘和分析应用。

（3）智能安防

概述：智能安防是集基础网络技术、物理感测技术、视频监控技术、大数据技术、云计算技术等于一体，着力于解放人力、高效率预判风险的综合性安防系统。智能安防可应用于家庭家居报警、厂区园区巡逻、校园监控、城市监控等从微观到宏观的各类场景。智能安防管理包括门禁、报警和监控三大块内容。2016年，中国智能安防市场规模达到5400亿元人民币，预计在2022年将达到万亿级水平。

技术发展现状：智能安防的技术核心可分为图像识别技术和芯片硬件解决方案，前者实现对动作、行为等动态特征的智能分析和检索，后者实现设备端高效运算，缓解系统对传输带宽和后端存储管理的压力。我省有智能安防一定的研发技术基础，但相关研发团队和企业数量偏少。在图像识别技术方面，广东图普和广东微模式是较有实力的代表性企业，后者还开辟了专门面向智能安防的产品线，包括人脸布控、天网搜车、人流估算等。在芯片硬件解决方案方面，深圳比亚迪微电子、深圳海思半导体、深圳中兴微电子、广州安凯微电子、珠海全志有面向摄像头的芯片方案，但尚未有能在设备端进行智能计算的相关产品，与国外差距较大。在智能安防系统集成方案方面，深圳中兴力维、广东宜通、广东讯通是省内典型企业，其产品已进入政府应用层面，如“平安城市”视频监控系统、治安卡口、道路电子警察等。深圳华为跨界安防领域开辟出一条集平台、智能、管理、运维、调度于一体的新一代智能安防之路，能提供前端摄像机 + 传输网络 + 后端平台存储 + 智能分析端到端的视频监控解决方案。

与国际水平比较及评价：与国外先进水平相比，我省的智能安防系统智能化、联动化程度仍有待提高，在设备端智能芯片方面的发展存在不足，差距较大。

8. 智能物流

智能物流是指将物流过程智能化，以信息交互为主线，使用条形码、射频识别、传感器、全球定位等先进的物联网技术，集成自动化、信息化、人工智能技术，能模仿人的智能，具有思维、感知、学习、推理判断和自行解决物流中某些问题的能力，通过信息集成、物流全过程优化以及资源优化，使物品运输、仓储、配送、包装、装卸等环节自动化运转并实现高效率管理。智能物流已纳入国务院“互联网 +”行动计划，国家多部委联动加速推动智能物流产业的发展，在《“互联网 +”高效物流实施意见》等多项文件中指出要打破信息基础设施和冷链运输滞后等瓶颈，创新物流资源配置方式。国内企业已加紧布局智能物流产业，我省天图物流推出了天图 SaaS 云服务，其仓储服务模式受到各大电商平台认可，解决了卖家库存在各个平台间频繁搬家的难题。智能物流的基础技术支撑及关键服务场景包括智能物流装备、智能仓储、智能配送等。

广东省智能物流专利授权从 2015 年开始呈爆发式增长，近两年智能物流专利授权量保持平稳，但专利授权体量偏低，见图 3-51。

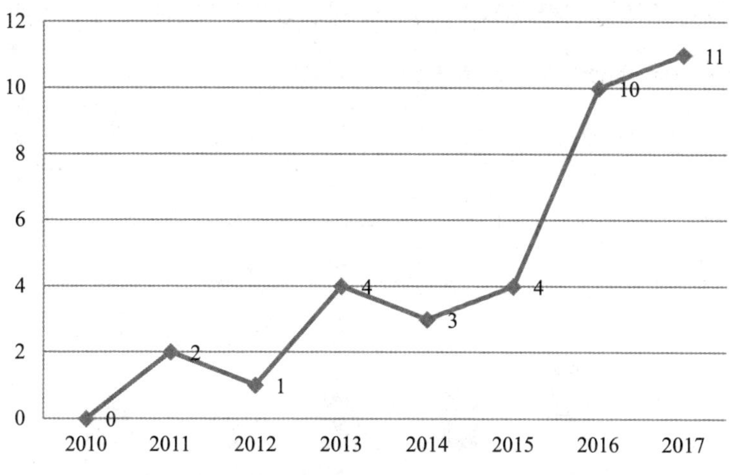

图 3-51　广东省智能物流专利授权年度统计

数据来源：广东省知识产权公共信息综合服务平台公开数据检索及整理（检索关键词：智能物流、智能仓储、智能配送等）。

从全省智能物流专利授权数量来看，深圳、广州占全省智能物流专利授权总量的88%，其中深圳占比51%，广州占比37%，占据绝对优势，见图3-52。

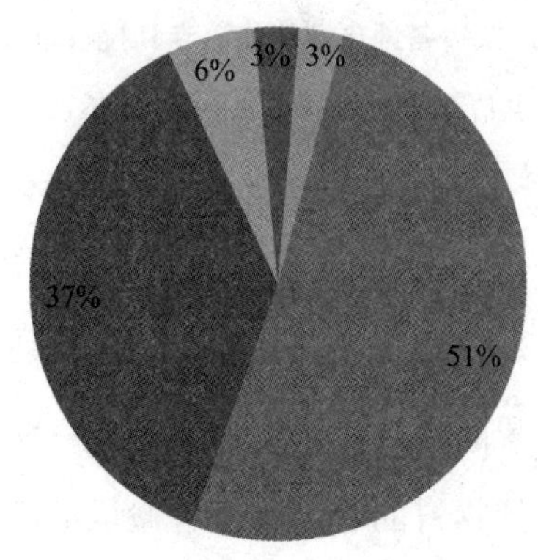

图 3-52　广东省各地市智能物流专利授权统计

数据来源：广东省知识产权公共信息综合服务平台公开数据检索及整理（检索关键词：智能物流、智能仓储、智能配送等）。

全省智能物流专利授权单位前五中，深圳以智能家居研发生产企业为主，广州以相关科研单位为主，见图 3-53。

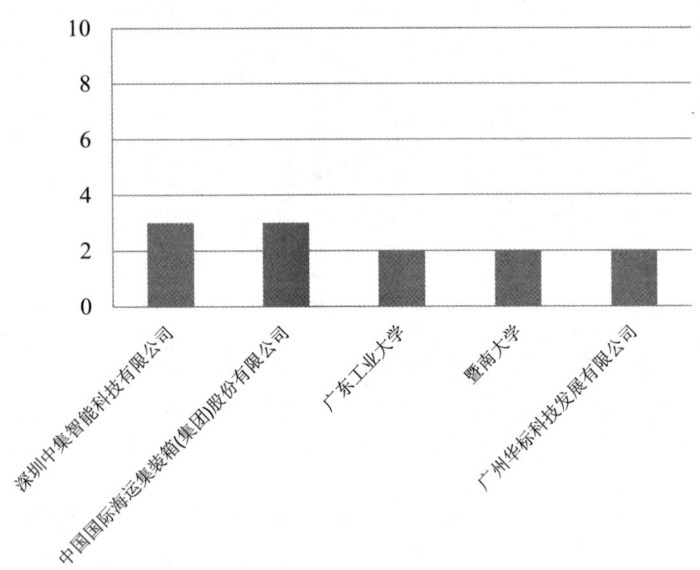

图 3–53　广东省各地市智能物流专利授权单位前五

数据来源：广东省知识产权公共信息综合服务平台公开数据检索及整理（检索关键词：智能物流、智能仓储、智能配送等）。

（1）智能物流装备

概述：智能物流装备是智能物流的基础，是在自动化装备的基础上集成感知传感、信息化、人工智能等技术实现物流过程自动化、信息化、智能化特征的关键装备，主要包括物料的仓储系统、搬运输送系统、分拣系统以及信息处理控制系统四大基础类别，代表性产品包括自动导引车、穿梭车、堆垛机、输送机、分拣机等。智能物流装备在几乎所有的工业制造领域均有应用，包括电商、烟草、汽车、工程机械、大型零售领域、冷链、医药、快递、纺织服装、食品饮料等等。2015 年我国智能物流设备市场容量为 684 亿元，2016 年为 862 亿元，预期会保持较快增长，预计 2018 年将达到 1360 亿元，年增速在 20% 以上。

技术发展现状：广东省已具有智能物流装备较为扎实的研发和产品基础，相关企业团队的数量和质量有较好保障。在仓储系统方面，深圳今天国际、广东顺力智能物流能提供专业的自动化仓储系统设计工程业务。在搬运输送系统方面，深圳大族电机、深圳力子机器人有较为成熟的产品，如大族的 Star 机器人融合了大族自有的移动机器人、机械臂、视觉系统、力控夹具等核心部件，可以实现手臂末端 ±0.5mm 重复抓取精度。在分拣系统方面，中山博士力提供定制化的非标自动化分拣设备工程服务。在信息处理控制系统方面，深圳创云科技、深圳金律科技、深圳德富莱智能科技在仓储、物流、客户管理等方面具有丰富的产品线。

与国际水平比较及评价：与国外行业巨头相比，我省企业单体规模普遍较小，有待积累并通过资源整合成长为大型系统集成商。

（2）智能仓储

概述：智能仓储是智能物流中的关键环节，是由立体货架、有轨巷道堆垛机、出入库输送系统、信息识别系统、自动控制系统、计算机监控系统、计算机管理系统以及其他辅助设备组成的智能化系统，通过应用先进的控制、总线、通讯和信息技术实现了库存数据的准确、及时掌握，可合理保持和控制库存，配以智能自动化的运输、堆垛、拾取装备，使货物的仓储和出入库实现无人化及效率最大化。智能仓储可应用于生产企业的进出仓库，也可应用于电商、快递行业的大规模中转仓库。我国经济的持续健康发展和物流业的崛起为仓储业的发展提供了巨大的市场需求，预计到 2020 年，我国智能仓储市场将达千亿规模。

技术发展现状：得益于多年制造业及电子商务的发展优势，我省企业较早进入到智能仓储领域发展，在自动化、信息化、集成化方面积累了较好的工程能力基础。广东易库、东莞恒立、广东顺力智能物流、广州大库工业、深圳瑞航物流、广东神马等企业都能提供智能仓储的交钥匙工程。在较关键的输运环节上，广东嘉腾机器人、牛力机械、深圳欧铠、爱啃萝卜机器人都能提供达到或接近国外先进水平的无人搬运车产品，其中，广东嘉腾机器人的产品还得到2016年德国红点设计奖并代表中国机器人参加德国汉诺威工业展。

与国际水平比较及评价：与国外行业巨头相比，我省智能仓储在自动化方面有一定实力，但在诸如自主决策等人工智能技术方面还较为落后。

（3）智能配送

概述：智能配送是指通过智能化信息系统把大量物流配送企业的车辆信息、大量货源的订单信息、实时路况数据等多个维度进行深度数据优化，消除信息不对称，进行车货匹配，智能输出高效运输方案，显著降低空载率及运输成本。智能配送对整个物流行业效率提升有极其重要的意义，在一些时效性要求特别高的物流场景下也变得不可或缺，如快餐产品、生鲜产品、冷冻产品、急需药品等。国内已经涌现一批智能配送平台公司，包括G7、货车帮、易货嘀、真好运等，都希望通过智能化、效率化分到巨大市场的一杯羹。

技术发展现状：智能配送的核心在于巨量数据的掌握分析和高效调度决策智能算法。深圳众辉达、广州捷宝等智能配送平台通过人工智能标准管控工具，整合全国优质企业资源，搭建一站式智能配送服务平台，集聚全国物流零担市场订单需求，为终端客户提供小件物流省内夕发朝至的握手交付配送服务。省内唯一智慧物流示范区—黄埔状元谷电商物流示范产业园开展了“电商物流配送服务标准体系”建设，注重设施设备智能化，包括货物自动分拣系统、RFID无线射频识别设备、城市配送监管调度系统、能进行条码扫描PDA、GPS位置跟踪设备和通信设备等。实行配送车辆的专业化、统一化管理，实时记录配送车辆位置及状态信息，对运输车辆进行科学排序、合理调度使用，减少空载率、降低物流成本，实现物流配送的“智慧化”。

与国际水平比较及评价：与国外行业巨头相比，我省智能配送企业无论数量、技术还是规模均有较大差距，所提供的服务广度、深度有待提高，需通过资源整合培育成平台型大企业，以深化智能配送的发展。

9. 智能交通

智能交通是人工智能落地的重要载体，在保障交通安全、提高运输效率等方面意义重大，因而日益受到各国的重视。经过多年的发展，我国智能交通市场已经形成“京津圈”“珠三角圈”“长三角圈”三大商圈。广东省智能交通市场项目数量和市场规模均位居全国前列，且形成了独一无二的“双城效应”（广州和深圳），是中国智能交通市场的一支劲旅。从规模看，广东智能交通产业约占全国智能交通 19.2% 的市场份额，如果以省为单位划分，广东堪称中国智能交通第一市场。

广东智能交通设备厂商云集，交通企业群体庞大，技术创新能力强，在全国智能交通市场占据重要地位。尽管广东在智能交通工程集成方面略逊于北京和上海，缺少大的智能交通系统集成商，但在产品研发和制造以及科研成果转化方面优势明显，响应速度快，尤其在创新应用方面走在了全国的前列。广东智能交通产业的主要优势集中在技术研发和产品制造方面，在卫星导航车联网、智能行车记录仪、停车管理系统、ETC 等领域都占据了全国一半以上的市场。尤其在新一轮“互联网 +”创新应用方面走在了全国的前列，比如车联网、OBD 等领域，广东优势明显。

广东省智能交通专利授权量从 2014 年开始迅速增长，每年翻番增长，近两年专利授权量保持相对平稳，见图 3-54。

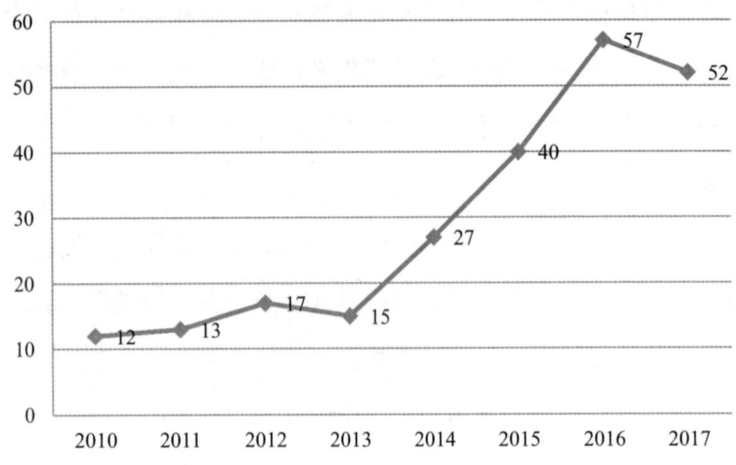

图 3–54　广东省智能交通专利授权年度统计

数据来源：广东省知识产权公共信息综合服务平台公开数据检索及整理（检索关键词：智能交通、智能公交、车联网、智慧公路、智能交通信号、联网停车等）。

从全省智能交通专利授权数量来看，深圳、广州占全省智能交通专利授权总量的 82%。其中，深圳占比 57%，超过全省专利授权总量一半，遥遥领先其他地市；广州紧随其后，占全省专利授权总量的 1/4，见图 3-55。

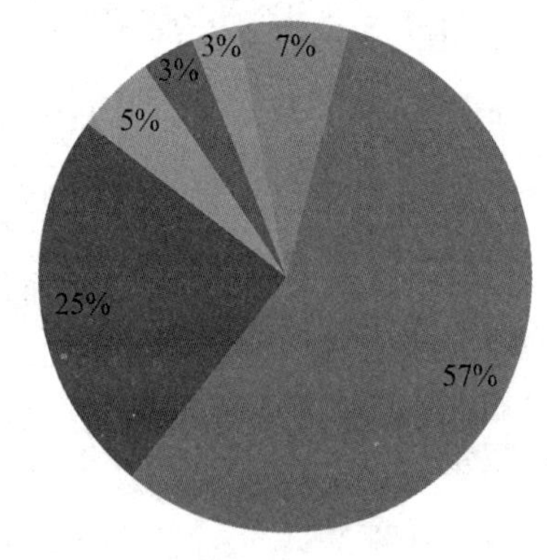

图 3–55　广东省各地市智能交通专利授权统计

数据来源：广东省知识产权公共信息综合服务平台公开数据检索及整理（检索关键词：智能交通、智能公交、车联网、智慧公路、智能交通信号、联网停车等）。

全省智能交通专利授权单位前十中以深圳居多，主要集中在以比亚迪等汽车巨头为主的智能驾驶、智能导航等智能交通领域，见图 3-56。

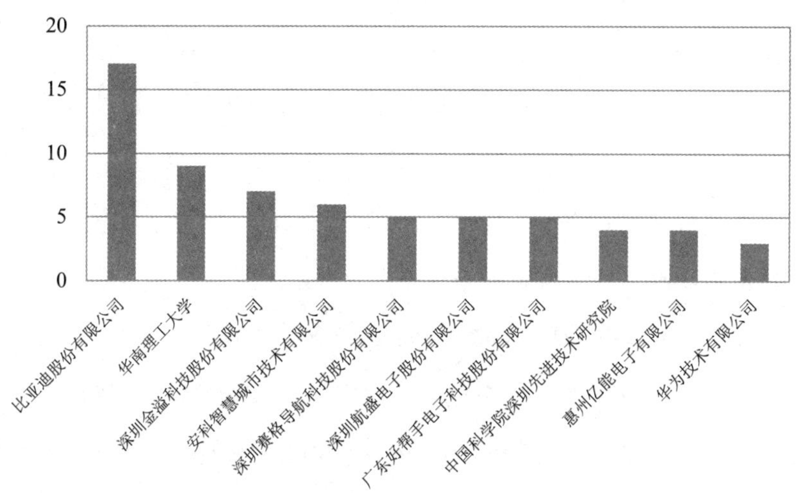

图 3–56 广东省各地市智能交通专利授权单位前十

数据来源：广东省知识产权公共信息综合服务平台公开数据检索及整理（检索关键词：智能交通、智能公交、车联网、智慧公路、智能交通信号、联网停车等）。

广东智能交通产业覆盖城市智能交通、电子警察、卫星导航、ETC、车联网、智能公交、汽车电子、停车场管理、行车记录仪、电子车牌、OBD 等领域，门类齐全，是智能交通产业链最全、最完善的省份。产业优势明显，在许多领域全国领先，如卫星导航、ETC、停车场管理、智能行车记录仪等领域。下面从智能化联网停车、智慧公路、车联网及智能交通信号几个方面展开论述。

（1）智能化联网停车

概述：在所有出行场景中，停车、加油 / 充电可能是车主最高频的需求。随着汽车保有量的持续增长，大型停车场存在人工投入大、管理成本高、经营效率低的问题。对于车主来讲，找车位难、进出停车场的高峰期排长龙、停车难的问题日趋严重，浪费车主的时间的同时也造成了停车场的拥堵。智慧停车的“智慧”体现在“智能找车位 + 自动缴停车费”，服务于车主的日常停车、错时停车、车位租赁、汽车后市场服务、反向寻车、停车位导航等。

停车行业已全面进入智能硬件时代，“车牌识别 + 移动支付”不再是标签而是基本特性。接下来会向无人化停车、云停车方向发展，停车信息联网服务平台将是未来停车智能化市场最重要的发展趋势之一。通过将技术、管理和运营相结合的方式将无人值守普及所有停车场才能实现真正的智慧停车。如今智慧停车市场又衍生很多新应用，比如充电桩售电、分时租赁等。

技术发展现状：广东省智能停车行业企业众多且实力雄厚。深圳市富士智能在云停车领域取得了突破性的成果，其自主研发的人车证合一识别技术、生物识别技术等均为行业领先。在 2017 年中国无人停车十大品牌中，广东企业占据 4 席，分别是：深圳市捷顺科技实业股份有限公司、深圳市富士智能系统有限公司、深圳市经门智能科技有限公司和深圳市深迅科科技有限公司。这些企业可以说是广东省智能停车行业的龙头企业。

此外，在 2017 年中国城市无人化停车十大创新方案中，广东占据 7 个且这些方案均属于深圳企业，分别是：深圳捷顺科技的“捷顺智慧停车无人值守解决方案”、深圳赛菲姆科技的“自助停车系统无牌车进出场扫动态二维码方案”、深圳深迅科科技的“阿里停车无人值守车场解决方案”、深圳艾迪泰格科技的“零成本无人值守解决方案”、深圳畅盈科技的“无人无线无电脑解决方案”、深圳福锐泰克科技的“FRTC 智慧停车系统方案”和深圳广汇通智能科技的“停车场出入口无人化管理解决方案”。

与国际水平比较及评价：美国的 Parkme 堪称其国内的停车百事通，通过铺设智能停车设备实现停车场的智能化和互联网化，为车主提供空车位搜索 / 匹配、车位预约 / 预定、车场导航、车位导航、反向寻车及快捷支付全流程的停车优化服务。同时，深度介入停车场运营管理，为停车场用户增益堵漏、提升管理效率，实现停车场无人值守。英国的 JustPark 通过打造车主的车位共享平台为有车位的、想停车的车主提供对接服务，盘活车位空闲时间，提高车位的使用率，为业主创收，为车主解决停车难问题。德国的汽车制造商奥迪在德国因戈尔施塔特的工厂中实施了自动停车解决方案，该方案使用了三个要素：传感系统、数据传输元件和软件管理平台。有四个主要优点，包括停车场更快的轮换和占用、通过快速找到停车位来减少交通流量、增加工人和游客的满意度和体验以及帮助改善环境质量。日本建立了亚洲最早的智能停车系统，该系统结构完整且诱导功能完善，应用十分成功。

广州在20世纪90年代后期建立了较为先进的静态交通管理信息系统，走在全国停车诱导系统发展应用的前列。深圳在智能联网停车方面也走在了全国前列。但与世界先进水平相比，我省智能停车系统由于基础薄弱、经验欠缺和管理体制不尽完善等方面的原因，存在明显的差距。

（2）智慧公路

概述：随着我国现代化水平的不断进步，公路建设和管理水平已经成为衡量我国经济发展水平的重要标志之一。智慧公路是通过对交通资讯信息的收集和传递实现对车流在时间和空间上的引导、分流，避免公路堵塞，加强公路用户的安全，减少交通事故的发生，改善高速公路交通运输环境，使车辆和司乘人员在高速公路上安全、快速、畅通、舒适地运行。智慧公路系统则是通过通信系统、监控系统等设施对车辆实施自动安全检测、发布相关的信息以及实施实时自动操作的运行平台，它为实现智能公路的运输提供更为安全、经济、舒适、快捷的基础服务，以达到减少交通挤塞和事故的目的。

随着物联网技术的不断成熟与发展，公路携带的数据资源进一步增加，传统的数据分析软件无法在合理时间内撷取数据、管理数据、处理数据，并整理成为帮助主管部门决策提供有效支持的数据，公路信息化与智能化管理水平提高的需求十分迫切。车联网旨在车路协同、云计算旨在大数据分析、北斗定位旨在高精度定位，这几项技术将成为未来智慧公路的发展方向。

信息化是实现智慧高速公路的重要载体和手段，智慧高速公路是交通运输信息化发展的方向和目标之一。智慧化成为公路交通运输系统的显著特征，对行业治理体系和服务模式产生广泛而深刻的影响，行业信息化发展面临着前所未有的重大机遇。建设国内国际通道联通、区域城乡覆盖广泛、枢纽节点功能完善、运输服务一体高效的综合交通运输体系，对交通运输信息化提出了新的要求。

技术发展现状：智慧公路的前景是美好的，但它也是ITS领域中技术难度最高的系统。2017年7月，交通运输部综合规划司公布将由8个省市承担智慧公路与新一代国家交通控制网试点工作，广东省位列其中。深圳的"智慧道路共同杆"或成智慧城市标配项目，可以显示路况、周边停车位、天气等出行信息，可以实时采集道路的交通流数据，还可以提供Wifi、监测道路险情，其中的车路协同技术更将成为未来无人驾驶的关键。

在2017年中国"互联网+交通运输"创新创业大赛智慧公路主题赛入围的50个项目中，属于广东省的项目共有30个。在前三等奖获奖项目中，除了一名一等奖为北京企业外，二等奖、三等奖均被广东省企业包揽。其中，广州交嵌信息技术有限公司的"云认证终端"项目和广州誉宸信息科技有限公司的"基于无人机技术的'人工智能+'高速公路建设管理系统"项目荣获二等奖；广州市凌特电子有限公司的"高速公路'绿色通道'车辆快速检测系统"项目、中山市聚云软件科技有限公司的"通航桥梁智慧预警大数据平台"项目和深圳市金溢科技股份有限公司的"多功能智能互联网OBU"项目获得三等奖。广州交嵌信息技术的"云认证终端"项目可以在不改变现有收费系统的情况下实现全车道不停车通行并完成互联网支付。广州凌特电子的"高速公路'绿色通道'车辆快速检测系统"项目为高速公路业主提供最专业的"绿色通道"车辆解决方案，极大提高了高速公路运行效率，为国家挽回了巨额经济损失。中山聚云软件科技的"通航桥梁智慧预警大数据平台"

可实现对桥墩防撞以及桥区非通航区预警，保障船舶可控、可管、可自检。

与国际水平比较及评价：美国在20世纪80年代末开展了智慧型车辆与高速公路系统的研究，该国智慧公路技术发展迅速。智慧型车辆与高速公路系统包括先进的交通管理系统、旅游信息系统、公众运输系统、车辆运输系统和大型车辆运行系统五个方面内容。新加坡的高速公路监控及信息诱导系统可以提供实时的交通信息、对交通事故的快速响应、将交通拥挤减少到最低限度并且提高道路的安全性。澳大利亚的实量旅行信息系统通过车载的定位器，计算机软件可以估计每辆车的到达时间并通过显示屏显示给正在等候的旅客，另外，该系统还可以用于驾驶员通报突发事件。瑞典开通了最智能的一段公路—欧洲E4公路处于瑞典北部城市Pite和Lule之间的路段。这一智慧公路安装了太阳能传感器，可以对行驶车辆做出路面结冰、事故拥堵和其他危险情况的预警。英国高速管理局向公众展示了将在未来10年建造的智能高速公路。这种公路配有太阳能交通标识灯、道路监测传感器、随时待命的清障车和电子信息提示牌等设施，可大大改善公路的运行状况。荷兰智能公路的创新设计概念包括夜光公路、动力学漆、交互感应灯以及感应优先车道。

广东省智慧公路发展走在全国前列，但与国际水平仍有差距。事件处理信息化程度不高，数据分析、信息共享不足，各部门业务协同作业效率低等问题给我省高速公路相关管理单位带来了深深的管理压力。随着人工智能、自动驾驶技术的不断发展，智慧高速公路将不再仅仅停留在概念层面，而是开始具有深入的内涵和丰富的表现形式。

（3）车联网

概述：车联网是由车辆位置、速度和路线等信息构成的巨大交互网络。当前车联网发展仍处于以车载信息服务为主的第一阶段，车联网产业大部分被外企垄断。国内企业在技术门槛低、发展较成熟的环节占有一定份额，互联网科技公司在地图、算法领域享有优势，有望在大车联网领域率先突破。

算法、感知、决策优化与控制执行系统、人机交互系统、5G V2X 定位技术、平台技术、信息安全技术是目前车联网关键技术。随着这些技术的发展，车联网将进入第二阶段，车联网安全与能效应用将成为主流应用，向协同、智能方向发展，最终实现无人驾驶。

车联网服务还处于发展初期，构建全新业态还需要一定时间。目前，全球的车联网还没有统一标准，在车联网的技术发展中，面临的最大问题是协同性，每个品牌都在使用不同的联系方式。未来，统一标准将成为整个车联网产业的基础。总之，车联网不能一味停留在概念研发或初级功能阶段，它需要更深度地融入汽车设计过程中，和车辆局域网、软件通讯、硬件交互同步研发，同时也需要更多新技术、新思维、新模式，需要更多的行业管理和研发人才加入。

技术发展现状：广东省在车联网领域有较强研发和产业基础的企业有华为、腾讯、凯立德、新国都、得润电子、索菱等。2017 年 6 月，华为与中国移动、上汽签署三方合作框架协议，以 2019 年可规模化预商用的智能出行产品解决方案与应用服务为合作目标，共同推进智能出行服务暨下一代蜂窝车联网 C-V2X（包括现阶段 4G 和 5G）产业的发展。腾讯为抢占“车联网入口”的制高点推出自己的行车记录仪来抢占市场先机。凯立德旨在为驾驶者提供消费电子产品、移动互联网及车联网服务、大数据及云服务。新国都以金融 POS 终端软硬件的设计和研发为核心，现已发展成为银联商务等国内主要收单机构及第三方收单服务机构的重要供应商。得润电子主要从事各类电子连接器产品的开发、生产与销售。索菱股份致力于为用户提供安全、舒适的行车环境和智能化管理服务，实现人、车、社会的和谐统一。

与国际水平比较及评价：澳大利亚的视频数据获取系统通过自动辨识车牌号码来对重型车辆监测、分类、识别，数据可被送到重型车辆监测站与数据进行对照，该系统能监测到超速车辆、强制停运的车辆。美国通用的

OnStar系统自1996年就迎来了第一批客户，近年来其在美用户数已经超过500万，占据北美车联网市场的主流地位。根据美国一项汽车专业调查，超过四分之三的OnStar用户表示愿意在他们的下一部车上继续安装该系统，并有近90%的用户会愿意将其推荐给他人。日本车联网的发展初期主要由丰田、本田和日产三大汽车巨头推动，其目的是依托整车来提升汽车用户的体验和增强用户黏性。此后伴随着高速移动通信4G的普及和汽车大数据云服务的兴起，NEC、日立等日本IT巨头也相继涌入车联网的阵营。“以项目促发展”是欧洲车联网产业的一个显著特点，欧洲的telematics把交通信息和安全作为主要攻坚方向。

虽然车联网的用户规模增速明显，但由于商业模式、本地化服务及支付模式等瓶颈的存在，我省车联网目前依然处于初级阶段，与世界先进水平存在一定差距。尤其是乘用车市场还在连与联之间徘徊，而企业对车联网的认识也仍然处于摸索当中。车联网的未来应该是互联互通的，车企应专注于搭建通用平台，互联网公司应做减法，车联网企业要满足本土用户需求，而科技公司要关注用户体验。

（4）智能交通信号

概述：交通拥堵不断从一二线城市向三四线城市蔓延且日益严重，由此给社会带来的直接或间接损失越来越大。通过限号、限行、限购等手段解决交通拥堵，治堵效果被日益增加的机动车数量逐渐抵消。在交通高峰期，信号灯路口极易发生拥堵甚至堵死的情况，单个路口的拥堵如果不能被及时发现和处理，很可能升级为整个区域的交通瘫痪。智能交通信号借助大数据和人工智能技术，依靠先进的传感器和强大的处理技术，每隔一定时间间隔更新一次信号，以此响应交通流量的变化和意外事件，如交通事故或道路封闭等。智能信号的优点在于可以通过与邻近信号系统的通信，信息多跃程传播，从而使交通变得更有秩序、更加协调，提升路口的通行能力，缓解交通拥堵状况。

交通信号智能化实现了区域性的联动，保证了干线协调。

现阶段信号控制系统技术发展重点是基于大数据的区域智能控制，应用于绿波线控和绿波区域，以及关键路段的动态控制。人工智能的引入一定能在不远的未来更精准地预测城市交通的未来需求，准确地感知每个出行个体的实时出行需求，通过大数据的汇总帮助交警及时指挥交通，也让交通拥堵消灭在摇篮中。

技术发展现状：公安部交管局在2016年出台文件，要求各地推进城市道路交通信号灯配时智能化工作，从上至下来强化信号控制工作的重要性。在最新公布的中国主要城市交通分析报告中，深圳治堵效果显著，拥堵排名下降至23位，是北上广深唯一排名没有进入拥堵前10名的一线城市。深圳南山区社会福利中心公交站帝的红绿灯路口“智能行为过街系统”已经开始运行。2016年9月，广州市交警引入阿里云人工智能技术ET（工业大脑）搭建“互联网＋信号灯”控制优化平台，可对路口车辆运行情况进行实时分析并输出对红绿灯时间调整的建议。广东振业优控专注于信号控制优化服务，是省内乃至国内最大的信号优化团队，其组建的“广东省城市道路交通信号控制优化工程技术研究中心”获得通过，主要开展城市交通信号控制与信号优化技术、交通仿真与分析评估技术、交通大数据挖掘研究及应用、信号控制优化平台型应用系统研发。深圳法马是国内智能交通设备的领先品牌，率先研制出高亮度、大角度、高清晰的最适合人类视角的道路交通灯系列、可变车道控制标志系列等。

与国际水平比较及评价：加拿大多伦多22个路口安装了新的高科技智能交通信号灯，这些智能信号灯可以根据交通实时情况调整信号灯的时间。澳大利亚拥有先进的智能交通运输系统和交通控制系统，它的远程信号控制系统（Vic Roads）通过普通的电话线能够连接到50个偏远的受控交通灯，可以监测这些信号灯的状态改变它们的参数，为偏远路口的信号控制提供了便利；

微机交通控制系统（BLISS）运行于普通微机上并可控制63个交通灯，已在布里斯班超过500个信号灯上采用BLISS系统进行控制。新加坡的交通信息诱导系统（VMS）的可变情报板设置在位于高速公路进口周围，可以显示文字和图形。情报板每分钟做修改，通知驾驶员前方的交通情况和行驶时间。交通信息从中央设备通过无线网络传输到可变电子情报板，实时通知驾驶员前面的交通拥挤状况。同时，公众可以通过Internet观察到实时监控系统视频图像。

广东缺乏能够生产成套交通信号灯控制系统的厂家，没有成熟使用交通大数据进行优化区域配时方案的技术。在日常情况信号协调控制、应急交通控制、实时运行状态评价、用大数据进行交通事件检测等应用上还不够普遍。

10. 智能农业

物联网、互联网等技术与农业生产、加工、流通等各环节紧密结合，产生了大量多源异构的农业数据，并且这些数据仍呈指数式增长。如何采用数据挖掘与智能分析技术发现或提取其中的有效信息与潜在价值，实现农业生产经营过程的整体信息化管控，在一定程度上加速转变农业生产方式，提高生产水平与效率，对于发展与实现现代农业具有重要意义。智慧农业将助力农业由人工走向智能，在营销方式上采用物联网、云计算等技术应用，打破了农业市场的时空地理限制，农资采购和农产品流通等数据将会得到实时监测和传递，有效解决信息不对称问题。同时，云计算、大数据等技术也推进农业管理数字化和现代化，促进农业管理高效和透明，提高农业部门的行政效能。智慧农业在先进的信息技术下，打通农业产业链，让农民在整个发展过程中收益。可以说智慧农业是发展现代化农业的不二之选。

广东的农业领域正在加快与信息技术的深度融合，使农业从一个古老的传统产业变身为新潮的“数字产业”，人工智能对广东农业的改造正在进行中，智能农业应用将向深度化拓展。下面从智能化农业装备、农业生产管理、农产品加工 3 个代表性的领域展开说明。

（1）智能化农业装备

概述：智能化农业装备是指装备有中央处理芯片 CPU 和各种各样传感器或无线通信系统的现代化农机。其特点是通过加装在农机上的微型计算机对传感器传回的各种信号进行逻辑运算、传导、传递，然后在动态作业环境下发出适宜指令驱动农机来完成正确的动作，实现农业生产和管理的智能化。智能化农机装备能够实现农机作业的效率化、标准化、舒适化、人机交互人性化、操作傻瓜化等。按照智能制造试点示范所包含的智能工厂、数字化车间、智能装备、智能新业态、智能化管理、智能化服务等六个维度的要求来构建智能化农机装备制造体系是未来智能装备发展的方向，为智能化农机发展提供支撑与保障。

技术发展现状：我省有多项智能化农业装备成果，华南农业大学相关团队开发的智能采摘机器人可采用双目立体视觉在果园中对果实进行定位，获得视野内多个随机水果目标，然后采用数学规划的方法对采摘作业路径进行自主规划，最后伸出机械臂末端的拟人夹指来采摘果子。由于它末端的执行器具有一定通用性，因此，可以对多类瓜果进行作业，包括荔枝、柑橘、黄瓜等，其工作效率是人工的两倍。汕头市智能农机研究所研发的遥控履带自走式旋耕机可以实现耕耘、开沟、割草、牵引等多种农艺作业，基本解决大棚、果园长期难以开展机械化作业的难题。广东华南水电自主研发的农业机器人已经能够完成耕作、播种、施肥、浇水等工作，自动收割机器人也在研制中。

与国际水平比较及评价：农业机器人是精准农业大潮中的一员，在国外农业生产的许多领域得到应用。欧洲和美国一些农业机械公司已经推出了完全自主的无人驾驶和无牵引车的原型车，配备 GPS 导航转向和传感器。原始传感器数据可用于创建室内和室外环境的精确地形图，而车载摄像机则通过检测和避免静止或移动障碍物来提高安全性。自主拖拉机也可以与其他有人驾驶的机器一起工作。如美国明尼苏迭州一家农业机械公司研究推出的施肥机器人，会根据不同土壤的实际情况适量施肥。美国波士顿研制出的育苗机器人只需在触摸屏上设定地点参数，机器人就能感应盆栽并自动把它们移动到目的地。法国发明了专门服务于葡萄园的机器人几乎代替了种植园工人的所有工作。英国、日本研发了挤奶机器人，不仅能完成挤奶工作，还可在挤奶过程中检测奶质。澳大利亚发明的一种牧羊犬机器人能在农场上代替传统的放牧劳力。

从目前的科学技术来看，自动识别和自主移动技术已经逐步成型，能够独立完成基本操作，但是在智能化上做得还不够好，许多智能化难题还未攻克，特殊的农业工作方式很难将智能化完全使用在机器人身上。此外，机器人的理论基础和相关实践技术尚未成型，在专业知识化为实际操作中还有很长的路要走。与发达国家相比，我省在自动化农业装备研究、开发及应用方面尚处于起步阶段，具体表现在发展慢、技术差距大等方面。

（2）农业生产管理

概述：智能农业生产管理是农业生产管理的高级阶段，是集新兴的互联网、移动互联网、云计算和物联网技术为一体，依托部署在农业生产现场的各种传感节点（环境温湿度、土壤水分、二氧化碳、图像等）和无线通信网络实现农业生产环境的智能感知、智能预警、智能决策、智能分析、专家在线指导，为农业生产提供精准化种植、可视化管理、智能化决策。在一些农垦区、现代农业产业园、大型农场等单位，智能设施与互联网广泛应用于农业测土配方、茬口作业计划及农场生产资料管理等生产计划系统，效能得到明显提高。

技术发展现状：随着农业“互联网+”的发展，广东不少地方尝试水肥一体化技术与大数据、云计算等现代信息技术的联姻，让其变得更加智能和可控。只要在水肥一体化基地安装上智能监控系统，便能通过个人电脑、智能手机等终端实现对种植基地气象、土壤、环境的实时监测，并对灌溉、施肥、通风、调温、补光等农业设施进行自动化控制，一方面解放了劳动力，另一方面实现了更加科学的水肥管理，可实现农业生产省肥、省水、省工、环保、高产、高效的突出优点。广州市晨风信息科技有限公司与广西福沃得联合开发的智慧农业管理系统在“中国－东盟农作物优良品种试验站”完成安装调试并投入使用，该系统通过互联网技术结合气象资料、土壤墒情、作物成长、种植结构等信息采集，完成集产品溯源、田间管理、病害预警、生产监控预产测产等一站式远程高效管理。广州大气候农业科技有限公司开发的“农眼”将智能传感、成像及定位等技术应用于农田及种植园等场景，为农户实现规模化与集约化种植、提高农产品品牌附加值提供技术支持与服务。在湛江徐闻种植基地上建成的“智能农田管理系统”实现了农田灌溉施肥全自动化，可通过手机实时监测土壤湿度、温度，远程发出指令打开水泵阀门进行灌溉。

与国际水平比较及评价：美国农业是世界上农业信息化程度最高的国家之一，农业信息化的进展有力促进了美国农业整体水平的提高。美国在农业数据资源采集及存储方面采取以政府为主体，通过构建规模和影响力较大的涉农信息数据中心来全面采集、整理、保存与美国及国际有关的大量农业数据资源。此外，美国现代农业智能装备技术日趋成熟，农业决策支持系统得到广泛应用，有力地促进了农业整体水平的提高。美国农业装备迅速向着大型、高速、复式作业、人机和谐与舒适性设计方向发展。美国农民可利用全球定位系统、农田遥感监测系统、农田地理信息系统、农业专家系统、智能化农机具系统、环境监测系统、系统集成、网络化管理系统和培训系统等对农作物进行精细化的自适应喷水、施肥和撒药。英国农业基于强大的数据搜集和分析处理平台正向着“精准农业”迈进，结合数字技术、传感技术和空间地理技术，更为精准地进行种植和养殖作业，同时，提升农业生产部门和市场需求的对接以加强其对于市场的理解。

智慧农业生产管理要获得长足发展，还需要实现农业的集约化、机械化、信息化、自动化、智能化、实用化、傻瓜化、泛在化（云化），真正改变当前农业的传统面貌，提高现代农业的综合管理水平和生产效率。广东农业生产管理未来需要加快在易用性、实用性的生产管理系统及终端的开发，充分利用政策资源推广信息化养殖理念和技术打通生产和经营通道，积极在互联网思维合理配置盈利点等方面做出努力。

（3）农产品加工

概述：食品和农产品加工行业利润薄弱，智能化迫在眉睫。随着人口红利逐渐消失，以人力为主的现有生产模式随着劳动力的持续减少，农业加工企业招工越来越难。同时，伴随着农业劳动力老龄化问题，农产品的劳动力成本高达 70%，劳动力成本的大幅提升导致我国农产品价格全面超过国际水平。此外，由于食品和农产品加工行业的特殊性，要严格保障食品安全，人工不仅效率低下且容易产生二次污染，影响产品品质。在农产品加工这个千亿级的市场里，进行技术革新，用机器取代人工是未来的发展趋势，人工智能正刷新着农产品加工的新业态。

技术发展现状：发展农产品加工是推进农业现代化、建设农业强省的必由之路，农产品加工业发展水平是农业强省的重要标志。由华南理工大学、浙江大学、宁夏大学等共同完成的“农产品品质波谱快速无损检测技术与装备研发及应用”项目荣获 2016 年度教育部高等院校科学技术进步二等奖。该成果总体研究水平达到国际领先，对典型农产品的波谱图像快速检测机理和方法进行了系统研究，取得多项创新成果，取得了显著的社会效益和经济效益。清远重点建设的农产品智能定制化深加工及仓储中心平台按照工业 4.0 理念引入 3D 食品打印技术，帮助本地主要农产品深加工实现个性化、小批量、低成本生产，让清远农村电商创业者的无限创意付诸实践，助力清远农村电商从全国的同质化竞争中整体突围，带动本地农业发展。探索“电商企业 + 银行 + 农户”的品牌农业发展新模式，提高农产品附加值，帮助农户致富。

与国际水平比较及评价：美国农业人口只占全国人口的2%，而从事加工流通服务等行业的人口却占全国人口的20%，在产品加工转化率方面超过85%，处于世界领先地位。发展农产品加工业有利于发挥桥梁纽带作用，促进农业产业的前延后伸，带动农业生产性服务业、电子商务、休闲农业、乡村旅游等新产业新业态的发展，促进一、二、三产业融合，加快构建现代农业产业体系，为实现农业由大到强的转变提供强大引擎。

广东省农产品加工行业与国外相比还存在一定的差距，智能化设备关键部件主要依赖进口，国产化发展仍任重道远。广东需积极发展农产品精深加工，扶持建设一批技术先进、附加值高的精深加工项目，为打造广东农产品加工品牌付出努力。同时，要加快科技成果转化，推广新技术、新工艺、新设备以及新产品；支持我省科研院校开展农产品加工关键技术和核心装备研发，开发一批适合广东特色农产品初加工、精深加工需求的先进装备。提高我省农产品加工转化率是广东省农产品加工业与信息化融合发展的主攻方向，将智能制造应用于农产品加工领域，推动农产品加工制造过程实现自动化和智能化进而实现农产品加工企业管理的智能化。

11. 公共安全

在公共安全领域，随着平安城市建设的不断推进，监控点位越来越多，从最初的几千到几万条道路甚至于到现在几十万条道路的规模，视频和卡口产生了海量数据。与此同时，随着高清视频、智能分析、云计算和大数据等相关技术的发展，安防正在从传统的被动防御向主动判断、预警发展，行业也从单一的安全领域向多行业、生活智能化方向发展，为更多的行业和人群提供可视化、智能化解决方案。随着安防领域的发展，人工智能的重要作用正逐步显现。当前，用户面对海量的视频数据已无法简单利用人海战术进行检索和分析，需要人工智能作为专家或助手实时分析视频内容，探测异常信息，进行风险预测。

人工智能技术在公共安全领域的应用主要体现在视频结构化技术和大数据技术两个方面。视频结构化技术是融合了机器视觉、图像处理、模式识别、深度学习等最前沿的人工智能技术，是视频内容理解的基石。大数据技术为人工智能提供强大的分布式计算能力和知识库管理能力，是人工智能分析预测、自主完善的重要支撑。

概述：随着高清监控的普及，安防监控领域的数据量呈爆炸式增长，催生了对智能化技术的需求。芯片、算法和数据支撑着人工智能技术在安防行业的应用，GPU、FPGA、TPU 等智能芯片大大提高了运算效率，深度学习算法增强了图像和视频分析的准确率，在解决视频结构化和人脸识别等方面更“智能”，安防市场天然的优质数据源为人工智能落地提供了沃土。智能安防或成为人工智能产业化的第一“着陆场”，即将开启新一轮成长周期。作为行业的重要发展方向，未来的安防行业将是高科技云集的行业，AI＋安防的组合模式为行业发展最终步入智能化阶段提供动力。2017 年 9 月在深圳举行的安全防范产品展会上，以大数据、人脸识别、云计算、视频结构化、边缘计算等人工智能技术为核心的安防产品迎来全面爆发。从提供的产品类型来看，智能安防领域的企业主要分为人工智能芯片、硬件和系统、软件算法三大类别。在芯片领域，跨国巨头企业占较高市场份额，如美国英伟达和英特尔。在硬件和系统领域，各国均以采购本国产品为主，国内主要采购对象为海康威视、大华集团，海康具有深厚的技术积累和成规模的研发团队，大华持续构建广泛的营销网络。美国则有 ADT、DSC、OPTEX 等高端品牌，占据了安防市场大部分份额。在软件算法领域，美国谷歌、Facebook、微软开源代码并提供整体解决方案，中国旷视科技、商汤科技、云从科技等企业也在专注于技术创新研发。

广东省智能安防专利授权量从 2015 年开始迅速增长，近两年专利授权量保持较高增长率，但专利授权体量偏低，见图 3-57。

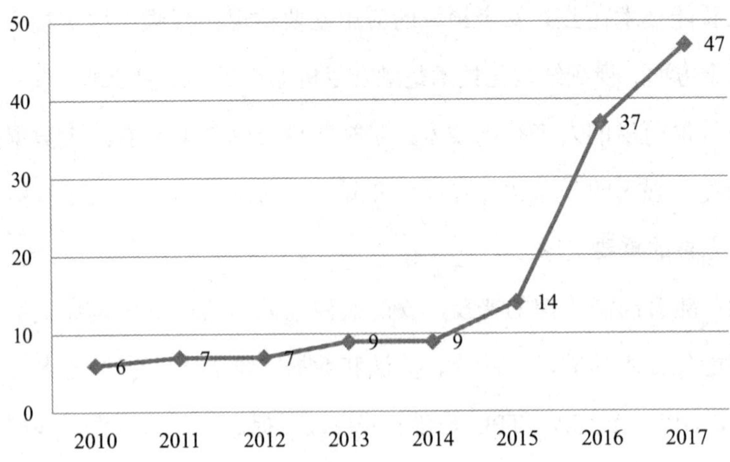

图 3–57 广东省智能安防专利授权年度统计

数据来源：广东省知识产权公共信息综合服务平台公开数据检索及整理（检索关键词：智能安防、智能视频监控、人脸识别、身份识别等）。

从全省智能安防专利授权数量来看，深圳、广州占全省智能交通专利授权总量的 74%。其中，深圳占比 51%，占全省专利授权总量一半，遥遥领先其他地市，广州紧随其后，占全省专利授权总量的 23%，见图 3-58。

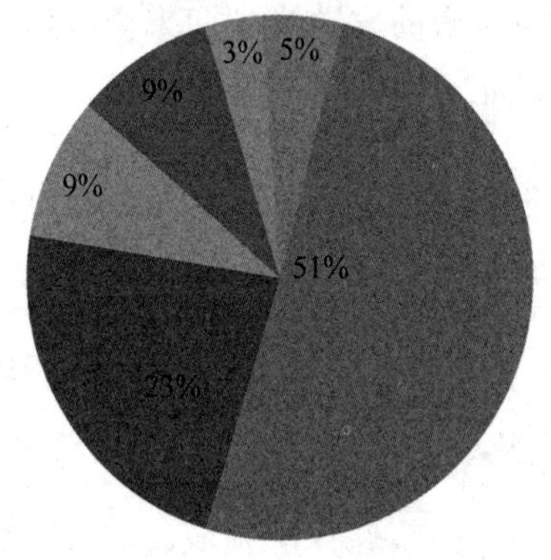

图 3–58 广东省各地市智能安防专利授权统计

数据来源：广东省知识产权公共信息综合服务平台公开数据检索及整理（检索关键词：智能安防、智能视频监控、人脸识别、身份识别等）。

全省智能安防专利授权单位前五中以深圳居多，主要集中在以智能视频监控、人脸识别等智能安防领域，见图 3-59。

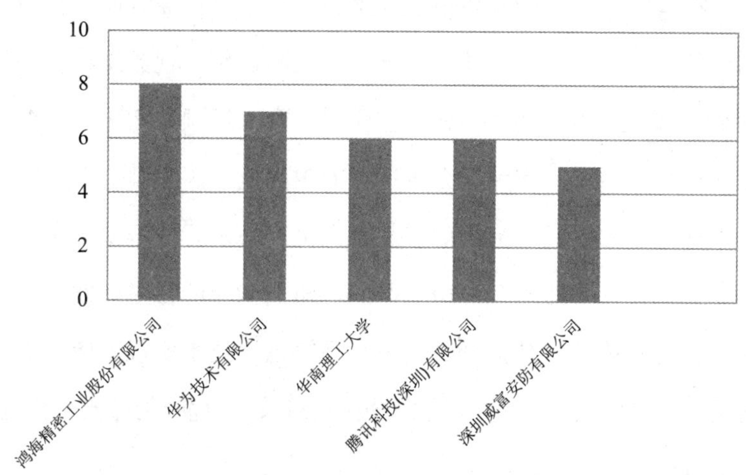

图 3–59　广东省各地市智能安防专利授权单位前五

数据来源：广东省知识产权公共信息综合服务平台公开数据检索及整理（检索关键词：智能安防、智能视频监控、人脸识别、身份识别等）。

技术发展现状：安防领域主要是以视频为核心数据，通过视频的直观展现实现安防实际需求。随着安防领域视频的逐步增多，已经无法通过人眼进行实时浏览和监看，此时通过对非结构化视频数据的结构化描述可达到快速定位视频兴趣区域以及快速检索查找的目的，实现类似人类大脑一样的数据分析与信息碰撞，形成安防领域的行业数据应用，为安防领域最终实现智能化、集约化奠定基础。所有这些将会极大提升视频安防领域的应用前景，为人工智能在安防领域拓展多种机遇。

在安防数据处理方面，华为围绕对安防数据源头、流向、分层处理及数据应用的分析解读，呈现基于华为“感、传、管、用”网络架构平台上的平安城市解决方案。在安防应用芯片方面，海思提供了 8K 超清晰解决方案，海思视频芯片低功耗、高性能运算的处理能力已经具备挑战国际一流芯片的能力。在计算机视觉方面，商汤（深圳）专注于计算机视觉（CV）领域，在深度学习相机、视频结构化分析服务器、智慧商业等应用领域在国内处于绝对领先地位，在国际上也同样具备很强竞争力。在系统集成方面，作为人工智能科技的倡行者，广州佳都科技重点推出了人脸识别、视频结构化等技术，以及视频云＋基于大数据的立体化防空作战平台、视频结构化大数据平台等安防行业应用核心技术。作为无人机行业的国际巨头，大疆借助强大的技术积累研发出适用于安防行业应用的多款无人机产品及行业解决方案，在国际上处于领先地位。在安防平台应用方面，广州杰创智能自主研发的专用高性能计算平台具备超强的大数据处理能力，围绕这一技术实现了应用于安防领域的高清夜视图像侦查系统、窃听窃视设备监察系统、危险物品安全检查系统、人证合一身份检查系统等。

当前安防人工智能热潮发展迅猛，虽然对于单一的场景比如车牌、人脸身份识别等垂直细分领域应用已经很成熟，但全面的人工智能目前还处于非常初级的阶段，还无法很好的解决复杂的应用场景需求，如人员密集的车站、大型活动现场等。进入人工智能时代，对于企业发展的要求越来越高，所有的企业必须投入巨额资本才能取得实质性的进展与成效，因此，研发投入与产出的不对称也成为限制企业实现技术突破的重要因素。

与国际水平比较及评价：人工智能在广东省安防领域的应用有着非常好的前景，但目前省内的基础还较薄弱，在应用过程中还有较多问题需要完善和解决：①基础领域研究领域与先进国家差距较大，在算法、芯片层面受制于人，在安防领域的应用面临着安全问题；②视频成像质量受环境影响较大，存在光照不足、图像模糊、目标尺寸过小或相互遮挡等问题，不利于人工智能对视频内容的辨识；③数据资源分散，开放和共享程度低，难以开展多维数据融合分析，使得人工智能缺乏有效的数据支撑；④安防领域的专业知识积累不足。早期的智能分析技术属于单场景的目标检测和行为分析，对视频内容的理解能力偏弱，同时也很少涉及大范围场景的关联行为分析，没有积累下有效的经验知识用于异常分析和风险预测；⑤缺乏有效的自主完善能力。当前很多的智能只是一种反应式智能，根据输入条件进行自动判断而已，并不具备成长能力。人工智能应具备基于时间的经验积累以及群体间的经验分享能力才能不断完善，使得智能能力更强、更高效。

综上所述，在智能安防领域，广东省人工智能的研究及应用以华为、大疆等为代表在大数据处理、人像识别等安防领域处于国际领先地位，但在芯片应用等基础领域与国际先进水平存在较大差距。总体对标国际水平，广东省智能安防领域的总体技术处于世界跟跑水平，少数技术处于并跑水平。

3.2.7　AI 能力创新发展评价

AI 能力评价是针对智能感知、数据标签与标注、深度学习、决策与执行 4 大要素实施过程和实现效果进行的评估和反馈，使得各要素的人工智能实现能力得到不断纠正和提升。在这个评价过程中需结合人工智能国内外技术、产业以及标准化现状形成人工智能标准体系框架、建立相应的评价体系、制定相关评价规则和规范来作为 AI 能力评价的标准或准则以指导人工智能朝着规范化、标准化方向不断发展。目前，广东省在 AI 能力评价方面的工作尚未启动，只在腾讯等极少巨头企业内部部分领域开展相应工作，不具普遍性，本报告结合国家层面的布局对广东省未来在此领域的工作开展提供参考。

（1）智能感知能力评价

在智能传感器方面，智能感知及互联等标准化工作已具备一定的基础，重点开展高精度传感器、新型 MEMS 传感器相关标准制定，为人工智能的硬件发展提供标准支撑。

在计算机视觉方面，国内已开展计算机视觉术语标准的研究。由于不同应用场景对采集设备有着不同的要求，而采集设备对于计算机视觉算法的开发又有着很大的影响，需要规范数据采集设备的类型及对应参数要求。视觉采集数据与计算机视觉算法输出的结果（元数据）都是多种多样，如数据的格式、计算机视觉数据库（例如采用单一还是多种数据形式）、多类数据形式等，定义数据的格式、构建计算机视觉数据库（例如采用单一还是多种数据形式）、关联多类数据形式等都是亟待规范的问题。不同应用场景对于计算机视觉提出了不同的要求，如量化和规范不同行业对于计算机视觉的衡量方法也有着很大的标准化需求。

在自然语言处理方面，国内外自然语言处理技术及产业发展处于起步阶段，下一步可以开展以下标准化工作：语义库方面，包括语义库的结构、数据规范、接口规范等；信息提取规范方面，包括词性标注及其描述规范等；文本内容分析方面，包括内容相关度分析的准则和描述、使用方法以及文本内容正确与否的判断准则及其相关性能评估规范等。

（2）数据标签与标注能力评价

针对人工智能数据处理及应用基础进行规范，包括术语定义、参考架构、数据流程、测试评估等。结合人工智能领域发展需求，开展用于数据训练的数据格式、标签、数据模型、质量要求等数据资源相关标准的研制。重点研制系统级和工具级产品、数据开放共享等标准。

（3）深度学习能力评价

在机器学习方面，开源在人工智能中有重要的影响，开源软件和开源社区往往由于其实验性、灵活性而领先一步，需要开展开源与标准化协调发展研究。同时，神经网络表示方法与模型压缩、机器学习算法性能评估等标准也是后续标准化工作的重点方向。云计算方面，重点研制面向人工智能的异构计算等虚拟和物理资源池化、调度和管理标准。智能计算方面，重点研制参考架构、轻量级运行环境要求等标准。智能芯片方面，开展芯片性能测试要求等标准研制。人工智能平台方面，重点研制人工智能计算框架、人工智能算法任务调度等通用功能要求以及支持机器学习、知识图谱等不同计算模式的通用计算能力要求等相关标准。

（4）决策与执行能力评价

在智能制造领域，我国智能制造标准化工作的快速推进为人工智能在智能制造中的应用探索提供了良好的基础。围绕《智能制造标准体系建设指南》要求部署，结合人工智能技术在智能制造中的应用，重点开展个性化定制、SCADA 数据分析、智能在线监测、预测性维护、高级排产和工艺优化、基于 VR/AR 的维修保养等标准研究。

在智能机器人领域，结合《国家机器人标准体系建设指南》工作部署，围绕服务机器人重点攻克核心零部件、专用传感器技术标准，完善服务机器人硬件接口、安全使用以及多模态交互模式、功能集、服务机器人应用操作系统框架、服务机器人云平台通用要求等标准；围绕工业机器人重点在工业机器人路径动态规划、协作型机器人设计规范、工业检测图像识别标定等开展标准化工作。

在智能教育领域，与之相应的标准化需求正在兴起，如不同商家的同一种服务在功能集、服务接口、通信交互协议、服务获取方式等方面存在较大差别，需求方选择服务时花费成本较高，急需标准化的规范和统一。重点加强智能教育能力成熟度评价、智能教育参考架构等标准制定工作。

在智能医疗领域，国内已具备一定的标准化基础，但是还存在数据质量、数据和模型的隐私性、数据模型建立困难等问题，后续应重点开展生理监测、医疗监管智能化、医疗信息交换、数据平台接口、医疗数据质量评价等标准制定工作。

在智能运载工具领域，重点在无人机、无人船、无人车方面开展标准化工作。目前面临的主要问题是智能运载工具涉及的高性能协同技术、互联及通信技术、智能化与网联化安全技术等。重点开展先进无人驾驶辅助系统术语定义、无人驾驶自动化分级、无人驾驶信息交互系统信息安全技术要求等标准制定工作。

在智能家居领域，结合《智慧家庭综合标准化体系建设指南》文件要求，建议根据产业发展现状和技术发展联合智能家居产业链上下游企业广泛参与共同构建并完善智能家居标准体系，重点制定智能家居主要应用领域关键技术、产品和服务标准，适时启动并参与若干重点标准的国际标准化进程。

在智能物流领域，我国在智能物流技术及产业方面发展迅速，国内已具备一定的标准化基础，应重点针对智能物流中的物流智能规划规范、智能识别通用要求、智能仓储调度规范、供应链的物流配置要求等方面开展标准化工作。

在智能交通领域，国内已具备一定的标准化基础，信息数据平台及综合管理系统将是人工智能交通标准化工作的方向，重点开展智能交通数据信息平台、车辆与路网通信、电子车牌识别等标准，形成多维的智能交通监控、管理的一体化服务系统。

在智能农业领域，智慧农业产业日趋成熟，虽然已经制定了一些相关标准，但是由于农业应用环境复杂、应用场景多样，还亟须在智能传感器、窄带物联网、病虫害预测数据模型、数据平台接口等方面制定相关标准。

在公共安全领域，一方面要加强人工智能基础标准研究，重点开展人工智能安全的参考架构、安全风险、伦理设计、安全评估等标准研究，提出人工智能算法、产品和系统的安全要求和测评方法。另一方面要继续深化应用领域标准化工作，针对已有标准完善智能安全要求，并继续开展网络安全领域的人工智能应用安全、智能机器人安全、自动驾驶安全、智能安防、智能交通安全、智能物流安全、智慧城市安全等领域的标准研究。

3.2.8　广东省人工智能创新综合评价

如上述分析，广东省人工智能创新综合评价如表 3-5 所示。

表3–5　广东省人工智能创新综合评价

一级	二级	三级	评价星级（1-3星）		
			跟跑	并跑	领跑
智能感知	传感器	智能传感器	★★	★	
	计算机视觉	图像处理	★★	★	
		图像理解		★★	★☆
		三维视觉	★★	★	
		技术应用平台	★	☆	
	自然语言处理	自然语言理解		★★	☆
		智能语音技术		★★	★
数据标签与标注	数据输入	数据补全	★★	★	
	数据处理	数据标注		★★	☆
	数据输出	数据理解		★★	☆
深度学习	基础理论	大数据智能理论		★★	★
		跨媒体感知计算理论	★★	★	
		混合增强智能理论		★★	☆
		群体智能理论		★☆	☆
		自主协同控制与优化决策理论		★★	
		高级机器学习理论	★★☆	☆	
		类脑智能计算理论	★★	★☆	
		量子智能计算理论	★☆		
	机器学习方法	经验性归纳学习、分析学习、类比学习	★★	☆	
		遗传算法	★☆	★	
		联接学习（人工神经网络）		★☆	☆
		增强学习	★	★	
		技术应用平台	★☆	★	

（续表一）

一级	二级	三级	评价星级（1-3星）		
			跟跑	并跑	领跑
深度学习	芯片	中央处理器（CPU）	★★	★	
		图像处理器（GPU）	☆		
		可编程逻辑门阵列（FPGA）	★		
		类脑计算芯片	★★	★☆	
	计算平台	云计算支撑平台	★★	★	☆
		超级计算支撑平台		★★	★
一级	二级	三级	初级	专业级	专家级
决策与执行	智能制造	智能制造装备	★★	★	
		智能生产	★☆	☆	
		智能化管理	★☆		
	智能机器人	工业机器人	★★	★	
		服务机器人	★☆	☆	
		特种机器人	★		
	智能教育	个性化教学		★★	
		人工智能助教	★★	★	
		听说训练	★★	★	
	智能医疗	辅助诊断与治疗	★★	★	☆
		医学影像分析		★★	★
		医疗助手	★★	★	
		智能化药物研发	★★	☆	
		精准医疗	★★☆	★	
	智能运载工具	无人机		★★	★
		无人船	★		
		无人驾驶汽车	☆		
		智能轨道交通系统	★★	★	
	智能终端	智能手机	★★★	★★	★
		智能车载终端	★★	☆	
		智能可穿戴设备	★★	★	

（续表二）

一级	二级	三级	评价星级（1-3星）		
			跟跑	并跑	领跑
决策与执行	智能家居	智能家电	★★☆	★★	☆
		智能照明	★★	☆	
		智能安防	★☆	☆	
	智能物流	智能物流装备	★★	☆	
		智能仓储	★★		
		智能配送	☆		
	智能交通	智能化联网停车	★☆		
		智慧公路	★		
		车联网	☆		
		智能交通信号	☆		
	智能农业	智能化农业装备	★☆	☆	
		农业生产管理	★	☆	
		农产品加工	★	☆	
	公共安全	智能安防	★☆	★	
AI能力评价	智能感知能力	传感器、计算机视觉、自然语言处理能力评价	☆		
	数据标签与标注能力	数据输入、处理、输出能力评价	☆		
	深度学习能力	基础理论、机器学习方法、芯片、计算平台能力评价	☆		
	决策与执行能力	智能制造、智能机器人、智能教育、智能医疗、智能运载工具、智能终端、智能家居、智能物流、智能交通、智能农业、公共安全应用能力评价	☆		

注：每个指标的评价星级用 1-3 星来表示，★代表一个星，☆代表半个星

第四章　广东省人工智能标准化建设

4.1　国内外人工智能标准化现状

随着经济全球化和市场国际化深入发展，标准作为经济和社会活动的主要技术依据，已成为衡量国家或地区技术发展水平的重要标志、产品进入市场的基本准则、企业市场竞争力的具体体现。标准化工作对人工智能及其产业发展具有

基础性、支撑性和引领性的作用，既是推动产业创新发展的关键抓手，也是产业竞争的制高点。人工智能标准的先进与完善与否，关系到产业的健康发展，以及产品国际市场竞争力的强弱。近年来，国内外标准化组织都在研究人工智能问题，进行相关技术的标准化工作并取得一定进展。

4.1.1　国际标准化现状

ISO/IEC JTC 1（国际标准化组织和国际电工委员会第一联合技术委员会）在人工智能领域的标准化工作已有 20 多年的历史，在人工智能词汇、人机交互、生物特征识别、计算机图像处理等关键领域以及云计算、大数据、传感网、安全等人工智能技术支撑领域均已开展了相关标准化工作。ISO（国际标准化组织）主要在工业机器人、智能金融、智能驾驶方面开展了人工智能标准化

研究。IEC（国际电工委员会）主要在可穿戴设备领域开展了人工智能标准化工作。ITU（国际电信联盟）主要在电信领域开展人工智能标准化研究。国际人工智能标准化现状见表 4-1。

表4–1　国际人工智能标准化现状

标准化组织	分支机构	标准研制现状
ISO/IEC JTC 1	JTC 1/SC 42（人工智能分技术委员会）	“人工智能概念与术语”和“运用机器学习的人工智能系统框架”两项提案已通过国际标准投票。
ISO	ISO/TC 299（机器人技术委员会）	开展《工业机器人 末端执行器自动更换系统 词汇和特征表示》《工业机器人 特性表示》《工业机器人 抓握型夹持器物体》等标准研制。
	ISO/TC 68（金融服务技术委员会）	出台发布智能金融相关标准58项。
	ISO/TC 22（道路车辆技术委员会）	正在开展智能网联汽车相关标准化研究。
IEC	IEC TC100（音频、视频、多媒体系统和设备分技术委员会）	针对可穿戴设备领域开展标准化工作，研制可穿戴设备包括虚拟现实的相关标准。
	IEC TC 124（可穿戴技术分技术委员会）	负责开展与可穿戴相关的电工、材料、人身安全相关的技术标准研制工作。
ITU	ITU-T（国际电信联盟电信标准分局）	提出了包括人工智能和物联网以及基于机器学习的IMT-2020的服务质量要求。

数据来源：根据《人工智能标准化白皮书（2018 版）》公开数据整理。

4.1.2　国内标准化现状

SAC/TC 28（全国信息技术标准化技术委员会）对口 ISO/IEC JTC 1 工作，人工智能方面主要在术语词汇、人机交互、生物特征识别、大数据、云计算等领域开展了标准化工作。在术语词汇领域发布了《信息技术 词汇 第 28 部分：人工智能基本概念与专家系统》《信息技术 词汇 第 29 部分：人工智能语音识别与合成》《信息技术 词汇 第31部分：人工智能机器学习》《信息技术 词汇 第34部分：人工智能神经网络》四项基础国家标准。另外，全国信标委大数据标准工作组、云计算标准工作组、物联网标准工作组、国家传感器网络标准工作组也在开展相关领域基础标准的研制，为人工智能相关技术及应用提供支撑。SAC/TC 159（全国自动化系统与集成标准化技术委员会）主要在工业机器人整机、系统接口、零部件、控制器等领域开展相关标准研制。SAC/TC 242（全国音频、视频和多媒体标准化技术委员会）主要围绕音视频、智慧家庭医疗健康产品开展相关标准化研究。SAC/TC 260（全国信息安全标准化技术委员会）在生物特征识别、智慧城市、智能制造等领域开展相关安全标准化研究工作。SAC/TC 268（全国智能运输系统标准化技术委员会）主要在智能交通领域开展标准化工作。国内人工智能标准化现状见表4-2。

表4–2 国内人工智能标准化现状

标准化组织	分支机构	标准研制现状
SAC/TC 28	用户界面分技术委员会	在人机交互领域成立了语音交互、体感交互、脑机交互等工作组，开展智能语音、体感交互等标准研制，发布相关五项语音交互标准。
	生物特征识别分技术委员会	在生物特征识别领域开展指纹、人脸、虹膜等标准研制。
	计算机图形图像处理及环境数据分技术委员会	在计算机图形图像处理及环境数据领域开展图形图像基础标准研制。
SAC/TC 159	机器人装备分技术委员会	制定了《工业机器人 末端执行器自动更换系统 词汇和特征表示》《工业机器人 特性表示》《工业机器人 抓握型夹持器物体搬运 词汇和特性表示》《工业机器人 坐标系和运动命名原则》《机器人与机器人装备 词汇》等标准。
SAC/TC 242		正在开展《虚拟现实 音频主观评价方法》《智慧家庭 健康管理腕式可穿戴设备技术要求》《智慧家庭健康养老产品分类及描述》《智慧家庭 健康养老服务平台参考模型》《智慧家庭老人手环（手表）技术规范》等标准研制。

（续表）

标准化组织	分支机构	标准研制现状
SAC/TC 260		1. 在生物特征识别领域开展《信息安全技术 基于可信环境的生物特征识别身份鉴别协议》《信息安全技术 指纹识别系统技术要求》《信息安全技术 网络人脸识别认证系统安全技术要求》《信息安全技术 虹膜识别系统技术要求》等标准研制； 2. 在自动驾驶领域开展《信息安全技术 汽车电子系统网络安全指南》标准研制； 3. 在智能制造领域开展《信息安全技术 工业控制网络监测安全技术要求及测试评价方法》《信息安全技术 工业控制网络安全隔离与信息交换系统安全技术要求》《信息安全技术 工业控制系统产品信息安全通用评估准则》等标准研制。
SAC/TC 268		制定《合作式智能运输系统专用短程通信 第1部分：总体技术要求》《合作式智能运输系统专用短程通信 第2部分：媒体访问控制层和物理层规范》《智能交通数据安全服务》《智能交通数字证书应用接口规范》《车路协同专用短程通信 第3部分：网络层和应用层》《车路协同专用短程通信 第4部分：设备应用》等标准。

数据来源：根据《人工智能标准化白皮书（2018版）》公开数据整理。

4.2　广东省人工智能标准需求分析

通过分析国内外人工智能标准化现状并结合广东省人工智能发展现状及特点，可以得到广东省人工智能标准需求。

（1）界定人工智能需要研究的范围。人工智能从实验室研究转向各应用领域的实用系统，呈现快节奏增长的态势，这需要通过统一的术语进行界定，明确人工智能的内涵、外延和需求的核心概念，引导产业界正确认识和理解人工智能技术，便于大众广泛使用人工智能技术。

（2）描述人工智能系统的框架。用户和开发者在面对人工智能系统的功能和实现时，普遍将人工智能系统看作是一个“黑盒子”，但有必要通过技术框架规范来增强人工智能系统的透明度。由于人工智能系统应用范围广泛，可能很难给出通用的人工智能框架，更现实的方式是在特定的范围和问题中给出特定的框架。例如，目前以机器学习为基础的人工智能系统是主流技术，并依赖于包括云计算和大数据在内的技术资源，可以以此为基础构建一个基于机器学习的人工智能系统框架并对其中组件的功能进行界定。

（3）对关键技术进行标准化。对已经形成模式并广泛应用的关键技术应及时进行标准化，防止版本碎片化和独立性，确保互操作性和连续性。例如，深度学习框架绑定的用户数据，应当通过明确神经网络的数据表示方法和压缩算法，确保数据交换且不被平台绑定，保障用户对数据拥有的权益。其他如人机交互技术、传感器接口、数据标签与标注、基本算法等基础标准也需要尽快制定。

（4）促进人工智能系统的互操作性。人工智能系统及其组件有一定的复杂性，不同的应用场景涉及的系统及组件不同。系统与系统之间、组件与组件之间的信息交互与共享需要通过互操作性来保证。人工智能互操作性也涉及不同的智能模块产品之间的互用性以达到数据互通，也就是不同的智能产品需要有标准化的接口。标准化工作保证人工智能系统的应用程序接口、服务及数据格式，通过标准和兼容接口，定义可互换的组件、数据和事务模型。

（5）进行人工智能产品及服务的评估。人工智能系统作为工业产品需要在功能、性能、安全性、兼容性、互操作性等多方面进行评估，才能确保产品的质量和可用性，并为产业的可持续发展提供保障。评估工作一般包括测试、评价等一系列活动，按照规范化的程序和手段，通过可测量的指标和可量化的评价系统得到科学的评估结果，同时配合培训、宣贯等手段推进标准的实施。

（6）针对行业应用特点的标准化。除了共性技术外，在特定行业中实施人工智能还存在个性化的需求与技术特色，典型的如家居应用、医疗应用、交通应用等，需考虑特定设备的功能性能特征、系统组成结构和相互关系等。

（7）推进 AI 能力评价等级。按智能程度对人工智能系统进行划分一直存在争议，给出一个标杆来衡量它的智能等级是困难且具有挑战的工作。随着不同的应用场合对智能等级评价需求的进一步明确，需要标准化工作来逐步解决该问题。

4.3　广东省人工智能标准体系

人工智能涉及跨领域的多技术融合，人工智能标准之间存在着相互依存、相互制约的内在联系。因此，广东省人工智能标准化工作需要统筹协调，以系统科学的理论和方法为基础，运用标准化的工作原理不断优化标准之间的关系，避免标准间不配套、不协调及组成不合理等问题。结合人工智能五大要素以及广东省人工智能技术、产业以及标准化现状形成人工智能标准体系。该标准体系由基础、智能感知、数据标签与标注、深度学习、决策与执行、AI 能力评价、安全七大部分组成，如图 4-1 所示。

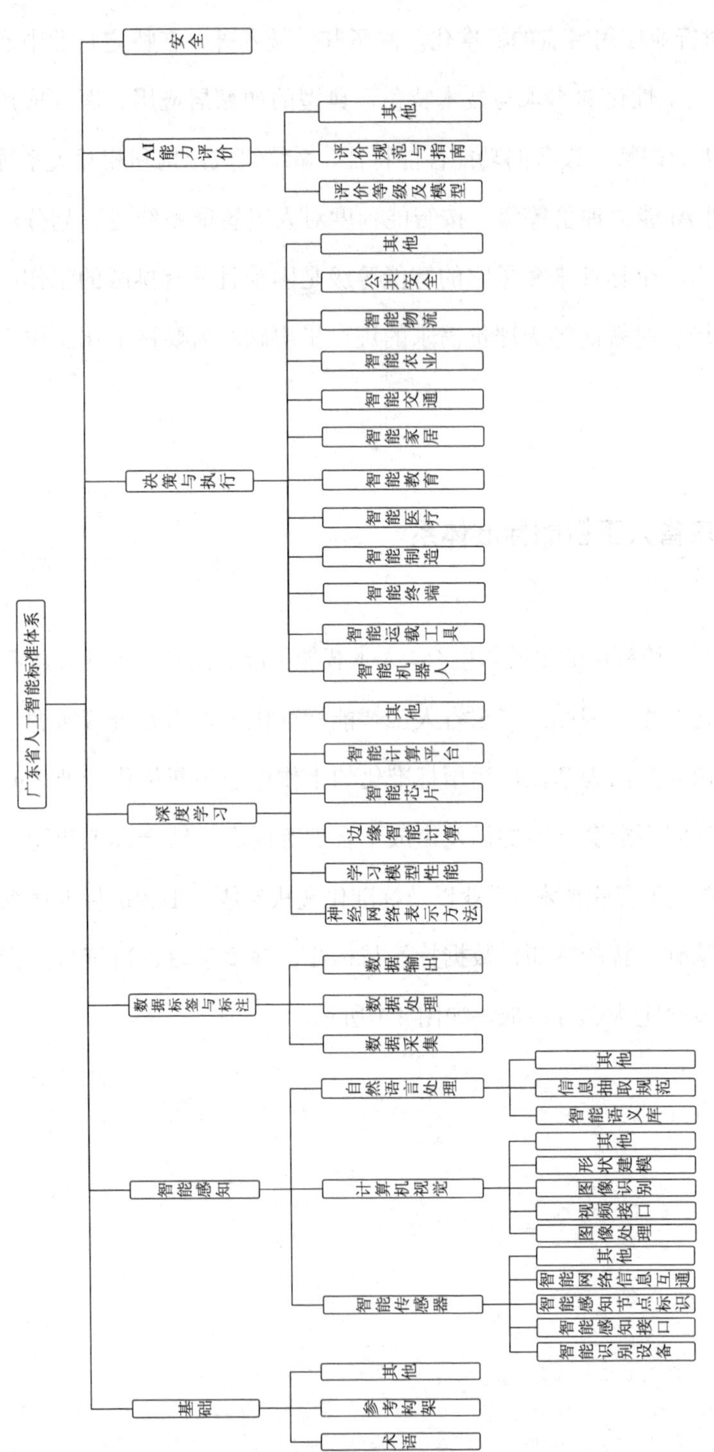

图 4-1　广东省人工智能标准体系

1. 基础标准

该类标准主要针对人工智能基础进行规范，包括术语定义、参考架构等。针对已有人工智能术语相关标准围绕人工智能发展现状开展标准制修订工作，深入研究人工智能相关技术及产业链开展人工智能参考架构等标准研制工作。

2. 智能感知标准

该类标准主要针对人工智能智能感知进行规范，包括智能传感器、计算机视觉及自然语言处理等。

智能感知方面，重点开展高精度传感器、新型MEMS传感器相关标准制定，为人工智能的硬件发展提供标准支撑。

在计算机视觉方面，国内已开展计算机视觉术语标准的研究。由于不同应用场景对采集设备有着不同的要求，采集设备对于计算机视觉算法的开发有着很大的影响，需要规范数据采集设备的类型及对应参数要求；视觉采集数据与计算机视觉算法输出的结果（元数据）都是多种多样，如数据的格式、计算机视觉数据库（例如采用单一还是多种数据形式）、多类数据形式等，定义数据的格式、构建计算机视觉数据库（例如采用单一还是多种数据形式）、关联多类数据形式等都是亟待规范的问题；不同应用场景对于计算机视觉提出了不同的要求，如量化和规范不同行业对于计算机视觉的衡量方法也有着很大的标准化需求。

在自然语言处理方面，国内外自然语言处理技术及产业发展处于起步阶段，下一步可以开展以下标准化工作：语义库方面，包括语义库的结构、数据规范、接口规范等；信息提取规范方面，包括词性标注及其描述规范等；文本内容分析方面，包括内容相关度分析的准则和描述、使用方法，以及文本内容正确与否的判断准则及其相关性能评估规范等。

3. 数据标签与标注标准

该类标准主要针对人工智能数据标签与标注进行规范。结合人工智能领域发展需求，开展用于数据训练的数据格式、标签、数据模型、质量要求等数据资源相关标准的研制，重点研制系统级和工具级产品、数据开放共享等标准。

4. 深度学习标准

该类标准主要针对人工智能深度学习进行规范，包括神经网络表示方法、学习模型性能、边缘智能计算、芯片、计算平台等。在深度学习方面，开源在人工智能中有重要的影响，开源软件和开源社区往往由于其实验性、灵活性而领先一步，需要开展开源与标准化协调发展研究。同时，神经网络表示方法与模型压缩、机器学习算法性能评估等标准也是后续标准化工作的重点方向。边缘智能计算方面，重点研制参考架构、轻量级运行环境要求等标准。智能芯片方面，开展芯片性能测试要求等标准研制。人工智能平台方面，重点研制人工智能计算框架、人工智能算法任务调度等通用功能要求，以及支持机器学习、知识图谱等不同计算模式的通用计算能力要求等相关标准。云计算方面，重点研制面向人工智能的异构计算等虚拟和物理资源池化、调度和管理标准。

5. 决策与执行标准

该类标准主要针对人工智能决策与执行进行规范，包括智能机器人、智能运载工具、智能终端等人工智能现有的产品和服务标准，在智能制造、智能医疗、智能教育、智能家居、智能交通、智能农业、智能物流、公共安全等应用领域进行规范。

在智能机器人方面，结合《国家机器人标准体系建设指南》工作部署，围绕服务机器人，重点攻克核心零部件、专用传感器技术标准，完善服务机器人硬件接口、安全使用以及多模态交互模式、功能集、服务机器人应用操作系统框架、服务机器人云平台通用要求等标准；围绕工业机器人，重点在工业机器人路径动态规划、协作型机器人设计规范、工业检测图像识别标定等开展标准化工作。

在智能运载工具方面，重点在智能网联汽车方面开展标准化工作。目前面临的主要问题是汽车智能化涉及的高性能协同传感技术、车载互联及通信技术、汽车智能化与网联化安全技术等。结合《国家车联网产业标准体系建设指南（智能网联汽车）》工作部署，重点开展先进驾驶辅助系统（ADAS）术语定义、汽车驾驶自动化分级、车载信息交互系统信息安全技术要求等标准制定工作。

在智能终端方面，建立智能终端的标准化和测试验证平台是提高智能终端产业规范发展的有效途径，为满足产业发展需要，亟须建立设备互联接口、内容服务接口、应用程序开发接口、系统安全技术、测试及评价等方面的标准，推动设备间的数据格式和标准协议的开放共享，推进产品和系统间的互联互通。

在智能制造领域，我国智能制造标准化工作的快速推进为人工智能在智能制造中的应用探索提供了良好的基础。下一步，围绕《智能制造标准体系建设指南》要求部署，结合人工智能技术在智能制造中的应用，重点开展个性化定制、SCADA 数据分析、智能在线监测、预测性维护、高级排产和工艺优化、智能机器人、基于 VR/AR 的维修保养等标准研究。

在智能医疗领域，国内已具备一定的标准化基础，但是还存在数据质量、数据和模型的隐私性、数据模型建立困难等问题，下一步重点开展生理监测、医疗监管智能化、医疗信息交换、数据平台接口、医疗数据质量评价等标准制定工作。

在智能教育领域，从智能教育发展规划来看，智能教育标准体系优先制定适用于个人、家庭和学校常用学习评价指标及教育服务标准，完善智能教育服务流程规范和评价指标体系，推动智能教育服务的规范化和标准化。

在智能家居领域，结合《智慧家庭综合标准化体系建设指南》文件要求，建议根据产业发展现状和技术发展，联合智能家居产业链上下游企业广泛参与共同构建并完善智能家居标准体系，重点制定智能家居主要应用领域关键技术、产品和服务标准，适时启动并参与若干重点标准的国际标准化进程。

在智能交通领域，国内已具备一定的标准化基础，下一步信息数据平台及综合管理系统是人工智能交通标准化工作的方向，重点开展智能交通数据信息平台、车辆与路网通信、电子车牌识别等标准，形成多维的智能交通监控、管理的一体化服务系统。

在智能农业领域，智慧农业产业日趋成熟，虽然已经制定了一些传感网相关标准，但是由于农业应用环境复杂、应用场景多样，还亟须制定智能传感器、窄带物联网、病虫害预测数据模型、数据平台接口等相关标准。

在智能物流领域，我国在智能物流技术及产业方面发展迅速，国内已具备一定的标准化基础，下一步相将重点针对智能物流中的物流智能规划规范、智能识别通用要求、智能仓储调度规范、结合供应链的物流配置要求等方面开展标准化工作。

在公共安全领域，具体应用领域相关标准仍需完善，下一步将结合人工智能在公共安全基础设施智能化、设施管理和运行和管理等层面的应用情况，加强支撑人工智能技术与公共安全规划、建设、运行、服务、管理等方面深度融合的技术标准研究，开展人工智能公共安全应用成效动态评估指标工作。

6. AI 能力评价标准

针对人工智能技术、行业发展较为成熟的领域提取测试评估的共性需求，开展人工智能通用性测试指南、评估原则以及智能等级分级要求等标准研制。

7. 安全标准

安全标准包括与人工智能安全、隐私保护等相关的标准规范。人工智能安全标准从广义来说涉及人工智能本身、平台、技术、产品和应用相关的安全标准以及隐私保护规范。目前，人工智能安全标准主要集中在生物特征识别、自动驾驶等部分领域的应用安全标准以及大数据安全、隐私保护等支撑类安全标准，而与人工智能自身安全或基础共性相关的标准还比较少。

人工智能安全标准研究，一方面要加强人工智能基础标准研究，重点开展人工智能安全的参考架构、安全风险、安全评估等标准研究，提出人工智能算法、产品和系统的安全要求和测评方法。另一方面要继续深化应用领域标准化工作，针对已有标准完善智能安全要求并继续开展网络安全领域的人工智能应用安全、智能机器人安全、自动驾驶安全、智能安防、智能医疗安全、智能交通安全、智能物流安全等领域的标准研究。

4.4　广东省近期亟须研制的标准

根据广东省人工智能标准化需求与人工智能标准体系分析，形成人工智能近期亟须研制的标准明细表，如表 4-3 所示。

表4–3　广东省人工智能近期亟须研制标准明细表

序号	一级分类	二级分类	标准名称	研制状态
1	基础	术语	人工智能 术语	待研制
2		参考架构	人工智能 参考架构	待研制
3	智能感知	计算机视觉	计算机视觉 术语	待研制
4			结构化视频 数据交换格式	待研制
5			智能分析元数据规范	待研制
6			视频图像身份识别系统技术要求	待研制
7		自然语言处理	智能语音交互系统 第1 部分：通用规范	待研制
8			智能语音交互评测 第1 部分：语音处理	待研制
9			智能语音交互评测 第2 部分：识别	待研制
10			智能语音交互评测 第3 部分：语义理解	待研制
11			智能语音交互评测 第4 部分：合成	待研制
12			智能语音交互评测 第5 部分：语音评测	待研制
13			语音交互应用 第1 部分：通用系统规范	待研制

（续表）

序号	一级分类	二级分类	标准名称	研制状态
14	数据标签与标注	数据采集	数据采集标准	待研制
15		数据处理	数据标签、标注标准	待研制
16		数据输出	数据输出及服务标准	待研制
17	深度学习	机器学习	神经网络表示与模型压缩	待研制
18			学习模型性能评估规范	待研制
19		边缘智能计算	边缘智能计算参考架构	待研制
20		智能芯片	智能芯片性能评估指南	待研制
21		智能计算平台	人工智能 平台任务调度及资源管理能力要求	待研制
22			人工智能 基本服务接口规范	待研制
23			人工智能 平台计算框架能力要求	待研制
24			人工智能 平台通用要求	待研制
25	决策与执行	智能机器人	智能客服机器人通用技术规范	待研制
26		智能制造	智能制造通用技术规范	待研制
27		智能医疗	医学影像辅助诊断系统技术要求	待研制
28		智能家居	智能家居通信交互协议规范	待研制
29			智能家居人机交互界面要求	待研制
30	安全		人工智能 安全态势感知技术要求	待研制

第五章　广东省人工智能产业技术发展建议

5.1　人工智能技术发展建议

面向新一轮人工智能科技发展新趋势，广东应围绕前沿基础技术、关键共性技术、创新技术平台进行攻关，在优势领域实现全球范围内引领人工智能科技创新。

5.1.1　前沿基础技术

聚焦人工智能重大科学前沿问题，积极引导相关科研机构及研发企业加强国际产学研合作，强化前沿基础理论研究部署，夯实广东人工智能产业基础。加大投入力度，积极推进深度学习理论研究，在高性能计算架构、遗传算法、神经网络等核心理论及算法领域深入研发，在小样本学习、迁移学习、新型计算架构等前沿理论及技术领域实现突破。集中优势力量，深入推进类脑智能计算理论研究，重点突破类脑的信息编码、处理、记忆、学习与推理理论，构建大规模类脑智能计算的新模型和脑启发的认知计算模型，实现从并跑向领跑迈进。瞄准世界先进水平，积极推动混合智能、群体智能等基础理论研究，混合增强智能理论重点突破人机协同共融的情境理解与决策学习、直觉推理与因果模型、记忆与知识演化等理论；群体智能理论重点突破群体智能的组织、涌现、学习的理论与方法，建立可表达、可计算的群智激励算法和模型。狠抓发展机遇，前瞻布局量子智能计算理论研究，重点突破量子加速的机器学习方法，建立高性能计算与量子算法混合模型。加强规划引导，大力支持跨学科探索探究，推动与神经科学、认知科学、量子科学等相关基础学科的交叉融合，形成对人工智能理论的强力支撑。

5.1.2 关键共性技术

瞄准我省人工智能技术链的关键共性环节，依托重大科技专项，加大技术攻关力度，形成一批重大科技成果。充分利用广东在政务、医疗、制造等领域数据信息化先行优势，依托标准研究机构联合人工智能技术研究机构或企业，面向广东优势产业和通用应用场景，积极开展数据标签与标注标准化技术攻关，为机器理解、深度学习、人机交互等提供有效且高质量的数据支撑。重点突破数据智能学习技术的无监督学习、综合深度推理等难点，建立以数据驱动为核心的认知计算模型。积极发展数据引擎与数据服务技术，重点突破数据深度搜索、数据深度加工和数据交互核心技术，实现多场景下对数据专业化需求的智能提取和输出。

5.1.3 创新技术平台

支持医疗影像国家人工智能开放创新平台建设，构建医疗影像数据标准集，推动图像识别、深度学习等领先技术与医学实现跨界融合，实现人工智能全要素泛化模式推广应用，提高医疗水准。重点依托科大讯飞等龙头企业建设智能语音人工智能（南沙）开放创新平台，实现语音数据标准集输出，形成集智能语音技术支持、产品开发设计、整体解决方案及应用服务等于一体的平台生态圈。支持自主无人系统人工智能开放创新平台建设，重点实现移动端高性能、低功耗专业级芯片自主研发及应用，输出专业级数据标准集，实现专业级数据标准应用场景复制推广，形成具有代表性的自主无人系统技术，成为国内自主无人系统行业的前沿阵地。支持智能制造人工智能开放创新平台，重点加强工业领域技术、经验、数据的积累与整合应用，在制造业关键领域实现专业级数据标准集输出，实现复杂制造人工智能决策与执行泛化应用及推广，为广东加工制造企业提供数据智能型工具、全链路智能算法及系统解决方案。重点依托美的、格力、创维和TCL等龙头企业支持智能家居人工智能开放创新平台建设，打造智能家居人工智能产业云，在智能家居应用领域输出标准数据集，在家居终端实现以物联网为载体的人工智能融合应用，实现家居人工智能泛化推广及应用。支持公共安全和服务人工智能开放创新平台建设，重点加强在视频检索、图像及语音识别等跨媒体感知融合技术研究及应用，在社会治安、舆情监控、应急处置等领域实现数据标准集输出和人工智能泛化应用推广，有力支撑数字政府建设。

5.2 人工智能装备研发发展建议

广东需加快人工智能关键技术转化应用，培育具有重大引领带动作用的智能部件和芯片、智能软硬件、智能交通装备、智能机器人等人工智能产业，布局产业链高端，打造具有竞争力的人工智能产业集群。

5.2.1 智能部件和芯片

大力发展智能部件，重点发展微机电系统（MEMS）、高性能光纤、视觉等高端新型传感器，开发射频识别（RFID）系统、智能仪器仪表和自动控制系统。突破智能传感器关键核心技术，重点发展高精度、高可靠性和集成化的智能传感器，重点支持面向智能制造、医疗卫生、安全防范、无人系统等领域的智能传感器研发和应用。

发挥芯片对人工智能产业的引领带动作用，重点发展面向云端服务和行业终端应用的人工智能芯片。推进高端通用处理器芯片自主开发，大力推进满足高性能计算需求的图像处理器（GPU）、可编程逻辑门阵列（FPGA）、神经网络处理器（NPU）、异构/可重构处理器等芯片研发及产业化。加快发展人工智能应用芯片，重点突破面向无人系统、视频监控、医疗设备、宽带无线通信等终端和系统应用的应用芯片。

5.2.2 智能软硬件

加快开发具有自主知识产权的操作系统、数据库、分布式系统软件等基础软件，重点支持具备智能化资源调度、智能化人机接口、分布并行处理机制、知识处理机制、多介质处理机制等功能的智能操作系统开发。推动智能人机接口软件、智能专家系统、智能应用软件、智能软件工程支撑环境等智能软件的开发与应用，重点支持自然语音处理、信息安全、机器翻译等应用软件开发应用。

推动智能传感互联、人机交互、新型显示及大数据处理等新一代信息技术在传统设备上的应用和交汇融合，加快推进机械、家电、家具、医疗等产品智能化改造，发展具有智能感知、远程诊断、实时监控、在线处置等功能的网络化产品，重点支持智能手机、智能可穿戴、智能家居、智能车载、医疗健康、智能无人系统等领域智能硬件终端产品的研发与产业化。开发具有人机交互功能的网络电视、智能空调、智能冰箱等互联网智能产品，引导电子信息、医疗设备等企业研发制造智能手机、智能手环、智能手表、智能眼镜、腕带式心脏监测器等智慧型穿戴式产品。

5.2.3　智能交通装备

大力推进动力电池技术研发和产业化，着力解决电池功率特性、循环稳定性和安全性等问题，鼓励研发下一代动力电池和新体系动力电池。加速智能网联技术在汽车领域的应用创新，推进智能感知、智能车载信息终端、计算平台、控制系统等产品的研发与产业化，重点支持摄像头、雷达、车联网系统、人机交互系统、电子执行系统、专用芯片等核心部件研发及产业化。发展轨道交通自动驾驶产业，推动自动监控、自动防护、自动运行等自动驾驶核心子系统的研发及产业化，开发具有自主知识产权轨道交通车辆。大力发展消费级和工业级无人机产业，重点支持动力系统、飞控系统、主控芯片、飞行姿态感知、云台等关键部件研发及产业化，以系统集成龙头企业为引领，形成产业集群。发展商用类无人船，推动环境感知、通信导航、状态监测与故障诊断、能效控制、航线规划、自主航行等核心产品和部件的研发和产业化，推动自动靠泊、离岸、自主维修、自动清洗、自动更换设备部件、自我防护等高级智能产品的研发与应用。

5.2.4　智能机器人

加快人工智能技术在机器人产业的应用，推动人机共融的智能机器人研发和产业化，推进基于人工智能的计算机视听觉、生物特征识别、智能决策控制等技术在机器人领域的应用，提升机器人的智能化水平。重点提高精密减速器、伺服及执行机构、控制器、关节等功能部件研发设计能力和制造水平，重点开发关节位置、力矩、视觉、触觉、光敏、高频测量、激光位移等传感器。大力发展焊接、搬运、喷涂、加工、装配、检测、清洁生产等方面的智能工业机器人。大力推进养老助残、家政服务、社会公共服务、教育娱乐等领域智能服务机器人的研发及产业化。支持医疗康复机器人、空间机器人、救援机器人、能源安全机器人等特种机器人的研发及应用。

5.3 人工智能产业应用发展建议

5.3.1 智能制造

针对广东高端装备和制造过程智能化等领域当前薄弱环节，重点突破核心基础部件、智能传感器与仪器仪表、高速高精制造工艺与技术、制造业信息化技术、嵌入式工业控制芯片、智能制造新材料和新一代信息技术，形成智能制造的关键技术体系和核心部件系统创新能力。集中资源开展智能制造示范和应用，推广工业自动化智能生产线和生产制造执行系统、管理系统等智能制造平台，推动生产设备互联、设备与产品互联，打造数字化车间。加强互联网、云计算、大数据、物联网在先进制造业中的推广应用，建设智能制造公共云服务平台。以广深科技走廊为智能制造研发创新纽带，强化广州、深圳等中心城市的创新引领作用，打造全省智能制造装备产业核心区“双引擎”，着力发展具有自主知识产权、核心竞争力、市场前景的智能制造设备，加快突破关键核心技术，打造完整的智能制造产业链。

5.3.2 民生服务

培育发展智能医疗设备，推动医疗机器人、可穿戴健康产品、健康检测仪器在远程医疗、数字化医疗、专家会诊等领域的应用，搭建健康医疗信息平台。推动智能移动终端多样化发展，主要面向 5G 移动通信技术推动智能手机等终端产品功能和形态向多样化拓展，加速智能终端产品创新，研发具有规模商业应用的可穿戴设备产品，在智能人机交互技术及产品应用等方面取得领先优势。提升家居产品智能化服务水平，重点突破无线通信、智能路由、智能安全监控、人机交互等关键核心技术，研发具有互联网后台支撑、具备自学习功能的智能家居产品体系、物联网终端互联等，推动家用电器向智能化方向发展，让人工智能普惠民生服务。

5.3.3 社会治理

大力发展智能交通电子信息产品，重点发展智能交通工具等产品和设备，整合应用传感、数据通信传输、计算机处理和系统工程等技术，提升地面交通管理系统智能化水平。利用互联网＋技术整合电子政务、应急指挥、城管监控、公用事业监管、政府服务等城市管理系统，建设集信息收集、指挥协调、监督实施等功能于一体的数字化城市管理信息平台，提升对城市规划、市容整治、市政管理等城市运行领域的智能管理水平。利用空间地理、大数据等信息技术，建立全省城乡空间规划数据库，构建智慧城乡数字空间体系。

5.3.4 公共安全

加快社会治安防控网、平安建设信息化综合平台建设，构建智能化的社会治安防控体系。利用视频检索、人像对比、语音识别、轨迹追踪、智能预警等技术，开展社会舆情、治安动态和热点敏感问题在线监控分析，提升对社会治安形势掌控与应急处置能力。建立全省应急管理数据库共建共享机制，实现全省各类应急数据的动态管理和实时更新，提升对台风、洪灾、地震、山体滑坡、泥石流等自然灾害和突发事件的监测预警、应急指挥、信息报送、人员物资调度和应急处置水平。

5.4 人工智能政策建议

5.4.1 加快人工智能基础设施建设

大力推动人工智能信息基础设施建设，形成适应智能经济、智能社会的基础设施体系。统筹规划大数据基础设施建设，支持各地与基础电信企业、大型互联网企业联合建设数据中心，或以政府导向推进建设面向人工智能产业应用的大数据公共服务平台，着力提升广东超算中心应用和服务水平。加快布局实时协同人工智能高速光纤网络技术研发及应用，打造安全可靠的新一代信息技术产业体系。依靠粤港澳大湾区区位优势，支持在粤高校、科研机构及人工智能龙头企业创建人工智能重点实验室和工程中心，加快引进建设具备国内一流国际领先的人工智能研究机构。

5.4.2 强化人工智能人才支撑

以培养和引进相结合方式完善人工智能高端人才队伍建设，支持省内高校开设人工智能相关专业或课程，开展人工智能专业人才的学历教育，建设人工智能产学研培育基地，培育人工智能领域专门人才。同时，依托“珠江人才计划”“广东特支计划”“扬帆计划”等重大人才工程，加快引进全球范围顶尖人工智能科技人才，实现人工智能人才队伍梯队建设，形成我省人工智能人才高地。鼓励企业和各类机构为员工提供人工智能技能培训以满足我省人工智能发展带来的高技能高质量就业岗位需要。

5.4.3 健全技术创新及技术服务平台体系

在人工智能行业领跑的泛珠三角地区，依托广深科技走廊区位优势资源，搭建“政产学研用”合作平台，培育集聚一批人工智能创新型企业，建设人工智能产业园区。着力推动我省人工智能新型研发机构、技术创新中心、技术服务平台体系功能的有机整合，建设具有广东特色的人工智能技术创新平台体系。充分发挥广州南沙、深圳前海、珠海横琴等粤港澳合作重大平台的作用，设立面向港澳的国家级人工智能成果孵化基地和创业基地。着手建设一批人工智能设计研发服务平台、技术转移中心、检验检测平台，培育和引进知识产权、人才培养、企业融资等专业科技服务机构，构建人工智能技术成果供需信息支持平台，为科技成果应用推广、标准制定等产业化活动提供助力。

5.4.4　优化政策、资金配置

建立全省人工智能产业发展工作协调机制，协调解决人工智能产业发展中的重大问题。针对引导人工智能产业发展研究制订鼓励性政策，加快出台相应政策优惠措施，增强对相关企业、人才的吸引力，统筹规划人工智能产业发展。推进泛珠区域和粤港澳台合作，促进省际及跨境的人工智能产业和应用协同发展。利用广交会、高交会等各种对外交流平台，积极宣传推介我省人工智能产业投资环境和政策措施，促进人工智能产业汇聚。统筹全省财政专项资金支持人工智能发展，加大对省人工智能重点项目在项目核准、财税优惠、用地保障、电力保障、经费保障等方面的财政支持力度。

参考文献

［1］中华人民共和国中央人民政府网．新一代人工智能发展规划［EB/OL］．［2017-7-20］.http://www.gov.cn/zhengce/content/2017-07/20/content_5211996.htm.

［2］国家工业信息安全发展研究中心网．2016-2017 全球人工智能发展报告［EB/OL］．［2017-10-19］.http://www.etiri.com.cn/article_001011002_2246.html.

［3］翟振明．“强人工智能”将如何改变世界—人工智能的技术飞跃与应用伦理前瞻［J］．人民论坛·学术前沿，2016（7）：22-33.

［4］周欣月．人工智能各国战略解读：美国国家创新战略［J］．电信网技术，2017（2）：29-31.

［5］网络大数据．白宫发布：国家人工智能研究与发展战略规划［EB/OL］．［2016-10-13］. http://www.raincent.com/content-11-7564-1.html.

［6］佚名．为人工智能的未来做好准备［R］．华盛顿，白宫科技政策办公室，2016.

［7］佚名．美国国家人工智能研究与发展战略计划［R］．华盛顿，美国国家科学技术委员会，2016.

［8］佚名．人工智能新赛场—中美对比［R］．北京，赛迪顾问，2017.

［9］腾讯研究院．人工智能各国战略解读：联合国人工智能政策报告［J］．电信网技术，2017(2)：26-28.

［10］佚名．新一代人工智能发展白皮书 (2017 年)［R］．北京，中国电子协会，

2017.

［11］艾媒网 . 艾媒报告丨2017 年中国人工智能行业白皮书[EB/OL].[2017-11-4]. http://www.iimedia.cn/59710.html.

［12］佚名 . 新智元中国人工智能产业发展报告［R］. 北京，中经智元，2017.

［13］中华人民共和国国家发展和改革委员会 . 关于印发《“互联网 +”人工智能三年行动实施方案》的通知［EB/OL］.［2016-5-18］.http://www.ndrc.gov.cn/zcfb/zcfbtz/201605/t20160523_804293.html.

［14］佚名 .2030 年的人工智能与生活［R］. 加利福尼亚州旧金山湾区，斯坦福大学，2017.

［15］朱巍，陈慧慧，田思媛等 . 人工智能：从科学梦到新蓝海—人工智能产业发展分析及对策［J］. 科技进步与对策，2016，33(21)：66-70.

［16］The Rt Hon David Willetts.Speech: Eight great technologies. https://www.gov.uk/government/speeches/eight-great-technologies.2013.

［17］UK Government Office for Science. Artificial intelligence: Opportunities and implications for the future of decision making. https://www.gov.uk/government/uploads/system/uploads/attachment_data/file/566075/gs-16-19-artificial-intelligence-ai-report.pdf. 2016.

［18］Scimago Journal & Country Rank［DB/OL］.http://www.scimagojr.com.

［19］佚名 . 规划落地，人工智能驱动“产业革命”［J］. 人才资源开发，2017（14）：38-39.

［20］广东省知识产权公共信息综合服务平台［DB/OL］.http://search.guangdongip.gov.cn/page/indexnew.

［21］邹蕾，张先锋 . 人工智能及其发展应用［J］. 理论研究，2012（2）：11-13.

［22］何华灿 . 人工智能基础理论研究的重大进展［J］. 智能系统学报，2015，10（1）：163-166.

［23］许志杰，王晶，刘颖等．计算机视觉核心技术现状与展望［J］．西安邮电大学学报，2012，17（6）：1-8.

［24］刘欣．基于表情认知的服务机器人情感计算研究［D］．北京，北京科技大学，2015.

［25］Kotsia I, Pitas I. Facial expression recognition in image sequences using geometric deformation features and support vector machines［J］. Image Processing, IEEE Transactions on, 2014, 16(1): 172-187.

［26］李抒桐．类人型机器人的情感化肢体语言模型研究［D］．哈尔滨，哈尔滨理工大学，2014.

［27］Swain M, Sahoo S, Routray A, et al. Study of feature combination using HMM and SVM for multilingual Odiya speech emotion recognition［J］.International Journal of Speech Technology. 2015.

［28］廖建新．大数据技术的应用现状与展望［J］．电信科学，2015，31（7）：1-12.

［29］徐立水，殷亮．大数据技术之一"数据标识"［J］．科技资讯，2016，14（25）：11-12.

［30］戴礼灿．大数据检索及其在图像标注与重构中的应用［D］．合肥：中国科学技术大学，2013，5.

［31］周文静，汪元会，唐鑫等．大数据类别标注与共享平台的设计与实现［J］．电脑知识与技术，2017（35）：5-9.

［32］李宏言，范利春，高鹏等．大数据语音语料库的社会标注技术［J］．清华大学学报，2013（6）：908-912.

［33］呼凯凯，徐宗昌，孙寒冰等．基于 IETM 的图像类装备保障数据语义标注研究［J］．计算机测量与控制，2015，23（11）：3864-3866.

［34］张德兵．基于机器学习的数据补全、标注和检索若干问题研究［D］．杭州：浙江大学，2015，4.

［35］柯逍，邹嘉伟，杜明智等．基于蒙特卡罗数据集均衡与鲁棒性增量极限学习机的图像自动标注［J］．电子学报，2017（12）：2925-2935.

［36］张玉峰，蔡皎洁．基于数据挖掘的Web文本语义分析与标注研究［J］．情报理论与实践，2010，33（2）：85-88.

［37］王伟强．基于运动捕捉数据的人体行为分割与行为语义标注［D］．北京：北京交通大学，2016，6.

［38］刘一佳．利用部分标注数据提高中文分词准确率的研究［D］．哈尔滨：哈尔滨工业大学，2014，6.

［39］张强．网络音频数据分类标注与前处理系统构建［D］．哈尔滨：哈尔滨工业大学，2012，6.

［40］崔桐，徐欣．一种基于语义分析的大数据视频标注方法［J］．南京航空航天大学学报，2016，48（5）：677-682.

［41］陈向震．基于深度学习的人脸表情识别算法研究［D］．沈阳，沈阳工业大学，2016.

［42］梅峰．智能制造装备呈现国产化趋势［J］．金属加工（冷加工），2016（16）：1-2.

［43］刘金山，曾晓文，李雨培．中国智造业竞争力调研分析［J］．新疆师范大学学报，2018，39（1）：124-132.

［44］广东省人民政府网．广东省智能制造发展规划（2015-2025年）［EB/OL］．［2015-7-23］.http://zwgk.gd.gov.cn/006939748/201507/t20150729_595930.html.

［45］中国领导决策案例研究中心．广东版智能制造2025出炉［J］．领导决策信息，2015（31）：18-19.

［46］潘慧．政策指引广东全面进入智能化制造［J］．广东科技，2017，26（8）：10-14.

［47］Yan H, Ang Jr M H, Poo A N. A Survey on Perception Methods for Human-Robot Interaction in Social Robots［J］.International Journal of Social Robotics,2014,6(1): 85-119.

［48］Pineda L A, Rodriguez A, Fuentes G, et al. Concept and Functional Structure of a Service Robot［J］.Int J Adv Robot Syst, 2015（12）: 6.

［49］闫志明，唐夏夏，秦旋等．教育人工智能（EAI）的内涵、关键技术与应用趋势［J］．远程教育，2017（1）：26-35.

［50］吴刚，周斌，杨连康．国内外民用无人机行业发展回顾与展望［J］．经济研究导刊，2016（12）：160-162.

［51］王明珠，王潘，王剑．民用无人机的应用现状和前景［J］.2016（第六届）中国国际无人驾驶航空器系统大会论文集，2016：6-10.

［52］周钰婷，郑健壮．全球无人机产业：现状与趋势［J］．经济研究导刊，2016（26）：26-30.

［53］艾瑞咨询.2015 年小型民用无人机行业研究报告［EB/OL］．［2015-3-20］. http://www.iresearch.com.cn/report/2327.html.

［54］裴锦华．民用无人机产业发展动态及其在网络通信领域中的应用［J］．电信工程技术与标准化，2017（4）：1-6.

［55］严新平．智能船舶的研究现状与发展趋势［J］．交通与港行，2016，3（1）：23-26.

［56］吴恭兴，邹劲，孙寒冰等．高速无人艇的运动建模及其视景仿真［J］．大连海事大学学报，2010，36（1）：9-18.

［57］唐平鹏，乔梁，张汝波．水面无人艇近程反应式危险规避方法研究［J］．华中科技大学学报，2011，39（2）：400-406.

［58］王义，林麟．无人汽车发展动态浅析［J］．世界电信，2017（3）：61-69.

［59］薛凯捷．城市轨道交通运营信息智能服务系统安全方案的设计与实现［D］.

上海：上海交通大学，2010，12.

［60］朱世东，周红 . 国内外智能轨道交通发展态势及前沿技术动向研究［J］. 机械制造，2017，55（10）：1-4.

［61］蔡玮璘 . 浅析深圳智能轨道交通的发展［J］. 科技与企业，2016（3）：86-88.

［62］王帆 . 浅析智能轨道交通新技术的应用［J］. 智慧城市与轨道交通，2017：454-459.

［63］华强电子网 . 广东电子产品占全国总量 37%［EB/OL］.［2016-8-10］.http://tech.hqew.com/news_633999.

［64］OFweek 智能家居网 . 中国智能硬件市场白皮书—智能家居篇［EB/OL］.［2014-11-5］.http://smarthome.ofweek.com/2014-11/ART-91009-8440-28898090.html.

［65］吴戈特 . 浅谈智能家居的发展历程及未来趋势［J］. 建筑监督检测与造价，2017，10(3)：28-31.

［66］千家网 . 智能照明行业现状及未来投资风向分析［EB/OL］.［2016-9-23］. http://www.qianjia.com/html/2016-09/23_263934.html.

［67］半导体照明网 .2016 全球智能照明及照明控制市场报告［EB/OL］.［2016-12-10］.http://lights.ofweek.com/2016-12/ART-220001-8440-30077831.html.

［68］华强电子网 . 广东 LED 照明规模占全国 70% 市场份额［EB/OL］.［2016-8-10］. http://tech.hqew.com/news_1588572.

［69］千家智客 . 智能家居 + 安防深度应用［EB/OL］.［2017-11-5］.https://mp.weixin.qq.com/s/C8bGfD3cWvQ0neUsfZIMUA.

［70］搜狐网 .2020 年，智能仓储市场规模超 954 亿［EB/OL］.［2017-10-30］. http://www.sohu.com/a/201197970_608776.

［71］中国公路网 .“十三五”中国智慧交通发展趋势判断［EB/OL］.［2015-5-12］.

http://www.chinahighway.com/news/2015/930125.php.

[72] 智慧交通网 .2016 中国交通信号控制系统及设备应用调查报告［EB/OL］.［2017-3-14］.http://mp.weixin.qq.com/s/H2SOV-AvX8jRS_JkqNdiEQ.

[73] 网易网 . 车联网如何走出发展瓶颈期［EB/OL］.［2017-11-22］.http://auto.163.com/17/1122/07/D3R3QKE8000884MM.html.

[74] 新浪网 . 广东：中国智能交通第一市场［EB/OL］.［2016-6-27］.http://blog.sina.com.cn/s/blog_8fe21c1c0102wuxl.html.

[75] 搜狐网 . 论智慧高速公路——我国公路信息化智能化发展现状［EB/OL］.［2017-7-28］.http://www.sohu.com/a/160574639_389742.

[76] 百度百家号 . 你想象中的智慧公路是什么样？［EB/OL］.［2018-3-9］.https://baijiahao.baidu.com/s?id=1594386068234010690&wfr=spider&for=pc.

[77] 王毅 . 人工智能技术在公路交通中的应用［J］. 公路交通科技，2017（7）：340-343.

[78] 梁仁鸿，闫超，贾皓等 . 我国智慧公路发展存在的问题及对策建议［J］. 交通世界，2017（28）：8-10.

[79] 搜狐网 . 智慧交通信号控制系统梗概［EB/OL］.［2017-3-14］.http://www.sohu.com/a/128783109_468661.

[80] 突袭咨询 . 智慧路灯系统—广深高速超高光效智慧 LED 路灯节能改造项目［EB/OL］.［2017-11-11］.http://n1.tuxi.com.cn/viewtt/q/20171118A0AEMX00.html.

[81] 搜狐网 . 智能信号灯：与老大难路口“死磕”［EB/OL］.［2017-9-26］.http://www.sohu.com/a/194845784_414894.

[82] 搜狐网 . 智能信号灯是如何实时、准确、高效控制红绿灯配时［EB/OL］.［2017-10-24］.http://www.sohu.com/a/199950781_776618.

[83] 刘恋 . 智慧城市信息服务体系建设及实证研究［D］. 吉林，吉林大学，2012.

［84］张睿．物联网组网技术研究［D］．北京，北方工业大学，2012.

［85］李建明．智慧城市发展综述［J］．中国电子科学研究院学报，2014，9（3）：221-225.

［86］李道亮，杨昊．农业物联网技术研究进展与发展趋势分析［J］．农业机械学报，2018（1）.

［87］冯晓港．浅谈农产品加工相关技术的现状及发展趋势［J］．山西农经，2017（11）：68-68.

［88］姜华．浅谈农业机器人的应用现状及其发展前景［J］．考试周刊，2017（82）：189-189.

［89］刘琳．我国农产品加工业的现状及发展趋势［C］．农业经济研究，2016.

［90］万春野．我国农业机器人研究现状分析［J］．农业与技术，2016，36（10）：236-236.

［91］搜狐网．广东推广应用水肥一体化技术—精准！高效！绿色！［EB/OL］．［2017-9-15］.http://www.sohu.com/a/192332937_796290.

［92］环球网．智慧农业，国外怎么做［EB/OL］．［2016-7-12］.http://china.huanqiu.com/hot/2016-07/9157454.html.

［93］冠生园集团．看英美两国如何做智慧农业？［EB/OL］．［2017-2-15］.http://mp.weixin.qq.com/s/ZhboUQa2HkvUD2p9DWKNRA.

［94］庞伟．新安防 新业态 新动能 第16届CPSE安博会在深圳隆重举：人工智能、人脸识别成为智能安防新亮点［J］．中国公共安全：学术版，2017（12）：24-29.

［95］王滨．智能安防系统安全的现状与挑战［J］．信息安全研究，2017，3（3）：277-280.

［96］潘金．智能安防面临的挑战及技术解决方案［J］．中国铁路，2016（8）：75-78.

[97] 佚名 . 腾讯云开放优图技术加速智能安防行业发展 [J] . 中国安防，2015（20）：71-72.

[98] 千家智客 . 千家智客千家智客人工智能可以解决安防那些实际需求 [EB/OL] . [2017-12-1] .https://mp.weixin.qq.com/s/Z26N6A7tXhvV5yLdLpC0eg.

[99] 千家智客 .2017 安博会“AI+ 安防”全面大爆发，孰虚孰实？ [EB/OL] . [2017-10-30] .http://mp.weixin.qq.com/s/1ya3Ttb0K82tWa-aEGMmaA.

[100] 佚名 . 人工智能标准化白皮书（2018 版） [R] . 北京，中国电子技术标准化研究院，2018.